21 世纪应用型本科"十二五"规划教材 —— 汽车类

汽车保险与理赔

主　编　张新亚　兰晓斌　张云龙
副主编　张　宏　谢　平　杨　帆

西南交通大学出版社
·成　都·

图书在版编目（CIP）数据

汽车保险与理赔 / 张新亚，兰晓斌，张云龙主编.
—成都：西南交通大学出版社，2014.2
21世纪应用型本科"十二五"规划教材. 汽车类
ISBN 978-7-5643-2895-5

Ⅰ. ①汽… Ⅱ. ①张… ②兰… ③张… Ⅲ. ①汽车保
险–理赔–中国–高等学校–教材 Ⅳ. ①F842.63

中国版本图书馆 CIP 数据核字（2014）第 023698 号

21世纪应用型本科"十二五"规划教材 —— 汽车类

汽车保险与理赔

主编　张新亚　兰晓斌　张云龙

责 任 编 辑	杨岳峰
封 面 设 计	何东琳设计工作室
出 版 发 行	西南交通大学出版社 （四川省成都市金牛区交大路 146 号）
发行部电话	028-87600564　028-87600533
邮 政 编 码	610031
网　　　址	http://press.swjtu.edu.cn
印　　　刷	四川川印印刷有限公司
成 品 尺 寸	185 mm × 260 mm
印　　　张	13.25
字　　　数	331 千字
版　　　次	2014 年 2 月第 1 版
印　　　次	2014 年 2 月第 1 次
书　　　号	ISBN 978-7-5643-2895-5
定　　　价	30.00 元

图书如有印装质量问题　本社负责退换

版权所有　盗版必究　举报电话：028-87600562

前　言

汽车保险作为保险公司的第一险种，其业务量随着国民经济的高速发展，居民收入的连年增加，老百姓购买力的持续增高和家庭汽车保有量的迅速增长，也在持续攀升。汽车保险与理赔人员不仅要懂保险，更要懂汽车，因此社会需要培养复合型的汽车保险理赔专业人才。目前这种人才相当紧缺，国内许多院校的汽车、交通、保险类专业均开设了"汽车保险与理赔"这门专业课，甚至有很多院校开设了汽车保险与理赔专业，为社会培养急需的汽车保险与理赔复合型高级人才起到了积极的作用。

感谢西南交通大学出版社组织这次系列教材编写活动，使得编者有机会来做这项工作。编者结合多年的实践和教学经验，在前人工作的基础上，编写了这本教材。本教材从保险学基础和汽车保险概述开始，对于风险及风险管理、保险种类、保险的职能、保险的原则、汽车保险合同的订立、汽车保险条款进行了详述，对于汽车承包、理赔、消费信贷等有关保险实务给予了介绍，同时对现场查勘的程序与方法、事故车辆的损伤评定也做了概述。并通过大量的实际工作流程分析来加深对理论知识的理解。本教材注重理论联系实际与应用，有利于培养读者综合运用专业知识解决实际问题的能力。

本教材可供各类院校汽车服务工程、交通运输、汽车保险与理赔、汽车营销、汽车检测与维修、汽车运用等专业的本、专科学生学习使用，还可供保险公司及广大保户了解汽车保险与理赔相关知识。

本书由西安外事学院张新亚、兰晓斌、张云龙担任主编，西昌学院谢平、武汉理工大学华夏学院张宏、武汉科技大学城市学院杨帆担任副主编。张新亚对全书文稿进行了全面的修订。编写分工情况如下：兰晓斌（第一、三、四、五章），张云龙（第六、八、九、十章），谢平（第二章），张宏（第七章），杨帆参与了部分章节的编写并提供了修改建议。

汽车保险与理赔涉及的内容广泛，实践性强，在编写过程中，编者参考了大量国内外公开发表和出版的文献等相关资料，谨对相关作者表示衷心感谢。由于编者水平有限，书中难免有不足之处，恳请同行和读者提出宝贵意见，以便于我们在今后的修订中不断完善。

编　者

2013 年 11 月

目　录

第一章　保险学基础知识

第一节　风险概述

一、风险的含义及组成要素

（一）风险的含义

俗话说，"无风险则无保险"，这已成为保险界的至理名言。认识风险对于理解保险是至关重要的，那么什么是风险呢？

风险是针对人类活动而言的，没有人类活动，也就无所谓风险。在人类社会发展的漫长历史中，自然灾害与意外事故经常会造成不同程度的损失，所以说风险是伴随着人类活动的展开而展开的。没有人类活动，也就不存在风险。当代风险理论认为，现代社会中风险无处不在，无处不有（见表1.1）。

表 1.1　人一生中发生风险事故的概率

风险事故	发生概率	风险事故	发生概率
受　伤	1/3	染上艾滋病	1/5 700
难　产	1/6	被谋杀	1/1 110
心脏病突然发作	1/77	死于怀孕或者生产	1/14 000
在家中受伤	1/80	自　杀	1/20 000
受到致命武器攻击	1/260	因坠落摔死	1/20 000
死于心脏病	1/340	死于工伤	1/26 000
家中成员死于突发事件	1/700	走路时被汽车撞死	1/40 000
死于中风	1/1 700	死于火灾	1/50 000
死于突发事件	1/2 900	溺水而死	1/50 000
死于车祸	1/5 000	被刺伤致死	1/60 000

在保险学中风险包含三层含义：

1. 风险是一种客观存在的状态

当我们说风险是一种状态时，就是指无论人们是否意识到，风险都是客观存在的。例如，在有有害气体或者有害物质的环境中工作会损害人体健康，这一点不管人们对此是否了解，都不会改变这些物质和气体损害人体健康这个事实的存在。在自然界和人类社会中，人们会面临各种各样的风险，而且都与人的利益相联系，人们不能任意改变或消灭它。旧的风险解除了，新的风险又会产生。可以说，风险与人们的工作、生活是密切相关的。

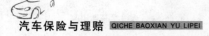

2. 风险是与损失相伴随的状态

任何风险都与损失相联系。离开损失谈论风险毫无意义。例如，优美整洁的环境，有助于人们身心健康和工作、学习效率的提高。显然这与损失风马牛不相及，因此，无风险可言。只有与损失相关联，才可谓之"风险"。

3. 风险是指损失的发生具有不确定性的状态

一切能够预测的损失发生或能够预见得到的后果，都无所谓风险。因为其结果是确定的，可以采取准确无误的方式来消除和化解它们。同样，如果肯定损失不会出现，也不存在风险，因为其结果是确定的。只有当损失的发生无法预料的时候，就是当损失具有不确定性的时候，才有风险的存在。当然，如果实际发生的损失远远大于预先估计可能出现的损失，也是一种风险。例如，如果预先估计可能发生 1 万元的损失，实际却发生了 10 万元的损失，这也可称之为"风险"，因为损失的实际结果偏离了预期的结果。

（二）风险的组成要素

风险是由 3 个要素组成的。

1. 风险因素

风险因素是指引起风险事故发生的因素，增加事故发生可能性的因素，以及在事故发生后造成损失扩大或加重的因素。例如：粗心大意导致失窃，由于木质结构的房屋导致火灾，由于冰冻街面导致车祸和由于不卫生的环境引起的疾病等。那么，粗心、木屋、冰滑、肮脏等，就是失窃、火灾、车祸和疾病等风险事故的风险因素。

风险因素可概括为 3 类：

自然风险因素，即由自然力量或物质条件所构成的风险因素，例如：闪电、暴雨、干燥的树林、木结构的房屋等。

道德与心理风险因素，即由道德品性及心理素质等潜在的主观条件产生的风险因素，如恶意（进行纵火、投毒等）、缺乏责任心、粗心大意等。

社会风险因素，即由社会经济状况产生的风险因素，如动乱、战争、恐怖袭击、通货膨胀等。

2. 风险事故

风险事故是指造成损失的直接或外在的原因，是损失的媒介物，即风险只有通过风险事故的发生才能导致损失。

就某一件事来说，如果它是造成损失的直接原因，那么它就是风险事故；而在其他条件下，如果它是造成损失的间接原因，它便成为风险因素。例如：下冰雹路滑发生车祸造成人员伤亡，冰雹就是风险因素；而冰雹直接击伤行人，冰雹就是风险事故。

3. 损 失

损失是指人身伤害和伤亡及价值的非故意的、非预期的减少或消失，有时也指精神上的危害。

通常我们将损失分为两种形态，即直接损失和间接损失。直接损失是指风险事故导致的财产本身损失和人身伤害,这类损失又称为实质损失;间接损失则指由直接损失引起的其他损失,包括额外费用损失、收入损失和责任损失。

4. 风险因素、风险事故和损失之间的关系

通过上述分析,我们就可以理解风险因素、风险事故和损失之间的关系:风险因素可能引起风险事故,风险事故可能导致损失,风险因素的存在本身也可能引起损失。

因此上述三者关系为:风险是由风险因素、风险事故和损失三者构成的统一体,风险因素引起或增加风险事故;风险事故可能造成损失(风险因素、风险事故、损失的关系见图1.1)。

图 1.1　风险因素、风险事故、损失的关系图

二、风险的特征

1. 风险的客观性

风险是不以人的意识为转移、独立于人的意识之外的客观存在。人们只能采取风险管理的办法降低风险发生的频率和损失的程度,而不能彻底消除风险。例如,自然界的地震、洪水、瘟疫、意外事故等,都是不以人的意识为转移的客观存在。因此,人们只能在一定的时间和空间改变风险存在和发生的条件,减少风险发生的频率和降低其损失程度,但是无法杜绝风险的存在和发生。正是由于风险存在的客观性,人们才意识到要通过风险管理将风险造成的损失降到最低限度。于是,保险制度才得以产生和发展。

2. 风险的普遍性

风险渗透到人们社会生活和生产的方方面面,无处不在,无处不有。人类自从出现以后,就面临着各种各样的风险,如自然灾害、疾病、伤害、战争等。在当今社会,个人面临着生、老、病、死等风险;企业面临着自然风险、市场风险、技术风险、政治风险等。随着科技的发展、社会制度的变化也使新的风险产生,并且新的风险造成的损失也越来越大,汽车的出现使交通事故增加,发生交通事故时造成的损失增加,这就是一个例证。

3. 大量风险发生的必然性

个别事故的发生是偶然的,而经过对大量风险事故的观察会发现,其往往呈现出明显的规律性。运用统计学方法去处理大量相互独立的偶发风险事故,其结果可以比较准确地反映出风险的规律性。根据以往大量资料,利用概率论和数理统计的方法可测算出风险事故发生的概率及其损失程度,并可构造出损失分布的模型,成为风险估测的基础。

4. 风险的不确定性

风险的不确定性包含3个方面:

(1)风险是否发生不确定。风险是肯定存在的,但是风险是否发生是不确定的。例如,出行的任何人都面临着车祸风险,但是具体到某个人是否会遇到车祸,在出行前都是未知的。

(2)风险发生的时间不确定。风险什么时候发生,人们不可预知。例如,人都是要死的,

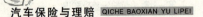
这是自然规律，但是对于每一个人何时死，却是无法预知的。

（3）风险发生后造成的损失程度不确定。风险发生必然造成损失，但是每一次风险发生后，在经济上会带来多大损失都是无法确定的。例如，每一天都有可能出现车祸，但是人们无法预知未来的车祸会给人类带来多大的损失。

5. 风险的可变性

风险后果的危害程度，可以随着条件的改变、人们认识的深入、治理水平的提高和管理措施的完善而发生变化。随着科学技术的发展、环境的改变、某些能源的消失，新的危险有可能产生。例如，原子能的利用、核电站的建立，带来了核污染及核爆炸等危险。

三、风险成本

风险成本是指由于风险的存在和风险事故的发生，人们所必须支出的费用和预期经济利益的减少。

风险成本一般分为三类。

风险损失的实际成本。风险损失的实际成本由风险造成的直接损失和间接损失成本共同构成。

风险损失的无形成本。风险损失的无形成本是指风险对社会经济福利、社会生产力、社会资源配置以及社会再生产等诸方面造成的后果。

预防或控制风险损失的成本。这是指为预防和控制风险损失，必须采取各种措施而支付的费用。具体包括资本支出和折旧费、安全人员费（含薪金、津贴、服装费等）、训练计划费用、施教费以及增加的机会成本。

四、风险的分类

根据风险的对象，可将风险分为财产风险、人身风险、责任风险和信用风险。

① 财产风险是指导致一切有形财产的损毁、灭失或贬值的风险。如车祸造成汽车有形财产的损失或灭失。财产损失通常包括财产的直接损失和间接损失两个方面。② 人身风险是指人的生命或身体可能遭受死亡、伤残或疾病的风险。人的生老病死是自然规律，一旦发生，必然给本人或家属带来经济上的损失和精神上的痛苦。③ 责任风险是指对于他人所遭受的财产损失或人身伤害在法律上应负的民事损害赔偿责任的风险。例如，汽车撞伤了行人，如果属于驾驶员的过失，那么按照法律责任规定，就须对受害人或家属给付赔偿金。又如，根据合同、法律规定，雇主对雇员在工作场所所遭受的意外事故要承担赔偿责任。④ 信用风险是指在经济交往中，权利人与义务人之间，由于一方违约或违法导致对方遭受经济损失的风险，如银行放贷款收不回来的风险。

根据风险的性质可将风险分为纯粹风险和投机风险。① 纯粹风险是指只有损失机会而无获利可能的风险，即造成损害可能性的风险，其所导致的结果有两种：损失和无损失。例如，交通事故只有可能给人们的生命财产带来危害，而决不会有利益可得。在现实生活中，纯粹风险是普遍存在的。例如，房屋失火、汽车碰撞等风险事故一旦发生，只会遭受损失，绝无利益可得，所以属纯粹风险。② 投机风险是指既可以产生收益也可能造成损失的不确定性。投机风险造成的结果有三种，即收益、没有损失和损失。例如，在股票市场上买卖股票，就存在挣钱、赔钱和不挣不赔三种后果。大多数纯粹风险都是可以承保的风险，而投机风险在一般情况下为不可保风险。

根据风险发生的原因可将风险分为自然风险、社会风险、经济风险、技术风险和政治风险。① 自然风险，指因自然力的不规则变化现象导致的危害经济活动、物质生产或生命安全的风险。如地震、洪灾、火灾、风灾、雪灾、旱灾、虫灾及各种瘟疫等自然现象在现实生活中是大量发生的。在各类风险中，自然风险是保险人承保最多的风险。② 社会风险，指由于个人行为反常或不可预测的团体的过失、疏忽、侥幸、恶意等不当行为所导致的损害风险。例如盗窃、过失行为，或因战争、罢工等导致的风险。火灾大多是由人的行为引起的，一般也划入社会风险类。③ 经济风险，指在产销过程中，由于有关因素变动或估计错误而导致的产量减少或价格涨跌的风险等。如市场预期失误、经营管理不善、消费需求变化、通货膨胀、汇率变动等导致经济损失的风险。④ 技术风险，指伴随着科学技术的发展、生产方式的改变而产生威胁人们生产与生活的风险，如核辐射、空气污染、噪声污染。⑤ 政治风险，指由于政治原因，如政局变化、政权更换、政府法令和决定的颁布实施，以及种族和宗教冲突、叛乱、战争等引起动荡而造成损害的风险。

根据风险产生的环境可将风险分为静态风险和动态风险。① 静态风险，指自然力的不规则变动或人的错误与恶行导致的风险，如冰雹、洪水、火灾等各种自然灾害，它们的发生不伴随社会的变动。② 动态风险，指由于社会经济、政治、技术以及组织等方面发生变动所导致的风险。

静态风险与动态风险的区别：风险性质不同，静态风险一般均为纯粹风险，而动态风险则既包含纯粹风险也包含投机风险；发生特点不同，静态风险在一定的条件下具有一定的规律性，变化比较规则，动态风险的变化却不规则，无规律可循；影响范围不同，静态风险通常只影响少数个体，而动态风险的影响则比较广泛，往往会带来连锁反应。

第二节　风险管理

一、风险管理的概况

（一）风险管理的历史

风险管理是一门新兴的管理学科。风险管理萌芽于 20 世纪 30 年代，起源于美国。在 20 世纪 30 年代，由于受到 1929—1933 年的世界经济危机的影响，美国约有 40%左右的银行和企业破产，经济倒退了约 20 年。为应对经营上的危机，美国许多大中企业都在内部设立了保险管理部门，负责安排企业的各种保险项目。可见，当时的风险管理主要依赖保险手段。

1938 年以后，美国企业对风险管理开始采用科学办法，并逐步积累了丰富的经验。20 世纪 50 年代，风险管理发展成为一门学科，"风险管理"一词才形成。

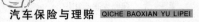

近 20 年来，美国、英国、德国、日本等国家先后建立起全国性和地区性的风险管理协会。1983 年，在美国召开了风险和保险管理协会年会，世界各国专家学者云集纽约，共同讨论并通过了"101 条风险管理准则"，它标志着风险管理已进入了一个新的发展阶段。

1986 年，由欧洲 11 个国家共同成立的"欧洲风险研究会"将风险研究扩大到国际交流范围。1986 年 10 月，风险管理国际学术讨论会在新加坡召开，风险管理已经由环大西洋地区向亚洲太平洋地区发展。

中国对于风险管理的研究开始于 20 世纪 80 年代。一些学者将风险管理和安全系统工程理论引入中国，少数企业在使用中感觉比较满意。中国大部分企业缺乏对风险管理的认识，还没有建立专门的风险管理机构。作为一门学科，风险管理学在中国仍旧处于起步阶段。

（二）风险管理的含义

风险管理是研究风险发生规律和风险控制技术的一门新兴管理科学。具体而言，就是指组织或个人通过风险识别、风险估测、风险评价，并在此基础上优化组合各种风险管理技术，对风险实施有效的控制和妥善处理风险所致损失的结果，以最小的成本获得最大的安全保障。

风险管理的具体内容如下：

（1）风险管理的对象是风险。

（2）风险管理的主体可以是任何组织和个人，包括个人、家庭、社会组织（包括营利性组织和非营利性组织）。

（3）风险管理的过程包括风险识别、风险衡量、风险评价、选择风险管理技术和评估风险管理效果等。

（4）风险管理的基本目标是以最小的成本获得最大的安全保障。具体可分为损失发生之前的目标（减少损失发生的频率）和损失发生之后的目标（降低损失程度）。

（5）风险管理成为一个独立的管理系统，并成为一门新兴学科，从 20 世纪 70 年代起才得到广泛的重视。

（三）风险管理的意义

1. 风险管理对企业的意义

（1）风险管理能够为企业提供安全的生产经营环境。企业通过对可能造成风险因素的分析，采取了有效的防范措施，保障了企业的安全生产，进而使生产经营活动正常进行。

（2）风险管理能够促进企业决策的科学化、合理化，减少决策失误的风险。风险管理利用科学系统的方法，管理和处置各种风险，有利于企业减少和消除经营风险、决策失误风险，顺利实现企业的生产经营目标。

（3）风险管理能够促进企业经营效益的提高。风险管理的实施可以使企业面临的风险损失降到最低，并能在损失发生之后及时合理地得到经济赔偿，使企业直接或者间接减少了费用的支出，进而可以提高企业的经营效益。

2. 风险管理对社会的意义

（1）风险管理有利于资源的有效配置。风险管理是积极地防止和控制风险，它可以在很大程度上减少风险损失，并为风险损失提供补偿，促使更多的社会资源合理地向所需部门流动。

（2）风险管理有利于经济的稳定发展。风险管理的实施有助于消除风险给经济、社会带来各种不良后果，把风险造成的损失降到最低点，有助于社会生产顺利进行，促进经济的稳定发展。

（3）风险管理为保障社会经济的发展创造了安全的社会经济环境。风险管理通过风险的避免、预防、转移等方式，提供最大安全保障，从而减少生产者对风险的忧虑，使人们生活在一个安定的社会经济环境中，有助于经济的发展。

二、风险管理的目标

风险管理的基本目标是以最小成本获得最大的安全保障效益。风险管理的具体目标可以概括为损失前目标和损失后目标。

损失前目标是指通过风险管理消除和减少风险发生的可能性，为人们提供较安全的生产、生活环境。

损失后目标是指通过风险管理在损失出现后及时采取措施，组织经济补偿，帮助企业迅速恢复生产和生活秩序。

三、风险管理的方法

（一）风险识别

风险识别是指对企业、家庭和个人面临的和潜在的风险加以判断、归类和对风险性质进行鉴定的过程。风险识别主要包括感知风险和分析风险两方面内容。风险识别的目的有两个：一是衡量风险大小，二是提供最适当的风险管理对策。风险管理是否全面、深刻，直接影响风险管理决策质量，进而影响整个风险管理的最终结果。

（二）风险估测

风险估测是在风险识别的基础上，通过对所收集的大量的资料进行分析，利用概率论统计理论，估计和预测风险发生的概率和损失程度。风险衡量所要解决的两个问题是损失概率和损失严重程度，其最终目的是为正确选择风险的处理方法提供依据、提供信息。

（三）风险评价

风险评价是指在风险识别和风险估测的基础上，对风险发生的概率、损失程度，结合其他因素全面考虑，评估发生危险的可能性及其危害程度，并与公认的安全指标作比较，以衡量风险的程度，并决定是否要采取相应的措施。处理风险需要一定的费用，费用与风险损失之间的关系直接影响风险管理的效益。风险评价是风险活动中的重要环节，其对决策方向影响甚大，对风险作出科学地分析和判断，对整个风险管理具有决定性的意义。

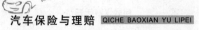

（四）选择风险管理技术

风险管理技术分为控制法和财务法两大类。

1. 控制法

控制法是指避免、消除风险或者减少风险发生频率及控制风险损失扩大的一种风险管理办法，目的在于降低频率和减少损失幅度，重点在于改变引起意外事故和扩大损失的各种条件。其方法有避免、预防、分散、损失抑制四种。

（1）避免是指设法回避损失发生的可能性，即从根本上消除特定的风险单位和中途放弃某些既存的风险单位，采取主动放弃或改变该项活动的方式。

（2）预防是指损失发生前为了消除或减少可能引起损失的各种因素而采取的处理风险的具体措施。

（3）分散风险是指通过兼并、扩张、联营、集合许多原来各自独立的风险单位，增加风险单位的数目，以达到提高预期损失预测的精确性而降低风险的目的。

（4）损失抑制是指在损失发生时或者损失发生后为降低损失程度而采取的各种措施。

2. 财务法

财务法是指事先做好吸纳风险成本的财务安排。

由于人们对风险的认识受许多因素的制约，因而对风险的预测和估计不可能达到绝对精确的地步，而各种控制方法有一定的缺陷。为此，有必要采取财务法，以便在财务上预先提留各种风险准备基金，消除风险事故发生时所造成的经济困难和精神忧虑。其目的是以提供基金的方式，对无法控制的风险做财务上的安排。具体方法有自留、转移风险两种。

（1）自留风险是指对风险的自我承担，即企业或单位自我承受风险损害后果的方法。自留有主动自留和被动自留之分。采取自留方法，应考虑经济上的合算性和可行性。一般来说，在风险所致损失频率和程度低、损失在短期内可预测以及最大损失不足以影响自己的财务稳定时，宜采用自留方法。但有时会因风险单位数量的限制而无法实现其处理风险的功效，一旦发生损失，可能导致财务调度上的困难而失去其作用。

（2）转移风险是指通过合理措施，将风险及其财务后果从一个主体转移给另一个主体。风险转移是一些单位或个人为避免承担风险损失而有意识地将风险损失或与风险损失有关的财务后果转嫁给另一个单位或个人承担的一种风险管理方式。风险转移分为非保险转移和保险转移。非保险转移是指通过合同把风险损失的财务后果转移给非保险公司的其他人，称为财务型非保险转移。例如，出租汽车公司可以与承包的驾驶员签订合同，由驾驶员承担交通事故中的责任风险。这样的合同尽管转移了风险，但一般来说也必然把一部分利益转移给风险受让者，比如驾驶员在接受交通事故责任时，必然要求少缴纳承包费用，出租汽车公司的利润将有所减少。保险转移是指通过保险合同把风险转移给保险公司。此种方法是风险管理中最常用、最有效的财务措施。例如，机动车辆所有者可以通过订立保险合同，将其车辆面临的风险转嫁给保险人。

（五）风险管理效果评价

风险管理效果评价是指对风险管理技术适用性及收益性情况的分析、检查、修正和评估。

风险管理效益的大小，取决于是否能以最小风险成本取得最大安全保障，同时，在实务中还要考虑风险管理与整体管理目标是否一致，是否具有具体实施的可行性、可操作性和有效性。风险处理对策是否最佳，可通过风险管理效果评价来判断。

（六）风险的度量

1. 风险单位及其划分

风险单位是指一次风险事故发生可能造成的最大损害范围。在保险实务中，风险单位是指保险标的发生一次保险事故可能造成的最大损失范围，是保险人确定其可以承担最高保险责任的计算基础。

风险单位的划分。① 按地段划分。由于标的之间在地理位置上相毗邻，具有不可分割性，当风险事故发生时，受损失的机会是相同的，故将一个地段作为风险单位。② 按投保单位划分。为了简化手续，有时一个投保单位就是一个风险单位。对于那些不需要勘察、制图和分别险位，只要投保时将其全部财产按账面价值足额投保，该投保单位即作为一个风险单位，按其占用性质和建筑等级来确定费率。③ 按标的划分。一个标的单位为一个风险单位。对于一些与其他标的无毗连关系、风险集中于一体的保险标的，可以视一个保险标的，为一个风险单位。

2. 衡量风险的几个指标

（1）损失机会，又叫损失频率，是指在一定时间范围内实际损失或预期损失的数量与所有可能发生损失的数量的比值。具体可以指一定时期内，一定数目的风险单位可能（或实际）发生损失的数量次数，通常以分数或百分率来表示，用于度量事件是否经常发生。

（2）损失程度，是指一次风险事故发生造成的损失规模大小或金额多少。一般情况下，发生损失的频率和损失程度成反比关系。从保险的角度看，损失机会越高，并不意味着风险越大。同样，损失程度越严重，也并不意味着风险越大。

四、风险、风险管理与保险的关系

（1）风险是保险产生和存在的前提，风险的存在是保险关系确立的基础。风险的发展是保险发展的客观依据，社会的进步、生产发展、现代科学技术的应用，带来了新的风险。保险是一种被社会普遍接受的经济补偿方式。

（2）风险管理与保险研究的对象一致，都是风险。保险研究的是风险中的可保风险。保险是风险处理传统的、有效的措施。保险作为转移方法之一，把不能自行承担的集中风险转嫁给保险人，以小额的固定支出换取对巨额风险的经济保障。

（3）保险经营效益的大小受多种因素制约，风险管理技术作为非常重要的因素，对保险经营的效益产生很大的影响。如对风险识别是否全面，对风险损失频率和造成损失程度估计是否正确，哪些风险可以承保，哪些风险不可承保，保险的范围多大、程度如何，成本与效益等，都制约着保险的经营效益。

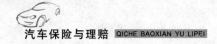
第三节　汽车风险识别

一、汽车自身风险识别

1. 汽车的使用性质及目的

汽车的使用性质分营业用和非营业用。汽车不同的使用性质，对其行驶里程、使用频率、损耗程度以及技术状况都有不同程度的影响。非营业用汽车一般使用频率较低，风险较小；而营业用汽车使用率高，事故率也较高，所以使用性质不同，所发生的事故风险也不同。

汽车使用目的不同，其风险也不同，确定保险费率的依据也不同。

2. 车型与厂牌型号

车型大小与发生事故危险性有直接关系，一般大型汽车由于体积大、功率大、速度快，一旦发生事故后果比较严重，而小型汽车的危险性相对小一些。

因汽车的种类繁多，各种汽车构造、性能差异很大，即使同一种厂牌的汽车，不同型号的差异也较大。因此，厘定汽车保险费率时厂牌和型号都是重要因素。

3. 车龄及汽车价格

车龄及汽车实际价格是汽车使用时间长短的评价指标，它与汽车折旧关系很大，直接影响到保险金额，也会影响到汽车的修理成本和使用危险性，车龄较大的汽车其技术性能会明显不如新车，危险性高于新车。

4. 家庭拥有的汽车数量

家庭拥有的汽车数量少，汽车使用率高。同时由于家庭成员驾驶习惯不同，往往事故频率较大。另外，如果同一车主拥有多辆汽车，则有助于保险成本的降低。

二、驾驶员自身风险识别

1. 驾驶员年龄与驾龄

交通事故的发生与驾驶员的生理状况、心理状况和年龄有密切关系。年轻人处于争强好胜阶段，往往容易超速驾驶，而老年人的生理机能下降，反应较迟钝，驾车时发生事故率都较高。统计资料显示，年龄在 40～50 岁时，事故发生率最低。所以，汽车保险制度通过合理划分年龄档次来确定保险费率。

2. 驾驶员职业与性别

研究表明，男性驾驶员发生事故的概率相比女性较高。男性驾驶时易受干扰，所以事故率较高。

不同职业对人的情绪和体力影响较大，同时也影响人的心理状态。研究显示，从事体力劳动的工人较从事行政工作人员的事故率较高。驾驶员职业反映其生活习惯和生活方式，影响到汽车保险的使用目的和范围，也影响到保险车辆的使用目的及范围，是交通事故的危险因素之一。

3. 驾驶员的婚姻状况

驾驶员的婚姻状况对发生交通事故也有影响。如果驾驶员是已婚，家庭责任和家人的督促会使其小心驾车，从而降低事故率。如果未婚，没有牵挂，其驾车安全性较低。所以，已婚驾驶员的保险费率较未婚驾驶员保险费率低。

4. 驾驶员的生活习性

汽车驾驶员吸烟、酗酒等生活习惯对于交通事故也有影响。吸烟妨碍其驾驶操作，影响汽车行驶安全性；喝酒对驾驶员神经系统产生影响，会使其反应迟钝，判断错误。

5. 驾驶员的事故记录

汽车驾驶员如有事故记录，表明其驾驶技术水平较低，故其保险费率会增加。

6. 附加驾驶员数量

附加驾驶员数量越多，事故危险性越大。由于附加驾驶员个人情况差异较大，显然会增加事故概率，因此，每附加一个驾驶员，保险人就要增加一部分保费。

思考与练习题

1. 什么是风险？风险的三层含义是什么？
2. 什么是风险的三要素？风险三要素之间的关系？
3. 什么是风险管理？风险管理的目标有哪些？
4. 风险单位是怎样划分的？衡量风险的指标有哪几个？
5. 请阐述风险管理的方法。

第二章　汽车保险概述

第一节　保险与汽车保险

一、保险的概念

《中华人民共和国保险法》(以下简称《保险法》)第二条规定："保险是投保人根据合同约定，向保险人支付保险费，保险人对于合同约定的可能发生的事故因其发生所造成的财产损失承担赔偿保险金责任，或者当被保险人死亡、伤残、疾病或者达到合同约定的年龄、期限时承担给付保险金责任的商业行为。"因此，保险定义可以从三方面来解释：

1. 从经济角度说，保险是分摊意外事故损失的一种财务安排

投保人参加保险，实质上是将他不确定的大额损失变成确定的小额支出，即保险费。而保险人集中了大量同类风险，能借助大数法则来正确预见损失的发生额，并根据保险标的的损失概率制定保险费率。保险人通过向所有被保险人收取保险费的方式建立保险基金，用于补偿少数被保险人遭受的意外事故损失。因此，保险是一种有效的财务安排，并体现了一定的经济关系。

2. 从法律角度来看，保险是一种合同行为，体现的是一种民事法律关系

根据合同约定，一方承担支付保险费的义务，换取另一方为其提供的经济补偿或给付的权利，这正好体现了民事法律关系的内容 —— 主体之间的权利和义务关系。

3. 从社会功能的角度看，保险是一种风险损失转移机制

风险是客观存在的，从人类文明产生的那一刻起，人们就在不断寻找应付风险的办法，希望建立一种机制，避免风险或减少风险造成的损失，力图将风险事故对人类生产、生活造成的危害降到最低点。保险正是人们经过长期的实践，逐步建立起来的这样一种机制。保险是将众多的单位和个人结合起来，变个体对付风险为大家共同对付风险，从整体上提高了风险的承受能力。

二、保险的要素

保险的要素亦称"保险的要件"，指保险得以成立的基本条件。在这一问题上，国内外学者均有不同的见解。一般认为主要有以下几点：

（1）可保风险。可保风险是保险人可以接受承保的风险。并非所有破坏物质财富或威胁人身安全的风险，保险人都能承保，只有符合保险人承保条件的风险，保险人才可以接受。

可保风险有以下特性：第一，风险必须是纯粹风险，而不是投机风险。纯粹风险与投机风险的区别是：纯粹风险只有损失机会而无获利可能，其变化较为规则，有一定的规律性，可以通过大数法则加以测算，发生结果往往是社会的净损失。而投机风险既有损失机会又有获利可能，其变化往往不规则，无规律可循，难以通过大数法则加以测算，发生结果往往是社会财富的转移，而不一定是社会的净损失。第二，风险须使标的均存在遭受损失的可能，但对具体标的而言，当事人事先无法知道其是否发生损失、发生损失的时间和发生损失的程度如何。第三，风险必须有导致重大损失的可能，否则人们缺乏购买保险的动力。第四，风险不能使大多数保险对象同时遭受损失，这是保险公司能够盈利经营的前提。第五，风险从总体上看必须具有现实的可测性，即在保险合同期限内预期损失是可计算的，保险人承保某一特定风险，必须在保险合同期限内收取足额保费，以聚集资金支付赔款和各项开支，并获得合理利润。

（2）多数人同质风险的集合与分散。保险的过程既是风险的集合过程，又是风险的分散过程。众多投保人将其面临的风险转嫁给保险人，保险人通过承保而将众多风险集合起来。当发生保险责任范围内的损失时，保险人将少数被保险人发生的风险损失分摊给全部投保人，也就是通过保险的补偿行为分摊损失，将集合的风险予以分散转移。保险风险的集合与分散应具备两个前提：第一是多数人的风险。如果是少数人或个别人的风险，就无所谓集合与分散，而且风险损害发生的概率难以测定，大数法则不能有效发挥作用。第二是同质风险。如果风险为不同质风险，那么风险损失发生的概率就不同，因此风险也就无法进行集合与分散。此外，由于不同质风险损失发生的频率与幅度是有差异的，倘若进行集合与分散，会导致保险经营的不稳定，保险人将不能提供保险供给。

（3）费率的合理厘定。保险在形式上是一种经济保障活动，实质上是一种商品交换行为。因此，厘定合理费率，即制定保险商品的价格，便构成了保险的基本要素。费率过高，保险需求会受到限制；费率过低，保险供给得不到保障，这都不能称为合理费率。费率厘定应依据概率论、大数法则的原理进行计算。

为防止各保险公司间保险费率的恶性竞争，一些国家对保险费率的厘定方式作出了具体规定。我国《保险法》第一百零七条规定："关系社会公众利益的保险险种、依法实行强制保险的险种和新开发的人寿保险险种等的保险条款和保险费率，应当报保险监督管理机构审批。""其他保险险种的保险条款和保险费率，应当报保险监督管理机构备案。"《保险公司管理规定》第七十六条规定："保险行业协会可以根据实际情况，公布指导性保险费率。"

（4）保险基金的建立。保险的分摊损失与补偿损失功能是通过建立保险基金实现的。保险基金是用以补偿因自然灾害、意外事故等所致经济损失和人身伤害的专项基金，它主要源于开业资金和保费收入，并以保费收入为主。财产保险准备金，表现为未到期责任准备金、赔款准备金等形式；人寿保险准备金，主要以未到期责任准备金形式存在。保险基金具有分散性、广泛性、专项性与增值性等特点，保险基金是保险赔偿的基础。

《保险法》第九十四条规定："保险公司应当根据保障被保险人利益、保证偿付能力的原则，提取各项责任准备金。保险公司提取和结转责任准备金的具体办法由保险监督管理机构制定。"

（5）订立保险合同。保险时投保人与保险人间的经济关系通过合同的订立来确定。保险作为一种民事法律关系，是投保人与保险人之间的合同关系，这种关系需要有法律关系对其进行保护和约束，即通过一定的法律形式固定下来，这种法律形式就是保险合同。保险是专门对意外事故和不确定事件造成的经济损失给予赔偿的。风险是否发生、何时发生、损失程度如何，均有较大随机性。这一特性要求保险人与投保人应在契约约束下履行各自权利与义务。假如不具备在法律或合同上规定的权利与义务，那么，保险经济关系就难以成立。保险合同是保险双方当事人履行各自权利和义务的依据。保险双方当事人的权利和义务是相互对应的。因此，订立保险合同是保险得以成立的基本要素，它是保险成立的法律保证。

三、保险的特征

保险具有以下特征：

（1）互助性。保险具有"我为人人，人人为我"的互助特性。保险是多数人在互助共济基础上建立起来的，是聚积多数人的力量来分担少数人的危险的保障措施。保险的核心在于，多数投保人通过缴纳保险费，由保险人建立保险基金，对因保险事故的发生而受到损失的被保险人进行补偿。因此，互助共济是保险制度建立的基础。

（2）法律性。从法律角度看，保险是一种合同行为，是一方同意补偿另一方损失的一种合同安排，同意提供损失赔偿的一方是保险人，接受损失赔偿的一方是投保人或被保险人。

（3）经济性。保险是通过保险补偿或给付而实现的一种经济保障活动。其保障对象财产和人身都直接或间接属于社会再生产中的生产资料和劳动力两大经济要素；其实现保障的手段，大多最终都必须采取支付倾向的形式；其保障的根本目的，无论从宏观的角度，还是微观的角度，都是与社会经济发展相关的。

（4）商品性。保险体现了一种对价交换的经济关系，也就是商品经济关系。这种商品经济关系直接表现为个别保险人与个别人之间的交换关系；间接表现为在一定时期内全部保险人与全部投保人之间的交换关系，即保险人销售保险产品，投保人购买保险产品的关系；具体表现为，保险人提供保险的补偿或给付，保障社会生产的正常进行和人们生活的安定。

（5）科学性。保险是处理风险的科学措施。保险经营的科学性是代表保险存在和发展的基础。现代保险经营以概率论和大数法则等科学的数理理论为基础，保险费率的厘定、保险准备金的提存等都是以科学的数理计算为依据的。

四、汽车保险的含义

汽车保险，就是保险人通过收取保险费的形式建立保险基金，并将它用于补偿因自然灾害或意外事故所造成的车辆的经济损失，或在人身保险事故发生时赔偿损失，负担责任赔偿的一种经济补偿制度。

汽车保险以汽车本身、汽车所有人或驾驶员因驾驶汽车发生意外事故所负的责任为保险标的，所以它既属于财产损失保险范畴，又属于责任保险范畴，是一个综合性的险种。

五、汽车保险的特征

汽车保险的基本特征，可以概括为以下几点：

1. 保险标的具有流动性

作为运输工具，汽车的基本功能是实现位移，这决定了其大多数时间处于动态。这种流动性直接影响到保险标的面临的风险以及风险的种类，同时也影响着汽车保险的市场营销、核保、出单、查勘、理赔等。这既增大了风险概率，增加了经营的不确定性，使得保险人在研究条款和费率的同时，更应注重核保、核赔以及风险防范；也加大了核保时"验标承保"的难度，保险人对承保风险的实际控制能力减弱，更应防范道德风险和完善监控机制；还增加了保险责任事故发生时的检验和理赔难度。保险人应建立和完善保险事故查勘检验的规程、代理网络。

2. 保险标的出险率较高

由于经常处于运动状态，汽车很容易发生碰撞及其意外事故，造成人身伤亡或财产损失。由于车辆数量的迅速增加，一些国家交通设施及管理水平跟不上车辆的发展速度，同时气候、地形、道路状况等地理环境风险，再加上驾驶人的疏忽、过失等人为原因，交通事故发生频繁，汽车出险率较高。

据统计，全世界每年因交通事故死亡的人数大约为 50 万，相当于每 1.2 万人就有一人死于车祸。

3. 业务量大，投保率高

由于汽车出险率较高，汽车的所有者需要以保险方式转嫁风险。各国政府在不断改善交通设施、严格制定交通规章的同时，为了保障受害人的利益，对第三者责任保险实施强制保险。

保险人为适应投保人转嫁风险的不同需要，为被保险人提供了更全面的保障，在开展车辆损失险和第三者责任险的基础上，推出了一系列附加险，使汽车保险成为财产保险中业务量较大、投保率较高的一个险种。每年汽车保险费收入占财产保险费收入的 50% 以上，是保险公司的"支柱险种"。

4. 扩大保险利益

汽车保险中，针对汽车的所有者与使用者不同的特点，汽车保险条款一般规定：不仅被保险人本人使用车辆时发生保险事故保险人要承担赔偿责任，而且凡是被保险人允许的驾驶人使用车辆时，也视为其对保险标的具有保险利益，如果发生保险单上约定的事故，保险人同样要承担事故造成的损失，保险人须说明汽车保险的规定以"从车"为主，凡经被保险人允许的驾驶人驾驶被保险人的汽车造成保险事故的损失，保险人须对被保险人负赔偿责任。

此规定是为了对被保险人提供更充分的保障，并不违背保险利益原则。但如果在保险合同有效期内，被保险人将保险车辆转卖、转让、赠送他人，被保险人应当书面通知保险人并申请办理批改。否则，保险事故发生时，保险人对被保险人不承担赔偿责任。

5. 被保险人自负责任与无赔款优待

为了促使被保险人注意维护、养护车辆，使其保持安全行驶技术状态，并督促驾驶人注意安全行车，以减少交通事故，保险合同上一般规定：驾驶人在交通事故中所负责任，车辆损失险和第三者责任险在符合赔偿规定的金额内实行绝对免赔率；保险车辆在保险期限内无赔款，续保时可以按保险费的一定比例享受无赔款优待。以上两项规定，虽然分别是对被保险人的惩罚和优待，但要达到的目的是一致的。

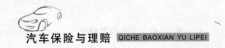

第二节 汽车保险的分类

一、按照保险实施方式分类

按实施方式分类，保险可分为强制保险和自愿保险。

1. 强制保险

强制保险（又称"法定保险"）是由国家（政府）通过法律或行政手段强制实施的一种保险。强制保险的保险关系虽然也是产生于投保人与保险人之间的合同行为，但是，合同的订立受制于国家或政府的法律规定。强制保险的实施方式有两种：一是保险标的与保险人均由法律限定；二是保险标的由法律限定，但投保人可以自由选择保险人，如机动车交通事故责任强制保险。

2. 自愿保险

自愿保险是在自愿原则下，投保人与保险人双方在平等的基础上，通过订立保险合同而建立保险关系。自愿保险的保险关系，是当事人之间自由决定、彼此合意后所建立的合同关系。投保人可以自由决定是否投保、向谁投保、中途退保等，也可以自由选择保险金额、保障范围、保障程度和保险期限等；保险人也可以根据情况自愿决定是否承保、怎样承保等。

二、按照保障范围分类

按照保障范围分类，保险可以分为财产保险和人身保险。

1. 财产保险

财产保险指广义的财产保险。它是以各类物质财产以及与之有关的利益、责任和信用为保险标的的一种保险。从财产保险的发展看，最初的财产保险标的是单纯的"物"，随着社会经济的发展和人们需求的增加，保险标的才逐步发展为与物质财产密切相关的利益，民事损害依法应负的经济赔偿责任和由于信用关系产生的一方违约造成他方经济损失的"无形物"。因此。财产保险标的又分为有形的财产和无形的财产两种。

2. 人身保险

人身保险是以人的身体和寿命作为保险标的的一种保险。当被保险人在保险期间因保险事故的发生而伤残、死亡或生存到保险期满，按合同约定的条件，保险人给付保险金。由于人身保险的保险标的的价值无法用货币衡量，因此，其保险金额可根据投保人的经济生产需要和缴纳保险费的能力确定。

三、按照保险性质分类

按照保险性质不同，保险可以分为商业保险、社会保险和政策保险。

1. 商业保险

商业保险是指投保人根据合同约定，向保险人支付保险费，保险人对于合同约定的可能发生的事故因其发生所造成的财产损失承担赔偿保险金的责任，或者当被保险人死亡、伤残、疾病或者达到合同约定的年龄、期限时承担给付保险金责任的保险行为。商业保险是一种经济行为，不论保险人还是投保人都是从成本收益的角度来考虑的。投保人之所以愿意投保，是因为投保费用要低于未来的损失预期；保险人之所以愿意承保，是因为可以从中获利。

2. 社会保险

社会保险是指国家通过立法对社会劳动者暂时或永久丧失劳动能力或失业时提供一定的物质帮助以保障其基本生活的一种社会保障制度。当劳动者遭受生育、年老、疾病、死亡、伤残和失业等危险时，国家以法律的形式为其提供基本的生活保障，将某些社会危险损失转移给政府或者某一社会组织。

3. 政策保险

政策保险是政府为了一定的政策目的，运用普通保险的技术而开办的一种保险。一般分为四类：为实现农业增产增收政策开办的农业保险，具体包括种植业保险、养殖业保险等；为实现扶持中小企业发展政策开办的信用保险，具体包括无担保保险、能源对策保险、预防公害保险、特别小额保险等；为实现促进国际贸易政策开办的输出保险，具体包括出口信用保险、外汇变动保险、出口票据保险、海外投资保险、存款保险等；巨灾保险，主要是针对洪水、地震、核辐射等因素引起的巨灾损失开办的一种保险。由于巨灾保险涉及面广、风险巨大，因此，许多国家成立了专门的机构来经营该种保险，并通过再保险集团来分散巨大的风险。

四、按照业务承保的方式分类

按业务承保方式分类，可将保险分为原保险、再保险、共同保险和重复保险。

1. 原保险

原保险是保险人与投保人之间直接签订保险合同而建立保险关系的一种保险。在原保险关系中，保险需求者将其风险转嫁给保险人，当保险标的遭受保险责任范围内的损失时，保险人直接对被保险人承担赔偿或给付责任。

2. 再保险

再保险（也称"分保"）是保险人将其所承保的风险和责任的一部分或全部转移给其他保险人的一种保险。分出业务的是再保险分出人，接受分保业务的是再保险接受人。这种风险转嫁方式是保险人对原始风险的纵向转嫁，即第二次风险转嫁。

3. 共同保险

共同保险（也称"共保"）是由几个保险人联合直接承保同一保险标的、同一风险、同一保险利益的保险。共同保险的各保险人承保金额的总和不超过保险标的的保险价值。在保险实务中，可能是多个保险人分别与投保人签订保险合同，也可能是多个保险人以某一保险人的名义签发一份保险合同。与再保险不同，这种风险转嫁方式是保险人对原始风险的横向转嫁，它仍属于风险的第一次转嫁。

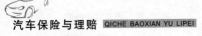

4. 重复保险

重复保险是指投保人以同一保险标的、同一保险利益、同一保险事故分别与两个或两个以上保险人订立保险合同，且保险金额总和超过保险价值的保险。与共同保险相同，重复保险也是投保人对原始风险的横向转嫁，也属于风险的第一次转嫁。

五、按照保险金额的确定方式分类

按保险金额的确定方式分类，可将保险分为定值保险和不定值保险。

所谓保险金额，是指一个保险合同项下保险公司承担赔偿或给付保险金责任的最高限额，即投保人对保险标的的实际投保金额，它同时又是保险公司收取保险费的计算基础。财产保险合同中，对保险价值的估价和确定直接影响保险金额的大小。保险价值等于保险金额是足额保险，保险金额低于保险价值是不足额保险。保险标的发生部分损失时，除合同另有约定外，保险公司按保险金额与保险价值的比例赔偿。保险金额超过保险价值是超额保险，超过保险价值的保险金额无效，恶意超额保险是欺诈行为，可能使保险合同无效。

1. 定值保险

定值保险是指保险标的的价值在投保时确定的保险，即以投保时保险标的的实际价值或估计价值作为保险价值，其保险金额按保险价值确定的保险方式。

2. 不定值保险

不定值保险是指按照保险事故发生时保险标的的实际价值确定保险价值的保险。也就是说，在投保时保险双方只是在保险单上列明保险金额而不列明保险价值，在发生保险事故时再确定保险价值。

六、汽车保险险种的分类

（1）汽车保险按性质可以分为强制保险与商业险。强制保险（机动车交通事故责任强制保险，简称交强险）是国家规定必须购买的保险，商业险是非强制购买的保险，车主可以根据实际情况选择购买。

（2）汽车保险根据保障的责任范围还可以分为基本险和附加险。基本险是对车辆使用过程中大多数车辆使用者经常面临的风险给予保障。基本险包括第三者责任险（三者险）、车辆损失险（车损险）、全车盗抢险、车上人员责任险，投保人可以选择投保其中部分险种，也可以选择投保全部险种。附加险是对基本险保险责任的补充，它承保的一般是基本险不予承保的自然灾害或意外事故。玻璃单独破碎险、自燃损失险、新增加设备损失险、车身划痕险，是车身损失险的附加险，必须先投保车辆损失险后才能投保这几个附加险。车上责任险、无过错责任险、车载货物掉落责任险等，是第三者责任险的附加险，必须先投保第三者责任险后才能投保这几个附加险。每个险别不计免赔，是可以独立投保的。

（3）汽车保险按销售渠道的不同，可分为传统车险与电话车险（网络车险）。电话车险通过电话或者网络获取报价、完成投保，是新兴的车险投保模式，电话车险（网络车险）在欧美比较流行，正以其方便、省钱等优势越来越受到国内车主的青睐。另外，由于车辆保障内容不同，其保险价格也有差异。车主在网上投保时可以根据自己的实际情况选择不同的保障项目，从而节省更多的费用。

汽车保险的主要险种介绍如表 2.1。

表 2.1 汽车保险险种介绍

险　种	责任范围	注意事项
交强险	保险公司对被保险机动车发生道路交通事故造成受害人的人身伤亡、财产损失，在责任限额内予以赔偿的强制性责任保险。赔偿限额(有责)：死亡伤残 50 000 元、医疗 8 000 元、财产损失 2 000 元；赔偿限额（无责）：死亡伤残 10 000 元、医疗 600 元、财产损失 400 元	必须投保，不得拒保或退保，受害人不包括被保险人和本车人员
车损险（家用车）	碰撞、倾覆、坠落；火灾、爆炸；外界物体坠落、倒塌；暴风、龙卷风；雷击、雹灾、暴雨、洪水、海啸；地陷、冰陷、崖崩、泥石流、滑坡等原因造成的车辆损失；为减少被保险车辆损失所支付的必要的合理的施救费	自然磨损、锈蚀、故障、轮胎单独损坏、地震、自燃，驾驶员饮酒、吸毒、被麻醉或无证驾驶为免责
第三者责任险	被保险人或其允许的合法驾驶人在使用车辆过程中发生意外事故，致使第三者遭受人身伤亡或财产直接毁损，依法应当由被保险人承担经济赔偿责任，对于超过机动车交通事故责任强制保险各分项赔偿限额以上的部分负责赔偿	驾驶人员、家庭成员以及车上人员的人身伤亡、所有或代管的财产损失，对第三者造成的间接损失，驾驶人员饮酒、吸毒、被麻醉期间使用车辆出现事故，被保险人故意行为等属免责
全车盗抢险	保险车辆被盗窃经出险当地县级以上公安刑侦部门立案证明，满 60 天未查明下落的全车损失；保险车辆全车被盗窃、抢劫、抢夺后，受到损坏或车上零部件、附属设备丢失需要修复的合理费用；保险车辆在被抢劫、抢夺过程中，受到损坏需要修复的合理费用	非全车遭盗窃仅车上零部件或附属设备被盗窃或损坏、被诈骗、罚没等造成的损失；因民事、经济纠纷造成的车辆被抢劫、抢夺等属免责
车上人员责任险	发生意外事故，造成保险车辆上人员的人身伤亡，依法应当由保险人承担的经济赔偿责任，保险公司负责赔偿	违章搭乘人员的人身伤亡；车身人员因疾病、分娩、自残、斗殴、自杀、犯罪等行为或在车下时造成的伤亡属免责
玻璃单独破碎险	保险车辆风窗玻璃或车窗玻璃的单独破碎	安装、维修过程中造成的玻璃单独破碎属免责
车身划痕险	无明显碰撞痕迹的车身划痕损失	被保险人及其家庭成员、驾驶人及其家庭人员的故意行为造成的损失属免责
不计免赔特约险	经特别约定，保险事故发生后，按对应的投保险种，应由被保险人自行承担的免赔金额，由保险公司赔偿	车损险中应由第三方负责而确实无法找到第三方的；同一保险年度内多次出险，每次增加的免赔金额；非约定驾驶员出险的；附加险条款中约定的不赔内容等属免责
新增设备损失险	车上新增设备的直接毁损	保险金额根据新增设备的实际价值确定
自然损失险	因保险车辆电器、线路、供油系统、供气系统发生故障或所载货物自身原因起火燃烧造成本车的损失；为防止或减少损失所支付的必要的合理的施救费	自燃仅造成电器、线路、供油系统、供气系统或所载货物自身的损失属免责
倒车镜或车灯单独损坏险	倒车镜、车灯单独损坏	安装、维修、保养车辆过程中损坏，在被查封、扣押、扣留、没收、征用、征收期间发生的损坏属免责

2009 年 2 月 28 日，第十一届全国人民代表大会常务委员会第七次会议通过对《中华人民共和国保险法》的修订，修订版于 2009 年 10 月 1 日实施。为适应新保险法，各保险公司纷纷修订商业汽车保险条款。其中中国人民财产保险股份有限公司、中国平安财产保险股份有限公司、中国太平洋财产保险股份有限公司三大公司的车险险种如表 2.2 所示。

表 2.2　2009 年修订后我国三大保险公司施行的商业险种

名称	中国人民财产保险股份有限公司	中国平安财产保险股份有限公司	中国太平洋财产保险股份有限公司
主险	机动车第三者责任保险 家庭自用汽车损失保险 非营业用汽车损失保险 营业用汽车损失保险 特殊车保险 摩托车、拖拉机保险 机动车车上人员责任保险 机动车盗抢保险 机动车提车保险 "幸福康庄"农用机动车车载人员安全责任保险 "尊贵人生"机动车保险 安徽江淮汽车集团有限公司专用货车提车保险 广东、深圳分公司免税机动车关税责任保险	商业第三者责任保险 车辆损失险 全车盗抢险 车上人员责任险 机动车单程提车保险 摩托车、拖拉机保险	机动车损失保险 第三者责任保险 车上人员责任保险 全车盗抢损失险 单程提车损失保险 单程提车三者 摩托车、拖拉机保险
附加险、特约条款	玻璃单独破碎险 车身划痕损失险 可选免赔额特约条款 不计免赔率特约条款 火灾、爆炸、自然损失险 自然损失险 新增加设备损失保险 发动机特别损失险 机动车停驶损失险 代步机动车服务特约条款 更换轮胎服务特约条款 送油、充电服务特约条款 拖车服务特约条款 换件特约条款 随车行李物品损失保险条款 新车特约条款 A 新车特约条款 B 车上货物责任险 交通事故精神损害赔偿责任险 教练车特约条款 油污污染责任保险 机动车出境保险 异地出险住宿费特约条款 特种车保险批单 01 起重、装卸、挖掘车辆损失扩展条款 特种车保险批单 02 特种车辆固定设备、仪器损坏扩展条款 多次出险增加免赔率特约条款 约定区域通行费用特约条款 指定专修厂特约条款 租车人人车失踪险 法律费用特约条款 广东、深圳分公司粤港、粤澳两地车区域扩展条款	玻璃单独破碎险条款 车身划痕损失险条款 自然损失险条款 车辆停驶损失险条款 代步车费用险条款 新增加设备损失险条款 车上货物责任险条款 车上货物掉落责任险条款 油污污染责任险条款 交通事故精神损害赔偿险条款 全车盗抢附加高尔夫球具盗窃险条款 涉水行驶损失险条款 随车行李物品损失险条款 保险事故附随损失险条款 车辆重置特约险条款 A 车辆重置特约险条款 B 换件特约险条款 系安全带补偿特约条款 指定专修厂特约条款 特种车特约条款 多次事故免赔率特约条款 基本险不计免赔率特约条款 附加险不计免赔率特约条款 摩托车、拖拉机全车盗抢险 摩托车、拖拉机不计免赔率特约条款 单程提车不计免赔率特约条款	自然损失险 玻璃单独破碎险 新增设备损失险 车身油漆单独损伤险 涉水损失险 零部件、附属设备被盗窃险 车上货物责任险 精神损害抚慰金责任险 随身携带物品责任险 特种车车辆损失扩展险 特种车固定机具、设备损失险 免税车辆关税责任险 道路污染责任险 车辆免赔额特约条款 救援费用特约条款 修理期间费用补偿特约条款 事故附随费用特约条款 更换新车特约条款 多次事故免赔率特约条款 使用安全带特约条款 基本险不计免赔率特约条款 附加险不计免赔率特约条款 法律服务特约条款 节假日行驶区域扩展特约条款 指定专修厂特约条款 换件特约条款

第三节 汽车保险的职能

职能是某种客观事物或现象所固有的内在功能，是由事物的本质和内容决定的。汽车保险的基本职能就是以保险汽车的损失，或者以保险汽车的所有人或驾驶员因驾驶保险汽车发生交通事故所负的责任为保险标的的保险。汽车保险的职能，是汽车保险固有的一种功能，它不会因为时间的变化和社会形态的不同而不同，它是由汽车保险的本质和内容决定的，是汽车保险本质的体现。但随着汽车保险的发展，它会派生出新的职能。因此，汽车保险的职能包括基本职能和派生职能。

一、汽车保险的基本职能

汽车保险的基本职能主要是补偿损失的职能，即汽车保险通过组织分散的保险费，建立保险基金，用来对因自然灾害和意外事故造成车辆的损毁给予经济上的补偿，以保障社会生产的持续进行，安定人民生活，提高人民的物质福利。这种赔付原则使已经存在的社会财富即车辆因灾害事故所导致的实际损失，在价值上得到了补偿，在使用价值上得以恢复，从而使集体或个人的再生产得以持续进行，稳定了人民的生活，提高了人民的物质福利。汽车保险的这种补偿职能，只是对社会已有的财富进行了再分配，而不能增加社会财富。因为从社会的角度来讲，个别遭受车辆损失的被保险人的所得，正是没有遭受损害的多数被保险人的所失，它是由全体投保人给予的补偿。

汽车保险的基本职能，是汽车保险得以产生和迅速发展的内在根源。补偿损失是建立保险基金的根本目的，也是汽车保险形式产生和发展的原因。

汽车保险的补偿职能的具体内容可以概括为：

（1）补偿由于自然灾害和意外事故所致保险车辆的经济损失。

（2）对被保险人在保险期内发生与车祸相关的人身伤亡事故给予经济赔偿。

（3）承担被保险人因车辆事故对受害人所负的经济赔偿的民事责任。

（4）商业信用和银行信用的履约责任。

二、汽车保险的派生职能

汽车保险的派生职能是在不同经济形态下，由基本职能派生出来的。在社会主义市场经济条件下，汽车保险的派生职能是由保险企业经营管理的特点决定的。汽车保险的派生职能主要有以下几个。

（1）财政性分配职能。汽车保险与其他保险一样，具有财政性。它是指保险企业参与对一部分社会总产品分配的职能，并能为国家在建设方面集资。保险的经营活动主要指筹集和使用保险基金。通过向投保人收取保险费而筹集起来的保险基金，实际上是以货币形态表现的一定量的社会总产品，是社会后备基金体系的重要组成部分。它同集中于财政的后备基金和分散自保的后备基金相互配合，履行对出险单位或个人的损失补偿或给付保险金的责任。但是，向保险公司交纳保险费是全体投保人的义务。而从保险公司获取损失补偿的只是少数

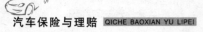

出险车辆或人身受到伤害的被保险人与第三者。这样，一部分社会总产品就以保险公司为中介，在被保险人之间进行分配。即保险标的未发生灾害事故，被保险人原来占有的一部分社会总产品的价值转移到保险标的发生灾害事故的被保险人手里，保险便实现了对一部分社会总产品价值的分配。

（2）金融性融资的职能。汽车保险具有融资的功能，即将保险组织的可运用资金，投入到社会再生产过程中，以便实现保险资金的保值和增值。由于保险人经营的连续性和保险事件的随机性，在保险人的业务经营中会有一部分资金处于暂时的闲置状态，这种闲置的资金构成了保险人的可运用资金。保险公司作为金融机构的组成部分，其融通资金的方式主要有两种：一种是将保险基金存入银行，通过银行以信贷方式融通资金；另一种是保险公司运用保险基金进行直接投资或放款，使沉淀在企业、集体或个人的那部分保险资金投入生产或建设领域。

（3）风险管理理性防灾防损职能。汽车保险中保险人和被保险人有共同的经济利益，即减少灾害、事故的发生，尽量避免保险车辆损失和人员伤亡。保险人为了减少赔款、提高经济效益，从大量的日常业务中掌握保险车辆的位置和分布，分析各种灾害事故造成损失的资料、对灾害原因有较确切的分析和结论，同时运用保险财力和专业人员的技术力量，提出防灾防损方案。通过这种风险管理职能，即保险企业参与社会、企业、家庭、个人的风险管理，提供防灾、防损、咨询和技术服务的职能，从而减少车辆的损失和社会成员的人身伤害，为保险企业自身效益和社会效益的提高创造有利条件。

机动车辆保险是现代社会处理风险的一种非常重要的手段，是风险转嫁中一种最重要、最有效的技术，是不可缺少的经济补偿制度。

思考与练习题

1. 什么是保险？
2. 保险要素由哪几点构成？
3. 保险具有什么特征？汽车保险的基本特征是什么？
4. 简述保险按照实施方式、保障范围、保险性质、业务承保方式、保险金额确定方式的分类。
5. 汽车保险的基本职能是什么？

第三章　保险的运行原则

第一节　保险利益原则

一、保险利益原则的概念

保险利益是指投保人对保险标的具有的法律上承认的利益，亦称可保利益。它实际上体现了投保人或被保险人与保险标的之间存在的利害关系。

保险利益原则作为保险运行中的一项重要原则，要求投保人或被保险人在保险合同的订立或履行过程中必须具有保险利益，否则保险合同无效。即投保人对保险标的有利益关系，才有权据以保险，据以签订保险合同，在发生保险事故时，才拥有保险赔偿的请求权。

二、保险利益的构成条件

构成保险利益必须具备三个条件：

1. 必须是法律上认可的利益

保险利益必须是符合法律规定，符合社会公共秩序要求，为法律认可并受到法律保护的利益。不法利益，无论当事人是何种意图，均不能构成保险利益，所签订的合同无效。此外，法律上不予以承认或不予保护的利益也不构成保险利益。

2. 必须是经济利益

所谓经济利益是指投保人或被保险人对保险标的的利益必须是可通过货币计量的利益。

3. 必须是确定的利益

确定的利益包括现有利益，又包括期待利益。现有利益是指现实中已存在的利益，如车辆的使用权或所有权等。期待利益是指将要获得的、合法的、可以实现的利益，如预期利润、预期运费等。

三、保险利益原则的意义

保险利益原则的确定是为了通过法律防止保险活动成为一些人获取不正当利益的手段，从而确保保险活动可以发挥分散风险、减少损失的作用，因此保险利益原则的重要作用不可忽视。

其意义主要有：消除保险人利用保险进行赌博的可能；防止道德风险的发生，如故意制造保险事故等；限制保险补偿额度，即投保人或被保险人对超过保险标的的实际价值部分，不具有保险利益，如购车价格为 20 万，投保 25 万，即使多交保费，赔偿额度依然不能超过购车的实际价格 20 万元。

四、保险利益原则在汽车保险实务中的应用

在汽车保险实务中，常见的涉及可保利益的问题，是指被保险人与车辆所有人不吻合的问题。即在车辆交易中，由于没有对保单下的被保险人及时变更，一旦车辆发生损失，现有的车辆拥有人不具备对车辆的可保利益的索赔权。原有的车辆拥有人由于转让了车辆，而导致其名下的保单失效，也不具备可保利益。

案例一：

H 省某县 T 村村民纪某拥有一辆福特车，村里有一家村办的灯具厂向他租用这辆车。双方协定：该车平时仍放在纪某家里，也归他使用处置，灯具厂只要求每月把车借给厂里使用 5~6 次；为获得保险保障，纪某同意由村委会向当地保险公司投保机动车保险。随后，村委会出面办了投保手续，保险金额为 25 万元。在保险期的某一天，车主纪某驾车外出办事，把车停在县城的红心饭店门口。办完事后回到停车处，纪某发现福特车已经被人盗走。村委会获知后，立即作为保险人向保险公司提出索赔，要求按照保险金额赔偿车辆被盗损失费 25 万元。保险公司在理赔过程中了解到福特车为谁所用、被谁租用、由谁保管以及保险事故的发生是由谁驾车外出所引起的等具体情况后，提出被保险人对福特车不具有保险利益的理由，拒绝承担赔偿责任。双方因此发生争议，引起诉讼。

这个案例涉及一个问题——保险利益的确定，到底谁才具有保险利益，财产保险中的保险利益是怎么确定的。这是案例中需探讨的地方。

保险利益是保险的基本原则之一，又称"可保利益"或"可保权益"原则。所谓保险利益，是指投保人或被保险人对其所保标的具有法律所承认的权益或利害关系，即在保险事故发生时，可能遭受的损失或失去的利益。《中华人民共和国保险法》第十二条规定："保险利益是指投保人对保险标的具有法律上承认的利益。"这里的利益一般指的是保险标的的安全与损害直接关系到被保险人的切身经济利益。

保险利益是保险合同有效成立的要件，保险合同有效必须建立在投保人对保险标的具有保险利益的基础上，具体构成需满足三个要件：① 保险利益必须是合法利益。② 保险利益一般应为经济利益，这样才能使计算做到基本合理。如果损失不是经济上的利益，便无法计算。如所有权、债权、担保物权等，还有精神创伤、政治打击等，难以用货币衡量，因而不构成保险利益。③ 保险利益必须是可以确定的利益。只有这样当存在损失时，才能够以实际的损失的保险利益为限。

在案例一中，我们来进行分析：

纪某作为车的主人，对车具有固有的保险利益，但是其未向保险公司投保，也没有和保险公司签订保险协议，所以他们之间不存在保险关系，这就使其不能成为保险的主体。他既不是投保人也不是保险合同的主体，他无权向保险公司提出索赔，也无权获得保险公司对保险标的的所遭受损失的赔偿。

村灯具厂是车的租用人，并承担了一定的经济责任，对车也有保险利益，理应为保险的

主体，但是从案情来看，车主与灯具厂未订立相关协议，以明确双方的责任，而且灯具厂也未以自身身份向保险公司进行投保，从而造成保险公司与灯具厂之间不存在保险关系。它不是投保人，同时也不是合同主体，保险车辆的损失的赔偿问题它同样无权过问。

而村委会是投保人，它与保险公司订立了以福特车为保险标的的机动车车辆保险合同，它无疑是保险合同的主体。问题在于村委会对它投保的保险标的——福特车——有表现利益吗？它作为这份机动车辆保险合同的主体是否具有合同主体的资格？根据案例情况介绍，村委会既不是轿车的所有人，也不是轿车的租用人，而是所有人和租用人以外的第三者，与保险标的没有任何为法律认可的经济上的利害关系，因此它对轿车不具有保险利益。既然没有任何保险利益，那么村委会与保险公司订立的机动车辆保险合同自然是无效的，尽管村委会是所订立的保险合同的主体，但是由于不具备合同主体的资格，所以合同无效。合同无效，村委会作为被保险人向保险公司索赔的权利是不可能得到法律保护的。所以保险公司拒绝承担赔偿责任的行为是合法的。

第二节　最大诚信原则

一、最大诚信原则的实行

（一）最大诚信原则的概念

最大诚信原则是指保险双方在签订和履行保险合同时，必须以最大的诚意，履行自己应尽的义务，互不欺骗和隐瞒，恪守合同的规定与承诺，否则合同无效。

（二）最大诚信原则的基本要求

1. 告　知

最大诚信原则要求投保人如实履行告知义务。由于保险人面对众多的投保人，不可能逐一去了解保险标的的各种情况，因此投保人在投保时，应当将足以影响保险人决定是否承保，足以影响保险人确定保险费率或增加特别条款的重要情况，向保险人如实告知。

投保人故意或因过失不履行告知义务，保险人有权解除保险合同，同时对于保险合同解除前发生的保险事故，不承担赔偿责任，不退还保险费。投保人未履行告知义务，对保险事故的发生有严重影响的，保险人对于合同解除前发生的保险事故不承担赔偿责任，但可以退还保险费。

告知方式分为无限告知和询问告知两种。

2. 保　证

保证，是指投保人对保险人做出承诺，保证在保险期间遵守作为或不作为的某些规则，或保证某一事项的真实性，这也是最大诚信原则对投保人的要求。主要表现为：在保险事故发生或合同约定的条件满足后，保险人应按照合同的约定履行赔偿或给付义务。对投保人而

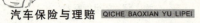

言，保证主要是指按时缴纳保费、维护标的物的安全、标的物发生损失时及时进行抢救以及标的物出险后维护现场和配合保险人及有关部门进行调查。

保证的种类：

按照保证存在的形式可将保证分为明示保证和默示保证。明示保证是指再保险合同中记载的保证事项，需要投保人明确作出承诺。默示保证是指习惯上认为投保人、被投保人应该保证某一事项，无须事前作出明确承诺。

按照保证是否已经确实存在可将保证分为确认保证和承诺保证。确认保证是指投保人对过去或现在某一特定事项存在或者不存在的保证。承诺保证又称约定保证，是指投保人对将来某一事项作为或不作为的保证。

3. 弃权和禁止抗辩

这是最大诚信原则对保险人的要求。所谓弃权，是指保险人放弃法律或保险合同中规定的某项权利，如拒绝承保权利、解除合同权利等。所谓禁止抗辩，是指保险人既然放弃了该项权利，就不得向被保险人或受益人再主张这种权利。禁止抗辩在保险实务中，主要用于约束保险人。

二、最大诚信原则的作用

保险是经营风险的行业，也是经营信用的行业。由于保险合同履行上的继续性，合同交易的结果不能立时显现；保险合同是射幸合同，在合同对价方面，投保人所支付的保险费与保险人支付的保险金存在着数额不对称的特点；保险经营技术强；在保险行业中，保险人需依赖大量的中介机构才得以维持正常营业。这些保险经营的特点都显示了诚信对保险市场的重要性。

最大诚信原则是保险法中非常重要的基本原则之一，使用最大诚信原则及其所统领的具体规则是对于保险市场诚信危机进行法律调整的重要手段。最大诚信原则贯穿了保险交易的整个过程，在投保之前、保险合同缔结之时、保险合同履行过程中，甚至在保险人理赔之后，保险交易的各方主体都必须受最大诚信原则的制约。投保人、被保险人、保险人、受益人、保险代理人、保险经纪人、保险公估人等均应履行相应的最大诚信原则，这是在保险纠纷案件中判定各方权利义务关系的重要基础。

三、最大诚信原则与诚信原则的异同

诚信原则作为民法的基本原则，与保险法中的最大诚信原则在保险市场功能上有共同之处，如均可以降低交易费用、促成合作等。但是，最大诚信原则作为保险法的基本原则也与民法的诚信原则有着很大的不同：

（1）最大诚信原则作为保险法的基本原则，贯穿于保险主要制度之中，而诚信原则虽称为"帝王"原则，但其使用上有诸多限制。

（2）最大诚信原则不仅为法律原则，而且衍生出了一系列可操作性极强的行业规则。

（3）最大诚信原则较之于诚信原则，对于诚信的要求更高。

四、违反最大诚信原则的法律后果

违反最大诚信便是破坏最大诚信，包括违反实质性重要事实的告知和破坏保证两方面。

1. 违反告知义务及其法律后果

由于保险合同是建立在当事人双方最大诚信原则基础之上的，况且保险标的都在被保险方的监督控制之下，因而要求投保方对所有实质性重要事实予以正确无误的告知，保险人才能在自己技术和经济能力的基础上，权衡是否承保或基于何种条件承保。任何重要事实的不正确告知，都有可能导致保险人做出错误的决定。

投保人或被保险人违反告知义务的表现主要有四种：

（1）隐瞒。投保人一方明知一些重要事实而有意不申报。

（2）漏报。投保人一方对某些重要事实误认为不重要而遗漏申报，或由于疏忽对某些事项未予申报。

（3）误告。投保人一方因过失而申报不实。

（4）欺诈。投保人一方有意捏造事实，弄虚作假，故意对重要事实不做正确申报并有欺诈意图。

各国法律对违反告知义务的处分原则是区别对待的：① 要区分其动机是无意还是故意。对故意的处分比无意的重。② 要区分其违反的事项是否属于重要事实，对重要事实的处分比非重要事实的重。比如，我国《保险法》第十七条规定："投保人因过失未履行如实告知义务，对保险事故的发生有严重影响的，保险人对于保险合同解除前发生的保险事故，不承担赔偿或者给付保险金的责任，但可以退还保险费。""投保人故意不履行如实告知义务的，保险人对于保险合同解除前发生的保险事故，不承担赔偿或者给付保险金的责任，并且不退还保险费。"

2. 破坏保证及其法律后果

与告知不同的是，保险合同涉及的所有保证内容，无论是明示保证还是默示保证，均属于重要事实，因而投保方必须严格遵守。若投保方一旦违背或破坏保证内容，保险合同即告失效，或保险人拒绝赔偿损失、拒绝给付保险金。而且除人寿保险外，保险人一般不退还保险费。

案例二：

2007 年 11 月，周某在某保险公司业务员的说服下投保。11 月 18 日，保险公司签发了"老来福终生寿险"及"附加住院医疗保险"。2008 年 9 月，周某因病住院，医疗费计 19 653.2 元。2008 年 10 月，周某依保险单向保险公司申请给付医疗费，保险公司以周某带病投保为由拒绝给付。周某遂以该保险公司为被告向人民法院提起诉讼。周某诉称，保险公司认定周某带病投保的根据是周某 2008 年 9 月诊治医院的病历记录，而病历记录中关于周某投保前患病的记载来源于口述，这种口述不是周某所为，病历记录属于传来证据，没有证据效力，保险公司始终没提供可以认定周某投保前患病的检验报告及医护人员证人证言等直接证据，保险公司的拒付保险金决定没有事实根据。另外，保险公司的业务员在订立保险合同时，没有依法向周某说明保险条款。被告保险公司辩称，被告业务员在订立保险合同时已向原告周某说明了保险条款，原告周某在投保前已患有多种疾病，违反了如实告知义务，属于带病投保，被

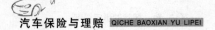

告有权解除保险合同，不承担保险责任，不退还保险费。

法院经审理查明，原告周某于 2007 年 11 月 8 日向被告投保，被保险人为原告自己，险种为"老来福终生寿险"及"附加住院医疗保险"，前者投保 10 份，交纳保险费 5 168 元，后者投保 2 份，交纳保险费 859 元。原告在投保单健康告知栏中，对 2 年内的健康检查、5 年内疾病状况、目前患病或自觉症状等事项的回答均选择"无"，并在声明栏中被保险人处签名，称对本保险合同条款和费率的规定及"投保须知"均已了解并同意遵守，且所填各项及被保险人健康告知均属事实。被告于 2007 年 11 月 13 日承保，出具了相应的保险单，原告患病在保险责任期限内，花掉医疗费 19 653.2 元。原告于 2008 年 10 月 13 日申请给付保险金，被告于 2008 年 11 月 11 日以原告投保前患有多种疾病为由，拒绝给付，并解除合同。另查，原告在医院治疗期间，病历中明确记载病史叙述者及可靠程度为：本人及家属、可靠，既往史：7 年前因患阑尾炎手术治疗，3 年前做 B 超发现胆囊结石，患冠心病 4 年、高黏高脂血症 3 年、高血压 3 年、糖尿病 2 年，并配辅助检查及常规检查，与病情相吻合。

法院认为，保险合同为诚实信用合同。在订立合同时，保险人和投保人均应当将保险合同涉及的重要事项向对方说明或告知。就保险人而言，应当向投保人说明合同的条款内容，尤其是责任免除条款；对投保人而言，对保险人就有关情况尤其是重要事项的询问应当如实告知。本案中，原告认为被告业务员没有说明合同条款，并提供证言，法院认为证人与原告系同事关系，存在利害关系，不予采信，且原告在投保单声明栏中签字，认可对合同条款等均已了解，故对原告的此项请求不予支持，保险人免除责任条款产生效力。另外，原告入院后病历记载内容，反映出原告投保前已患有多种疾病，而原告不能提出病历记载不真实的反证，且这些疾病都被原告在健康告知栏中所否认，故原告之行为显系故意隐瞒事实，不履行如实告知义务，被告从而取得了解约权，原告要求继续履行合同的要求不予支持，原告应承担相应的后果。

根据《中华人民共和国保险法》的规定，法院判决如下：① 被告不承担原告医疗费保险责任；② 原告交纳的保险费，被告不予退还；③ 驳回原告其他诉讼请求。

案例评析：人寿保险投保书的声明栏中都有"投保人被保险人已了解并认可保险条款"的文字内容，被保险人在此处签字，应视为已了解保险条款，被保险人不得反言，法院此处的认定是正确的。保险合同为诚实信用合同，在订立合同时，保险人和投保人均应当将保险合同涉及的重要事项向对方说明或告知。就保险人而言，应当向投保人说明合同的条款内容，尤其是责任免除条款；对投保人而言，对保险人就有关情况尤其是重要事项的询问应当如实告知。另外，民事诉讼中认定案件事实的时候，应当正确地适用证据规则，判明各种证据的真实性和效力，以便正确地解决纠纷。

案例三：

某农场与某保险公司签定了一份汽车保险合同，期限为一年。农场共有 60 辆汽车，一次投全保，保险费为 92 600 元。合同规定：保险方有权对农场的汽车进行安全检查。并且规定了安全检查的时间和程序。保险合同订立后，保险公司多次会同交通管理部门对农场的车辆进行安全检查，农场拒绝检查。保险公司仅从外观发现农场的车辆保养状况普遍不好，不安全因素较多，就书面建议农场对 8 辆超过大修期带病行驶的 8 吨卡车进行停产大修，但农场不予理会。一个月后，先后有 2 辆这种 8 吨卡车肇事，车辆损失 12 万元。农场依据保险合同的规定向保险公司索赔。保险公司经过调查认为，肇事的 2 辆车均是保险公司曾书面建议农场停产大修的车辆，农场不听建议造成了保险事故的损失，保险方对此不负赔偿责任。农场认为大修与否由农场自己决定，保险公司不应干涉其经营自主权。现在车辆全损，按照保险合同，保险公司应予赔付。

观点一：农场已经对车辆保险，车辆在保险责任期间发生保险事故，保险公司应该承担赔偿责任。至于车辆是否进行大修是农场自己的事情，保险公司不应干涉。

观点二：保险合同是最大诚信合同，被保险人有维护保险标的安全的义务。对于车辆来说，应及时进行修理。农场不仅不让保险公司进行检查，而且对保险公司的建议拒不接纳，最终导致车辆损毁。这是一种严重违背诚实信用原则的行为，保险公司可以拒赔。

分析：农场没做好对保险车辆的维护、保养工作，没能使其处于安全行驶技术状态，违背了其保证义务。农场错误地以为只要车辆投了全保就万事大吉，保险公司无权干涉其对车辆的修理使用。它忽略了保险合同是一种最大诚信合同，保险合同不仅要求被保险人在投保前准确告知保险标的的危险状况，而且要求被保险人在保险存续期间维护保险标的的安全，以避免危险的发生。农场的卡车已过了大修期却不进行修理，而是继续使用，增大了发生危险的可能，也加重了保险人的责任。这是违背诚信原则的行为，保险公司可以拒赔。

第三节　近因原则

一、近因原则的概念

近因原则是判断风险事故与保险标的损失之间的因果关系，从而确定保险赔偿责任的一项基本原则。近因，是指在风险和损失之间，导致损失最直接、最有效、起决定性作用的原因，而不是指时间上或者空间上最接近的原因。近因原则的基本含义是：在风险与保险标的损失关系中，如果近因属于被保风险，保险人应负赔偿责任；近因属于出外风险或者未保风险，则保险人不负赔偿责任。

二、近因原则的确定方法

认定近因的关键是确定风险因素与损害之间的关系，确定的方法有以下两种：

（1）顺推法。从最初事件出发，按照逻辑推理直到最终损失发生，最初事件就是最后一个事件的近因。

（2）逆推法。从损害开始，沿系列自后往前推，追溯到最初事件，如果没有中断，最初事件就是近因。

三、近因原则的应用

根据近因原则找出损失的近因后，并不意味着保险人必须承担赔偿责任，只有当该近因属于保险责任范畴时，保险人才承担赔偿或给付责任。一般保险责任近因可以按照以下几种情况来分别加以分析和判断：

（1）单一原因造成的损失，即造成保险标的损失的原因只有一个，那这个原因就是近因。如这个近因属于被保风险，保险人负责赔偿；若该项近因属于未保风险或除外责任，则保险人不承担赔偿责任。

（2）同时发生的多种原因造成的损失，即各原因的发生无先后之分，且对损害结果的形式都有直接或实质的影响，原则上它们都是损失的近因，是否承担保险责任，可分为两种情况：① 多种原因均属被保风险，保险人负责赔偿全部损失。② 多种原因中，既有被保风险，又有除外风险或未保风险，保险人的责任视损害的可分性而定。如果损害可以划分，则保险人按照被风险所致损失部分地赔偿。但是保险实务中，很多情况下损失无法区分，保险人有时倾向于不承担任何损失赔偿责任，有时倾向于与被保险人协商解决，对损失按照比例分摊。

（3）连续发生的多项原因造成的损失，即各原因依次发生，持续不断，且具有前因后果关系。若损失是由两个以上原因造成的，且各原因之间的因果关系未中断，那么最先发生并造成一连串事故的原因为近因。如果该近因为保险责任，保险人应负责赔偿损失，反之不负责。具体分析如下：① 连续发生的原因都是被保风险，保险人赔偿全部损失。② 连续发生的原因中有除外风险或未保风险，这又分为两种情况：若前因是被保风险，后因是除外风险或未保风险，且后因是前因的必然结果，保险人对损失负全部责任；前因若是除外风险或未保风险，后因是承保风险，后因是前因的必然结果，保险人对损失不负责任。

（4）间断发生的多项原因造成的损失，即在一连串连续发生的原因中，有一项新的独立原因介入，导致损失。若新的独立原因为被保风险，保险责任由保险人承担；反之，保险人不承担赔偿或给付责任。

例如某人投了意外伤害险后被车撞倒，造成残疾，并住院治疗，在治疗过程中因感染死亡。由于意外伤害与感染没有内在联系，死亡并非意外伤害的结果。感染是死亡的近因，属于疾病范畴，不包括在意外伤害责任范畴内，故保险人对被保险人死亡不负保险责任，只对意外伤害、伤残支付保险金。

案例四：

王女士 2003 年买了意外伤害保险。2005 年 8 月，她被一辆中速行驶的汽车轻微碰擦了一下，顿觉胸闷头晕。不幸在送往医院途中病情加重，最后在医院不治身亡。医院的死亡证明指出死亡原因是心肌梗塞。王女士家人拿着有效保险单及死亡证明等材料，向保险公司索赔，但保险公司以导致死亡的事故非保险事故，不属于意外伤害，因此不予理赔。王女士家人认为，如果不是车辆碰擦，就不会跌倒，也不会引发心肌梗塞，更不会导致死亡，保险公司是否在推卸责任？

案例分析："近因原则"是指导致损失发生最重要最根本的原因，如是，保险公司必须赔偿；如不是，则无须赔偿。

经常有这种情况，即损失是由一系列关联的事件引起的，这时要区别对待。在人身意外伤害险和健康险中，如果由一系列原因引起，而原因之间又有因果关系，那么前事件称为诱因。确定诱因是否为"近因"，要看是否在健康者身上会引起同样后果。如果可以，那么诱因即是"近因"；反之，如果诱因发生在健康者身上不会引起同样的后果，则诱因不能成为"近因"。王女士被汽车轻微擦碰，如果发生在健康者身上，是不会导致死亡的，所以她身故的近因不是车辆碰擦，而是自身健康的原因——心脏病所致。虽然车辆碰擦是个意外，但不是导致王女士死亡的近因，因此保险公司不能予以赔偿，否则就是对其他健康投保人的不公。

第四节　损失补偿原则

一、损失补偿原则简介

1. 损失补偿原则的概念

损失补偿原则是指当保险标的发生保险责任范围内的损失时，按照保险合同约定的条件，依据保险标的的实际损失，在保险金额以内进行补偿的原则。

2. 损失补偿的方式

被保险人投保的目的是为了获得经济保障，在发生事故遭受损失后，可以通过赔偿恢复到发生损失前的经济状态，所以保险人只要保证被保险人的经济损失能得到补偿就可以。至于补偿的方式，保险人有选择权。一般的补偿方式有四种：

（1）现金赔付。

（2）修理、修复。保险人委托有关部门对保险标的予以修理、修复，费用由保险人承担。

（3）更换。当保险标的的零部件因保险事故而受损无法修复时，可以由保险人采用替换方式，以新代旧进行赔偿。

（4）重置。当保险标的损毁或灭失时，保险人可以重新购置与原标的等价的标的，以恢复被保险人财产的本来面目。

3. 损失补偿原则的意义

（1）保险合同订立后，保险标的遭受保险事故而产生损失，被保险人有权按照合同的约定，获得全面、充分的补偿。

（2）保险人对被保险人的赔偿恰好使保险标的恢复到未出险前的状况，即保险补偿以被保险人的实际损失为限，被保险人不能因保险赔偿而获额外的经济利益。

损失补偿原则的目的在于：真正发挥保险的经济补偿职能，避免将保险演变成赌博行为，防止诱发道德风险。

二、损失补偿原则的派生原则

（一）代位原则

代位即取代他人的地位。保险代位指的是保险人取代了被保险人对第三者的求偿权或对受损标的的所有权。

代位原则有代位求偿和物上代位两种情况：代位求偿 —— 权利代位；物上代位 —— 标的所有权代位（权利、义务）。

1. 代位求偿（又称代位追偿）

（1）含义。在汽车保险中，保险标的由于第三者责任导致保险标的损失，保险人向被保险人支付保险赔款后，在赔偿金额的范围内依法取得对第三者的索赔权。

（2）代位求偿权的构成要件。① 保险标的的损害发生必须是由于第三者的行为引起（醉酒、超载、车体故障）。② 被保险人必须对第三者享有赔偿请求权（被保险人自动放弃索赔）。③ 保险人须已先行赔付保险金（赔偿前）。

（3）行使代位求偿权的时间。根据我国及国外保险法的规定：代位求偿权的行使应以保险人的赔付为先决条件，即保险人在没有赔付以前无权行使代位求偿权，只有在赔付之后才可享有代位求偿权。一般保险公司在支付赔款时，都要求被保险人签具"收款及权益转让书"。

（4）代位求偿时法律对被保险人的要求。① 在保险人向被保险人赔偿之前，被保险人豁免了第三者的赔偿责任，被保险人也无权向保险人索赔，保险人不承担赔偿责任。② 保险人向被保险人赔偿保险金后，被保险人未经保险人同意放弃对第三者请求赔偿的权利，该行为无效。③ 由于被保险人的过错致使保险人不能行使代位请求权的，保险人可相应扣减保险赔偿金。④ 被保险人不仅不得弃权或因过失而侵害保险人的代位求偿权，同时还负有协助保险人向第三者追偿的义务。

（5）保险人代位求偿的对象与限制。① 对象：对保险事故的发生和保险标的的损失负有民事赔偿责任的第三者，可以是法人，也可以是自然人。② 限制：保险人不得向被保险人的家庭成员或者其组成人员行使代位追偿权，除非他们故意造成保险事故的发生。

注意：代位原则不适用于人身保险。

（6）代位求偿权限。保险人在代位求偿中仅享有被保险人对第三者可以享有的权益，但不能超过保险人赔付的金额。① 保险人追偿到的金额≤赔付金额（金额全归保险人）。② 保险人追偿到的金额＞赔付金额（金额超出部分应偿还给被保险人）。

2. 物上代位原则

物上代位是指当保险标的发生全损或推定全损时，保险人在按保险金额全数赔付后，依法取得该项标的的所有权。物上代位产生的基础指的是对保险标的作推定全损的处理；物上代位权的取得指的是委付取得。

（1）物上代位产生的基础 —— 推定全损。保险标的遭受保险事故尚未达到完全损毁或完全灭失的状态，但实际全损已不可避免；对保险标的进行修复或施救的费用将超过保险价值；保险标的失踪达一定时间保险人按照全损处理。

（2）物上代位权的取得 —— 委付。委付是指当保险标的发生推定全损时，投保人或被保险人将保险标的的一切权益转移给保险人，而请求保险人按保险金额全数赔付的行为。

（二）分摊原则

1. 分摊原则的概念

分摊原则仅适用于财产保险中的重复保险。是指被保险人用同一个保险标的，同时向两个或两个以上的保险公司投保同一险种，构成重复保险，其保险金额的总和超过保险标的的保险价值，为了防止被保险人在发生损失时获得超额赔偿，保险人之间根据不同比例分摊此金额。

2. 分摊的条件

分摊的条件必须是同一保险标的、同样保险利益、同样的风险及同一保险期限。

3. 分摊的方法

（1）比例责任制。比例责任制又称保险金额比例分摊制，该分摊方法是将各保险人所承保的保险金额进行总和，得出各保险人应分摊的比例，然后按照比例分摊损失金额（我国一般采用此方法）。

公式为：某保险人责任＝某保险人的保险金额／所有保险人的保险金额之和×损失额。

（2）限额责任制。限额责任制是指按照保险人在没有其他保险人重复保险的情况下应负的责任限额来按照比例分摊赔偿。

公式为：某保险人责任＝某保险人独立责任限额／所有保险人独立责任限额之和×损失额。

（3）顺序责任制。顺序责任制又称主要保险制，该方法中各保险人所负责任依签订保单顺序而定，由先订立保单的保险人首先负责赔偿，当赔偿不足时再由其他保单依次承担不足的部分。

第五节　保险与防灾减损相结合的原则

保险从根本上说，是一种危险管理制度，目的是通过危险管理来防止或减少危险事故，把危险事故造成的损失缩小到最低程度，由此产生了保险与防灾减损相结合的原则。

一、保险与防灾相结合的原则

这一原则主要适用于保险事故发生前的事先预防。根据这一原则，保险方应对承保的危险责任进行管理，其具体内容包括：调查和分析保险标的的危险情况，据此向投保方提出合理建议，促使投保方采取防范措施，并进行监督检查；向投保方提供必要的技术支援，共同完善防范措施和设备；对不同的投保方采取差别费率制，以促使其加强对危险事故的管理，即对事故少、信誉好的投保方给予降低保费的优惠，相反，则提高保费等。遵循这一原则，投保方应遵守国家有关消防、安全、生产操作、劳动保护等方面的规定，主动维护保险标的的安全，履行所有人、管理人应尽的义务。同时，按照保险合同的规定，履行危险增加通知义务。

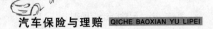

二、保险与减损相结合的原则

这一原则主要适用于保险事故发生后的事后减损。根据这一原则，如果发生保险事故，投保方应尽最大努力积极抢险，避免事故蔓延、损失扩大，并保护出险现场，及时向保险人报案。而保险方则通过承担施救及其他合理费用来履行义务。

思考与练习题

1. 什么是保险利益原则？
2. 保险利益的构成条件是什么？
3. 什么是最大诚信原则？最大诚信原则的作用是什么？
4. 什么是近因原则？近因原则的确定方法有哪些？
5. 损失补偿原则的补偿方式有哪几种？

第四章　汽车保险合同

第一节　汽车保险合同概述

一、汽车保险合同的概念及特征

近年来，随着我国汽车产业的扩大，汽车普遍进入家庭，私家车辆不断增加，从而带来许多经济问题，汽车保险合同也就应运而生了。

（一）汽车保险合同的概念

汽车保险合同是保险人与投保人和被保险人就设立、变更、解除民事关系而签订的协议。它是商品经济发展的产物并随着商品经济的发展不断完善，是现代民事、商业活动的基础。

保险合同是合同的一种，它是投保人与保险人约定保险权利与义务关系的协议，是一种民事合同，也属于经济合同的一种。又由于汽车保险合同的客体不同于一般的经济合同，所以它既具有经济合同的一般特点，同时又有自身的独特特点。

（二）汽车保险合同的特征

1. 汽车保险合同的一般特征

（1）汽车保险合同是有名合同。合同分有名合同和无名合同两种。法律尚未规范和确定名称的合同都称为无名合同，法律直接赋予某种合同以名称并规范了其调整范围的合同为有名合同。在我国，根据《机动车保险条例》，汽车保险被赋予"机动车保险"的名称，汽车保险合同被称为"机动车保险合同"，它是保险合同中的一种重要合同，是有名合同。

（2）汽车保险合同是有偿合同。订立保险合同是双方当事人有偿的法律行为，保险合同的一方享有合同规定的权利的同时，必须付出一定的代价，这种相互的补偿关系称为对价。汽车保险合同是以投保人支付保险费作为对价换取保险人来承担风险。投保人的对价是支付保险费，保险人的对价是承担事故风险，并在保险事故发生时承担给付保险金或赔偿损失义务，这种对价是相互的和有偿的。所以，汽车保险合同是有偿合同。

（3）汽车保险合同是双务合同。双务合同是指合同当事人双方互相承担义务、互相享有权利。汽车保险合同中，投保人承担支付保险费的义务，保险人承担出现事故后的赔偿义务；投保人或者被保险人在约定事故发生后有权利向保险人索赔，而保险人也有权要求投保人缴纳保险费。所以，汽车保险合同是双务合同。

（4）汽车保险合同是最大诚信合同。汽车保险合同的双方当事人应该共同遵守诚信原则。

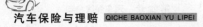

汽车保险合同的投保人自向保险人提出签订合同要约后，就必须将汽车保险合同中规定的要素如实告知保险人，不得隐瞒；而保险人也应将合同的内容及特别约定的事项、免赔责任如实向投保人解释，不得误导或者引诱投保人参加汽车保险。因此，汽车保险合同是最大诚信合同。

（5）汽车保险合同是射幸合同。所谓射幸，就是侥幸、碰运气的意思。在订立汽车保险合同的时候，投保人缴纳保险费得到的只是保险人的承诺，保险人是否要履行承诺，要看约定的保险事故是否发生而定。若发生了约定内的保险事故，则被保险人获得的汽车保险赔款远远高于其所缴纳的保险费，倘若在约定的有效期限内没有发生汽车保险事故，虽然投保人付出了保险费，但是不会得到保险赔款。所以，汽车保险合同也是射幸合同。

2. 汽车保险合同与其他保险合同的不同之处

（1）汽车保险合同的可保利益大。汽车保险中，不但被保险人使用汽车具有保险利益，对于被保险人允许的合格驾驶员使用保险车辆，同样具有可保利益。

（2）汽车保险合同属于不定值保险合同。我国现行的《机动车保险条例》中，明确规定了汽车保险合同为不定值保险合同。

（3）汽车保险合同适用代位原则。如果汽车的损毁是因为第三者造成的保险事故引起的，保险人自向被保险人赔偿保险赔款之日起，在赔偿金额范围内代位行使被保险人对第三者请求赔偿的权利。如果被保险人已经从第三者取得损害赔偿，保险人在赔偿保险赔款时，可以相应扣减被保险人从第三者已取得的赔偿金额。

第二节　汽车保险合同的主要内容

一、汽车保险合同的当事人

汽车保险合同的当事人包括保险人和投保人。

（一）保险人

汽车保险人是指与投保人订立汽车保险合同，对于合同约定的可能发生的事故造成汽车本身损失及其他损失承担赔偿责任的财产保险公司。

按照我国的法律规定，保险人必须符合以下条件：

（1）保险人要具备法定资格。

（2）保险人需以自己的名义订立保险合同。

（3）保险人必须依照保险合同承担保险责任。

汽车保险人应履行的义务主要如下：

（1）承担赔偿和给付保险金的义务。当保险标的遭受保险责任范围内损失时，保险人应承担赔偿或给付保险金的责任。

（2）说明合同的义务。订立保险合同时，保险人应向投保人说明保险合同的条款内容，特别是对责任免除条款要做明确说明。

（3）及时签单义务。保险合同成立后，及时签发保险单证是保险人的法定义务。

（4）为投保人或被保险人保密的义务。保险人在办理保险业务中对投保人或者被保险人的业务、财产、家庭等状况，负有保密义务。

汽车保险人自身的权利：

（1）决定是否承保。

（2）收取保费。

（3）有权利要求投保人履行如实告知义务。

（4）有权代位追偿、处理赔偿后的损余物资。

（二）投保人

投保人是与保险公司订立保险合同，并按照保险合同负有支付保险费义务的人。

汽车投保人应具备下列 3 个条件：

（1）具有权利能力和行为能力的自然人或法人，反之，不能作为投保人。

（2）对汽车具有利害关系，存在可保利益。

（3）负有缴纳保险费的能力。

投保人应履行的义务：

（1）投保人应如实填写保单并回答保险人提出的询问，履行如实告知义务。

（2）除有约定外，投保人应在保险合同成立时一次性足额支付保险费，在未付清保费前发生的事故，保险人不承担赔偿责任。

（3）发生保险事故时，被保险人应及时采取合理的、必要的施救和保护措施，防止或者减少损失，并在保险事故发生后 48 小时内通知保险人。

（4）发生保险事故后，被保险人应积极协助保险人进行现场查勘。

（5）因第三方对保险车辆的损害而造成保险事故的，保险人自向被保险人赔偿保险金之日起，在赔偿金额范围内代位行使被保险人对第三方请求赔偿的权利，但被保险人必须协助保险人向第三方追偿。

二、汽车保险的关系人

在财产保险合同中，合同的关系人仅仅指的是被保险人，而人身保险合同中的关系人除了被保险人外，还有受益人。通常被保险人只有一个，但是受益人可以有多个。汽车保险合同是财产保险合同的一种，应当具有财产保险合同的一般特征，因此，汽车保险合同的关系人是被保险人。

汽车被保险人是指其财产或人身受汽车保险合同保障，享有保险金请求权的人。

1. 被保险人的特征

（1）因保险事故的发生而遭受人身或者财产损失的人称为被保险人。被保险人是汽车保险合同中的保险标的，即保险车辆的所有人或者具有相关利益的人。

（2）被保险人享有赔偿请求权利。保险事故发生而遭受损失的被保险人享有赔偿请求权利，而投保人不享有赔偿请求权利。

2. 投保人和被保险人的关系

（1）投保人和被保险人是同一人。汽车保险中，投保人为自己的车辆投保，投保人也就是被保险人。

（2）投保人和被保险人不是同一人。投保人为他人的汽车投保，一旦保险合同成立，投保人和被保险人为两者。这种情况下，就要求投保人对于被保险人的财产损失具有直接或者间接的利益关系。

三、中介组织

保险中介是指专门从事保险销售或保险理赔、业务咨询、风险管理活动安排、价值评估、损失鉴定等经营活动，并依法收取佣金或者手续费的组织或者个人。保险中介是存在于保险人和投保人之间的一种市场媒介，通过这种媒介作用能够促进保险业务的增长，推动保险业的发展。

保险中介对于保险公司甚至整个保险业而言均有"水能载舟，亦能覆舟"的作用，即如果能够对保险中介加强管理，使其规范、健康地发展，它就可以对保险业起到积极推动的作用。反之，如果放松对保险中介组织的管理和规范，则其会对保险市场起到负面影响。近年就曾出现一些不法的保险代理人利用保险市场发展过程中的管理漏洞，恶意哄抬手续费、非法挪用侵占保险费等不正常现象。

汽车保险在承保与理赔中间环节较多，涉及面广，因此在汽车保险合同成立及保险理赔过程中存在众多的中介组织，其主体形式多样，如保险代理人、保险经纪人、保险公估人等。

（一）机动车辆保险代理人

根据汽车保险人的委托，在汽车保险人的授权范围内代为办理汽车保险业务的组织或者个人称为机动车保险代理人。机动车保险代理人可以根据情况划分为专业保险代理人、兼业保险代理人、个人保险代理人3种。

1. 专业保险代理人

这是指专门从事保险代理业务的保险代理有限责任公司。可以代保险公司推销汽车保险产品和与汽车相关的人身保险产品，代收保费，协助保险公司进行损失的查勘和理赔等。

2. 兼业保险代理人

兼业保险代理人受汽车保险人的委托，在从事自身业务的同时，指定专人为汽车保险人代办汽车保险业务。他可以代理保险公司的产品推销，代替保险公司收取保费。

3. 个人保险代理人

个人保险代理人是根据保险人的委托，向保险人收取代理的手续费用，并在保险公司的授权范围内代办保险业务的个人。在机动车保险领域中，个人保险代理人主要承担与汽车相关的人身保险产品的代理推销和车辆等财产保险产品的代理推销，以及相关保费的收取。

（二）机动车保险经纪人

机动车保险经纪人指基于投保人的利益，为投保人和保险人订立保险合同提供中介服务，并依法从保险人处收取佣金的公司或个人。在投保人的授权范围内，经纪人的行为可以约束投保人；投保人因经纪人的过失而遭受损失，保险经纪人在法律上需要负赔偿责任。

（1）机动车保险经纪人以订立汽车保险合同为目的，为投保人提供防灾、减损或风险评估、风险管理咨询服务，根据情况为投保人拟定投保方案，选择汽车保险人，办理投保手续，监督汽车保险合同的执行情况，代为办理检验以及向保险人提出索赔等。

（2）保险经纪人可以根据汽车保险标的的具体情况以及相关保险公司的承保情况，为汽车投保人拟定最佳投保方案，代为办理投保手续，减少投保人或者被保险人的保费支出，减轻投保选择难度，提高投保效率。

（三）机动车保险公估人

机动车保险公估人是指依法设立的独立从事保险事故评估、鉴定业务的机构和具有法定资格的从事保险事故评估、鉴定工作的专家。保险公估人是协助保险理赔的第三人，接受保险公司和被保险人的委托为其提供保险事故评估、鉴定服务。出现机动车保险公估人的原因是保险公司自己评估和鉴定保险事故时，其公正性难以使人信服。因此，保险公估人的主要目的就是保证在保险事故勘验、鉴定、评估过程中做到公平、公正。

依据《保险公估机构管理规定》，保险公估机构可以是合伙企业、有限责任公司、股份有限公司等形式。一般分别应具有发起人、协议或者章程、出资数额、名称、住所、高级管理人员、公估人员或者具有相应资格等方面的条件要求。

保险公估人的评估、鉴定结果关系到保险人和被保险人的合法权益，因此我国《保险法》第一百二十条做了明确规定：

（1）保险公司和被保险人都有权聘请独立的评估机构或者专家对保险事故进行评估和鉴定。

（2）受聘进行评估和鉴定的保险公估人可以是机构，也可以是个人，但机构必须是依法设立的独立专业机构，个人必须是具有法定资格的专家。

（3）保险公估人应依法公正地执行业务，评估应有据，符合程序，评估报告内容必须真实、准确、完整。因故意或者过失给保险公司或者被保险人造成损害的，依法承担赔偿责任。

（4）保险公估人的评估和鉴定依法收取费用，应当依照法律、行政法规的规定办理。即可以双方约定，但应遵守保险法和价格法、合同法及有关财产评估方面的法律、行政法规的规定。

四、汽车保险合同的主体与客体

1. 汽车保险合同的主体

所谓汽车保险合同的主体是指具有权利能力和行为能力的保险关系双方，包括上面提到

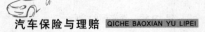

的汽车保险合同的当事人、关系人和中介组织三方面内容。与汽车保险合同订立直接发生关系的人是保险合同的当事人，包括汽车保险人和汽车保险投保人；与汽车保险合同间接发生关系的人是合同的关系人，仅指被保险人。

2. 汽车保险合同的客体

汽车保险合同的客体是指汽车保险合同当事人双方权利和义务所共同指向的对象。汽车保险合同的客体不是保险标的本身，而是投保人或者被保险人对保险标的所具有的合法的经济利害关系，即保险利益，也叫可保利益。所谓合法的经济利害关系，是指因标的的完好、健在而使利害关系人获得的经济利益，或因标的的损坏、伤害而使利害关系人遭受的经济损失和痛苦。保险利益是投保人投保签约的起因，也是保险人决定是否可以承保的标准。

保险利益与保险标的含义不同，但二者又是相互依存的关系。投保人或被保险人在投保或索赔时，一般必须对保险标的具有保险利益，否则保险人是不予承保或赔偿的。保险利益又以保险标的的存在为条件，体现在当保险标的存在时，投保人或被保险人在保险标的上的经济利益也继续存在，当保险标的遭受损失时，投保人或被保险人将蒙受经济上的损失。投保人或被保险人向保险人投保，要求保障的不是保险标的本身，而是保险标的上所具有的经济利益。

五、汽车保险合同的主要内容

所谓保险合同的内容是指，保险合同双方当事人之间依据保险合同的内容建立起的权利和义务的关系。保险合同的内容包括基本条款和其它附加条款。

（一）汽车保险合同基本条款的概念及内容

基本条款是保险合同中不可缺少的条款，没有基本条款也就没有汽车保险合同。基本条款中包括以下内容：保险人名称和住所，投保人、被保险人名称和住所，保险标的，保险责任和责任免除，保险期限和保险责任开始时间，保险价值，保险金额，保险费，保险赔偿办法，违约责任和争议处理等内容。

1. 保险人的姓名和住所

保险人专门指保险公司，其名称必须与保险监管部门和工商行政管理机关批准和登记的名称一致。保险人的住所指保险公司或者分支机构的主营业场所所在地。

2. 投保人和被保险人的姓名和住所

投保人和被保险人姓名和住所作为保险合同基本条款的法律意义：明确保险合同的当事人、关系人，确定合同权利义务的享有者和承担者；明确保险合同的履行地点，确定合同纠纷诉讼管辖。

投保人如是单位，则应载明单位全称（与公章名称一致），如是个人，则应载明真实姓名。

3. 保险标的

保险标的，即财产保险或者人寿保险。它是保险利益的载体。车辆损失险的保险标的是保险车辆，第三者责任险的保险标的是被保险人或者其允许的驾驶员在使用保险车辆行驶过程中给他人造成财产损失或人身伤害，依法及保险合同规定应当承担的经济赔偿责任。

4. 保险责任

保险责任是指保险合同中载明的保险人所承担的风险及应承担的经济赔偿和给付责任。机动车保险合同中的保险责任采取列明方式，具体列明保险人承担哪些保险事故引起的损失赔偿（或责任赔偿）以及施救、救助、诉讼等费用负担的规定。

5. 责任免除

责任免除又称除外责任，是指保险人对风险责任的限制，明确保险人对某些风险造成的损失不承担赔偿保险金的责任。责任免除条款适当限制了保险人承担的保险责任范围，意味着被保险人也要对某些风险自行承担责任。保险人要把责任免除事项加以明确说明，使投保人在投保时加以重视。

通常情况下免除责任分为三类：

（1）不承担的风险，即损失原因免除。

（2）不承担赔偿责任的损失，即损失免除。

（3）不承保标的，一些特殊的无法估价、易丢失而风险责任太大、无法鉴定的标的是保险人所不能承保的。

6. 保险期限和保险责任开始的时间

从保险责任开始到保险责任终止的期间叫做保险合同的保险期限。它是保险合同所持有的保险时间。

保险责任开始的时间也称保险合同的生效时间，即保险人开始负责对被保险人发生的保险事故引起的损失赔偿的时间。保险责任的开始时间是指保险责任期限的起点时间，往往以某年、某月、某日、某时表示。

7. 保险金额

保险金额是指保险人承担赔偿或者给付保险金的最高限额，在财产保险中，保险金额不得超过保险标的的实际价值，保险金额的确定额可以协商决定。在人身保险中，保险金额由双方当事人自行约定。如由于第三者责任险中可能涉及人身伤害事故赔偿处理，而人的生命价值无法用货币度量，因此只能由投保人与保险人在订立第三者责任险时协商确定保险金额，作为发生保险事故时保险赔偿的限额。

8. 保险金的赔偿或者给付方法

这是指保险标的在遭受保险事故致使经济损失或者人身保险合同约定的事故或年龄、期限到来时，被保险人依照法律或者约定向保险人提出赔偿给付，保险人以法律或约定的方式、标准或数额进行理赔及向其支付保险金的方法。它是实现保险经济赔偿和保障职能的最终体现。

9. 保险费及其支付办法

保险费是指投保人向保险人支付的、用以换取保险人承担责任而付出的费用。保险费包括纯保费和附加保费两部分，既是保险基金的来源，又是建立保险基金的基础。

保险费的支付办法是指约定支付时间、支付地点、支付方式。支付方式包括现金支付、转账支付、一次性付清或者分期支付等方式。

一般情况下，汽车投保人只有支付了保险费后，汽车保险合同才能成立。

10. 违约责任和争议处理

违约责任是指合同当事人违反合同义务时应承担的民事责任。对于保险合同来说，违约责任是指当事人因过错致使合同不能履行或者不能完全履行及违反合同约定义务时应承担的法律后果。保险合同是诚信合同，是射幸合同，因此违约责任在保险合同中的地位，比一般的民事合同更为重要。

争议处理是指合同当事人双方对保险合同发生争议或纠纷时的处理解决方式，主要有协商、调解、仲裁和诉讼等方式。处理保险合同争议时首先应通过友好协商方式，协商不成可通过仲裁、诉讼等方式解决。

11. 订立保险合同的时间、地点

订立保险合同的时间是指保险合同双方就主要条款达成一致协议，标志保险人认可投保人对保险标的具有保险利益、了解被保险人的风险状况、确认其符合保险条件，投保人接受保险人提出的保险条件，订立合同的具体时间。汽车保险合同的生效还要以某些附加条件的满足为依据。

保险合同还应注明约定地点，这对争议发生的诉讼管辖、法律适用等方面有直接影响。

表 4.1 是某保险公司的汽车保险合同样本。

表 4.1　某保险公司的汽车保险合同样本

投保情况	投保情况	□新保 □续保		上年投保公司		
	上年投保单号			到期时间		
被保险人	被保险人			身份证号码		
	通信地址			邮政编码		
	联系人			联系电话		E-mail
投保车辆情况	车牌号码		境外号牌		号牌底色	
	厂牌型号		车辆种类		车架号	
	发动机号		排气量（L）		车辆颜色	
	VIN 码		座位/吨位		初登日期	
	使用性质	□营业 □非营业		防盗装置	□电子防盗装置□机械防盗装置 □无	
	所属性质	□机关 □企业 □个人		固定车位	□有 □无	驾驶人数 □单人 □多人
	行驶区域	□省内 □国内 □出入港澳		安全装置	□安全气囊□ABS 系统 □无安全装置	

续表 4.1

主驾驶资料	姓名：　　　　性别：□男□女　　婚姻情况：□已婚□未婚 初领驾证时间：　　年　月　日 身份证号码：　　　　　　　　　　出生时间： 近三年肇事记录：□无□一次□二次□二次以上　违章记录：□无□一次□二次□三次及以上
副驾驶资料	姓名：　　　　性别：□男□女　　婚姻情况：□已婚□未婚 初领驾证时间：　　年　月　日 身份证号码：　　　　　　　　　　出生时间： 近三年肇事记录：□无□一次□二次□二次以上　违章记录：□无□一次□二次□三次及以上

基本险	车辆损失险			第三者责任险		
	新车购置价	保险金额	费　率	保险费小计	赔偿限额	保险费小计
	驾驶员座位责任险			乘客座位责任险		
	赔偿限额		保险费小计	赔偿限额：万元/座		保险费：

附加险	险　种	保险金额（赔偿限额）	费率	保险费小计
	全车盗抢险			
	前后挡风玻璃单独破碎险			
	无过错损失补偿险			
	不计免赔率特约险			
	自燃损失险			
	新增设备损失险			
	承运货物责任险			
	免税车辆关税责任险			
	代步车费险			
	全车盗抢险附加高尔夫球具盗窃险			
	他人恶意行为损失险			
	交通事故精神损害赔偿险			

保险期限：共　个月　自　年　月　日零时起至　年　月　日二十四时止
特别约定：

（二）附加保险条款

附加保险条款是当事人在承认保险合同基本条款以外，还承诺履行某些特殊义务的条款。由于保险标的的风险状况不同，各投保人对保险的需求也不同，附加条款就是应投保人要求而增加的内容。

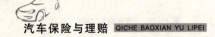

六、《保险法》对汽车保险合同和保险业务的规定

《中华人民共和国保险法》2009年修订版第四章《保险经营规则》规定：

第九十五条　保险公司的业务范围：

（一）人身保险业务，包括人寿保险、健康保险、意外伤害保险等保险业务；

（二）财产保险业务，包括财产损失保险、责任保险、信用保险、保证保险等保险业务；

（三）国务院保险监督管理机构批准的与保险有关的其他业务。

保险人不得兼营人身保险业务和财产保险业务。但是，经营财产保险业务的保险公司经国务院保险监督管理机构批准，可以经营短期健康保险业务和意外伤害保险业务。

保险公司应当在国务院保险监督管理机构依法批准的业务范围内从事保险经营活动。

第九十六条　经国务院保险监督管理机构批准，保险公司可以经营本法第九十五条规定的保险业务的下列再保险业务：

（一）分出保险；

（二）分入保险。

第九十七条　保险公司应当按照其注册资本总额的百分之二十提取保证金，存入国务院保险监督管理机构指定的银行，除公司清算时用于清偿债务外，不得动用。

第九十八条　保险公司应当根据保障被保险人利益、保证偿付能力的原则，提取各项责任准备金。

保险公司提取和结转责任准备金的具体办法，由国务院保险监督管理机构制定。

第九十九条　保险公司应当依法提取公积金。

第一百条　保险公司应当缴纳保险保障基金。

保险保障基金应当集中管理，并在下列情形下统筹使用：

（一）在保险公司被撤销或者被宣告破产时，向投保人、被保险人或者受益人提供救济；

（二）在保险公司被撤销或者被宣告破产时，向依法接受其人寿保险合同的保险公司提供救济；

（三）国务院规定的其他情形。

保险保障基金筹集、管理和使用的具体办法，由国务院制定。

第一百零一条　保险公司应当具有与其业务规模和风险程度相适应的最低偿付能力。保险公司的认可资产减去认可负债的差额不得低于国务院保险监督管理机构规定的数额；低于规定数额的，应当按照国务院保险监督管理机构的要求采取相应措施达到规定的数额。

第一百零二条　经营财产保险业务的保险公司当年自留保险费，不得超过其实有资本金加公积金总和的四倍。

第一百零三条　保险公司对每一危险单位，即对一次保险事故可能造成的最大损失范围所承担的责任，不得超过其实有资本金加公积金总和的百分之十；超过的部分应当办理再保险。

保险公司对危险单位的划分应当符合国务院保险监督管理机构的规定。

第一百零四条　保险公司对危险单位的划分方法和巨灾风险安排方案，应当报国务院保险监督管理机构备案。

第一百零五条　保险公司应当按照国务院保险监督管理机构的规定办理再保险，并审慎选择再保险接受人。

第一百零六条　保险公司的资金运用必须稳健，遵循安全性原则。

保险公司的资金运用限于下列形式：

（一）银行存款；

（二）买卖债券、股票、证券投资基金份额等有价证券；

（三）投资不动产；

（四）国务院规定的其他资金运用形式。

保险公司资金运用的具体管理办法，由国务院保险监督管理机构依照前两款的规定制定。

第一百零七条　经国务院保险监督管理机构会同国务院证券监督管理机构批准，保险公司可以设立保险资产管理公司。

保险资产管理公司从事证券投资活动，应当遵守《中华人民共和国证券法》等法律、行政法规的规定。

保险资产管理公司的管理办法，由国务院保险监督管理机构会同国务院有关部门制定。

第一百零八条　保险公司应当按照国务院保险监督管理机构的规定，建立对关联交易的管理和信息披露制度。

第一百零九条　保险公司的控股股东、实际控制人、董事、监事、高级管理人员不得利用关联交易损害公司的利益。

第一百一十条　保险公司应当按照国务院保险监督管理机构的规定，真实、准确、完整地披露财务会计报告、风险管理状况、保险产品经营情况等重大事项。

第一百一十一条　保险公司从事保险销售的人员应当符合国务院保险监督管理机构规定的资格条件，取得保险监督管理机构颁发的资格证书。

前款规定的保险销售人员的范围和管理办法，由国务院保险监督管理机构规定。

第一百一十二条　保险公司应当建立保险代理人登记管理制度，加强对保险代理人的培训和管理，不得唆使、诱导保险代理人进行违背诚信义务的活动。

第一百一十三条　保险公司及其分支机构应当依法使用经营保险业务许可证，不得转让、出租、出借经营保险业务许可证。

第一百一十四条　保险公司应当按照国务院保险监督管理机构的规定，公平、合理拟订保险条款和保险费率，不得损害投保人、被保险人和受益人的合法权益。

保险公司应当按照合同约定和本法规定，及时履行赔偿或者给付保险金义务。

第一百一十五条　保险公司开展业务，应当遵循公平竞争的原则，不得从事不正当竞争。

第一百一十六条　保险公司及其工作人员在保险业务活动中不得有下列行为：

（一）欺骗投保人、被保险人或者受益人；

（二）对投保人隐瞒与保险合同有关的重要情况；

（三）阻碍投保人履行本法规定的如实告知义务，或者诱导其不履行本法规定的如实告知义务；

（四）给予或者承诺给予投保人、被保险人、受益人保险合同约定以外的保险费回扣或者其他利益；

（五）拒不依法履行保险合同约定的赔偿或者给付保险金义务；

（六）故意编造未曾发生的保险事故、虚构保险合同或者故意夸大已经发生的保险事故的损失程度进行虚假理赔，骗取保险金或者牟取其他不正当利益；

（七）挪用、截留、侵占保险费；

（八）委托未取得合法资格的机构或者个人从事保险销售活动；

（九）利用开展保险业务为其他机构或者个人牟取不正当利益；

（十）利用保险代理人、保险经纪人或者保险评估机构，从事以虚构保险中介业务或者编造退保等方式套取费用等违法活动；

（十一）以捏造、散布虚假事实等方式损害竞争对手的商业信誉，或者以其他不正当竞争行为扰乱保险市场秩序；

（十二）泄露在业务活动中知悉的投保人、被保险人的商业秘密；

（十三）违反法律、行政法规和国务院保险监督管理机构规定的其他行为。

第三节　汽车保险合同的订立

一、汽车保险合同订立的含义

汽车保险合同订立是指保险人与投保人在平等自愿的基础上就汽车保险的主要条款经过协商最终达成一致的法律行为。在协议中分别载明了各自的权利和义务。

二、汽车保险合同订立的步骤

汽车保险合同订立需要经过要约和承诺两个步骤。

（1）要约又称"订约提议"，是一方当事人向另一方当事人提出订立合同建议的法律行为，是签订保险合同的一个重要程序。要约中提出订立合同的主要条款，包括合同中的标的、数量、履行期限和地点及违约责任等。

（2）承诺，又称为"接受订约提议"，是承诺人向要约人表示同意与其缔结合同的意思表示。在保险实务中，保险公司通过审核保单决定是否接受投保人提出的保险业务，所以对于保险公司来说，承诺也就是保险公司承保的过程。通过投保人要约与保险人承诺过之后，汽车保险合同成立。根据我国现行的法律规定，汽车保险期限一般为一年，在保险期满续保时，保险人向投保人发出续保通知书，这便是保险人向被保险人发出要约。如果被保险人愿意继续在同一家保险公司投保，可以看作投保人对保险人的要约给予承诺，新的保险合同成立。

三、汽车保险合同的生效

（一）汽车保险合同的生效条件

汽车保险合同是否生效，取决于以下条件：

1. 主体资格

主体资格是指保险人、投保人、被保险人的资格，要求其符合相关规定。

（1）保险人资格。保险人的保险公司或者其他保险组织必须是按照《保险法》规定而设立的，且保险人从事汽车保险业务资格必须经过金融管理部门批准。

（2）投保人资格。在订立汽车保险合同时，投保人必须对保险标的具有保险利益，有完全的民事行为能力和承担支付保费的义务，限制行为能力和无行为能力的人订立的汽车保险合同是无效的。

（3）被保险人资格。当汽车保险事故发生时，被保险人对保险标的必须具有保险利益。

2. 合同的合法性

合同的合法性是指合同条款必须符合法律规定，只有这样才能确定合同的有效性。

（1）作为保险标的的汽车必须是合法的，须有交通管理部门核发的行驶证、车牌，并经检验合格，不能是走私、报废、盗窃等非法车辆。

（2）保险金额必须合法，不能超过汽车本身的价值，否则，超过部分无效。

3. 保险人和投保人的意愿表示真实

所谓的意愿表示真实主要指：

（1）必须是自愿订立的汽车保险合同，除强制保险外，任何单位和个人不得强制他人订立保险合同。

（2）合同双方的当事人必须完全履行如实告知义务。

4. 约定其它的生效条件

保险期限、如何缴纳保费等汽车保险合同的其它生效条件，要在签订保险合同时进行约定。

（二）汽车保险合同的生效时间

保险合同的生效与成立时间不一定一致。保险合同双方当事人可以对合同的效力约定附生效条件或附生效期限。保险合同多为附条件合同。

关于保险合同的附生效期限，我国保险公司普遍推行"零时起保制"，把保险合同的生效时间放在合同成立日的次日零时。保险合同生效前发生的保险事故，保险人不承担赔偿责任。

四、汽车保险合同的无效

（1）合同主体不合格。主体不合格是指保险人、投保人、被保险人、受益人或保险代理人等资格不符合法律的规定。例如，投保人是无民事行为能力的或依法不能独立实施缔约行为的限制民事行为能力的自然人；保险人不具备法定条件、不是依法设立的，保险代理人没有保险代理资格或没有保险代理权。如果保险合同是由上述主体缔结，则合同无效。

（2）当事人意思表示不真实。缔约过程中，如果当事人中的任何一方以欺诈、胁迫或乘

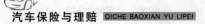

人之危的方式致使对方作出违背自己意愿的意思表示，均构成缔约中的意思表示不真实。

（3）客体不合法。投保人或被保险人对保险标的没有保险利益，则其订立的保险合同无效。

（4）内容不合法。如果投保人投保的风险是非法的，如违反国家利益和社会公共利益、违反法律强制性规定等均会导致合同无效。

案例一：

沈先生为自己的丰田吉普车购买了保险额为 83 万多元的全车盗抢险，后该车在清远市被盗。承保的中国××财险深圳分公司以该车套用他人资料、投保人未尽如实告知义务为由拒赔。福田法院作出一审判决，认定保险合同无效，判令保险公司退回保费。

案例评析：福田法院审理认为，本案原告、投保人沈先生向法庭提交了购车发票和车辆出厂合格证，以证明对涉案车享有权利。但经过鉴定、核实，以上证据均为虚假。法院以此认定，投保人沈先生对涉案车辆没有保险利益。依据《中华人民共和国保险法》第十二条规定，保险合同无效。涉案车辆套用案外人、陕西省延安市赵先生合法正常使用的陕 J×××33 丰田轻型客车信息登记上户，违反了国家对车辆相关行政管理规定，合同无效的责任在原告。如果由此引起损失，原告应自行承担。综上，被告拒赔有事实和法律依据。据此，法院判决，该保险合同关系无效，中国××财险深圳分公司应将保险费退还给原告。

五、汽车保险合同的变更

（一）汽车保险合同变更的含义

所谓保险合同的变更是指保险合同在有效期内，当事人根据实际情况的变化，按照法律规定的条件和程序，对原有记载的条款进行改动和补充。

我国《保险法》明确规定："在保险合同有效期内，投保人和保险人经协商同意，可以变更保险合同的有关内容。变更保险合同的，应当由保险人在原保险单或者其他保险凭证上批注或者附贴批单，或者由保险人和被保险人订立变更的书面协议。"

（二）汽车保险合同变更的事项

汽车保险合同变更主要涉及以下几个方面的内容：

1. 汽车保险合同的主体变更

汽车保险合同的主体变更是指保险合同的当事人和关系人的变更，只要是投保人、被保险人、受益人的变更，保险人一般不会变化。

2. 保险标的的变更

保险标的的变更包括保险标的的用途、危险程度的变化和保险价值明显增加或减少等情况。

3. 保险合同内容的变更

保险合同内容的变更是指合同约定事项的变更，也就是保险关系双方各自所承担的义务和享有的权利的变更。具体包括保险标的、保险责任、保险金额、保险期限等内容的变更。

（三）汽车保险合同变更的形式及合同变更的效力

汽车保险合同变更必须采用书面形式，在保险双方当事人协商一致的前提下，可以由保险人在原保单或其他保单单证上批注，也可附贴批单，还可就变更问题专门签订书面协议。

按照国际惯例，手写批注的法律效力优于打字批注，打字的法律效力优于加贴的附加条款，加贴的附加条款法律效力优于基本条款，旁注附加的法律效力优于正文附加。将变更了部分合同的内容和原保险合同中未变更的部分重新组成一份完整的保险合同，会成为合同当事人享有合同权利和履行合同义务的依据。

六、汽车保险合同的争议处理

汽车保险合同的争议是指保险合同双方就保险责任的归属、赔偿数额确定等问题，对保险条款解释发生争议，各执一词而发生的纠纷。保险合同争议的处理常用协商、调解、仲裁、诉讼四种方式。

1. 协　商

协商是指争议发生后，双方当事人在平等、互谅的基础上对争议的事项进行协商，达成共识，解决纠纷的一种处理方法。

2. 调　解

调解是指在合同管理机构或法院的参与下，通过从中调解，使双方自愿达成协议，平息争议的一种处理方法。

3. 仲　裁

仲裁是指保险合同争议的双方经过协商、调解仍未达成一致意见后，自愿将争议交由共同信任、法律认可的仲裁机构进行调解，并作出裁决的一种处理办法。

4. 诉　讼

诉讼是指保险合同的一方在仲裁后仍未与另一方达成一致意见，通过法院对另一方提出权益主张，并请求法院给予解决和保护的请求处理争议的一种处理办法。

七、汽车保险合同的解除

汽车保险合同解除，是指保险合同成立后，当法定或者约定的事由发生时，一方当事人可以行使解除权，是保险合同提前终止的一种法律行为。其方式有法定解除、协议解除两种。

1. 法定解除

法定解除是法律赋予当事人的一种单方面解除权。

（1）投保人解除汽车保险合同。《保险法》第十五条中规定："除本法另有规定或者保险合同另有约定外，保险合同成立后，投保人可以解除保险合同。"在保险实践中，比如投保人在投机动车车辆损失险时没有附加车辆盗抢险，那么在保险合同有效期内车辆失窃时投保人就会解除保险合同。

（2）保险人解除汽车保险合同。保险人解除汽车保险合同的权利一般受法律限制。《保险法》第十六条规定：投保人故意或者因重大过失未履行前款规定的如实告知义务，足以影响保险人决定是否同意承保或者提高保险费率的，保险人有权解除合同。

前款规定的合同解除权，自保险人知道有解除事由之日起，超过三十日不行使而消灭。自合同成立之日起超过二年的，保险人不得解除合同；发生保险事故的，保险人应当承担赔偿或者给付保险金的责任。

2. 协议解除

协议解除又称约定解除，是指当事人双方经协商同意解除保险合同的一种法律行为。

八、汽车保险合同的终止

汽车保险合同的终止，是指保险合同在存续期间内由于某种原因的发生而使保险合同的效力停止。引起保险合同终止的情况主要包括保险合同因期限届满而终止、保险合同因履行而终止和因解除而终止、财产保险因保险标的的灭失而终止、人身保险合同因被保险人的死亡而终止。

1. 汽车保险合同期限届满而终止

保险合同有效期限届满，保险人承担的保险责任即行终止。合同期限届满终止是最普遍、最基本的方式。汽车保险合同的期限通常为一年，合同到期后，投保人续保，新的保险合同成立。

2. 汽车保险合同因履行而终止

汽车保险合同因履行而终止，是指保险合同有效期间，发生保险事故后，合同因保险人按照约定履行了全部保险赔偿金给付任务而终止。如保险车辆因一次事故全部损毁或推定全损，保险人给付保险赔偿金后，汽车保险合同即行终止。

3. 汽车保险合同因解除而终止

当汽车保险合同双方当事人中的任何一方根据法律规定或者双方的约定行使合同的解除权，并以书面形式通知送达对方当事人，合同效力即行终止。或者双方当事人经过协商，达成解除合同的协议，合同的效力也即行终止。

思考与练习题

1. 什么是汽车保险合同？
2. 汽车保险合同的一般特征是什么？
3. 汽车保险合同的当事人指的是什么？
4. 什么是保险中介组织？
5. 汽车保险合同的主要内容有哪些？
6. 阐述汽车保险合同订立的步骤？
7. 保险合同的变更与终止应该注意什么？
8. 模拟练习汽车保险合同的订立流程。

第五章　汽车保险条款

第一节　机动车交通事故责任强制保险与费率

一、国外机动车交通事故责任强制保险概述

所谓强制保险，是指根据国家颁布的有关法律和法规，凡是在规定范围内的单位或者个人，不论愿意与否都必须参加的保险。

机动车交通事故责任强制保险又称机动车强制三者险（简称交强险），是指由保险公司对被保险机动车发生道路交通事故造成本车人员、被保险人以外的受害人的人身伤亡、财产损失，在责任限额内予以赔偿的强制责任保险。

机动车交通事故责任强制保险的特征主要表现在：具有强制性；对第三者利益具有基本保障性；具有不可选择性；建立社会保险基金，由政府专门管理和使用；以无过失责任为基础；具有公益性。

1. 英国机动车交通事故责任强制保险概述

英国是世界第三保险大国，是最早开办汽车保险业务的国家，也是最早推行汽车责任强制保险制度的国家。1930 年《道路交通法》颁布实施后，英国就从 1931 年 1 月 1 日起，正式建立了机动车交通事故责任强制保险制度。

英国的机动车交通事故责任强制保险有以下特点：

（1）保障范围广。英国机动车交通事故责任强制保险的保障范围，包括因交通事故造成的第三人的人身伤害、财产损失，特点是把机动车上的乘客列入第三人范围内，更好地转嫁了被保险人的民事责任风险。

（2）保障程度高。在机动车强制保险实施初期，英国对人身伤亡并无限额规定。1989 年，英国按照欧共体（现欧盟）的规定，将第三者的财产损失包含在保险责任内，并规定保险限额为 25 万英镑。

（3）保险费率厘定合理。英国机动车交通事故责任强制保险完全实行自由化费率，即由各保险公司根据自身经验及经营水平厘定相应的费率。费率厘定主要考虑从车和从人的两方面因素，并实行详细的无赔款优待政策。

（4）受害人享有对保险公司的直接请求权。英国在《第三方直接求偿法》中规定，若被保险人在交通事故发生后死亡、合并或失去清偿能力时，被保险人对保险人的求偿权可转移给受害人，即受害人享受保险金直接请求权。为了在立法上进一步保障第三者的求偿，英国 1972 年修订的《道路交通法》规定，保单上载明的某些除外条款及不负赔偿责任的一些约束条件，对第三者不产生法律效力。

（5）实行过错责任的赔偿原则。英国是侵权行为法比较发达的国家，根据传统侵权法中行为人谨慎义务原则，对于道路交通事故造成的民事侵权行为适用过错责任。汽车责任强制保险保障被保险人在交通事故中的赔偿责任，因此也适用过错责任原则。

2. 德国机动车交通事故责任强制保险概述

德国机动车交通事故责任强制保险实行的是绝对强制保险的立法模式，没有购买第三者责任险的车辆是不能上路行驶的。按照法律规定，所有购买第三者责任险的车辆都会在车窗前贴上一个醒目的标志。德国机动车交通事故责任强制保险的承保范围较宽，包括人身伤害和财产损失，还包括间接损失。《道路交通法》规定，汽车持有人在责任限额内承担无过失责任；汽车驾驶人承担过失责任，可以为自己无过错抗辩，但是法律要求驾驶人负最高的注意义务。

就保险厘定来说，德国没有由政府制定统一的全国性或者区域性的第三者责任险费率。在 1994 年车险改革之前，费率由各公司根据自身情况自行制定，上报保险监管部门批准。改革之后第三者责任险费率完全开放，保险监管部门不再干涉，转为通过对偿付能力标的监管来实现监管目标。

德国成立了第三者责任保险基金，目的是保证对交通事故受害人的赔付，其主要负责对肇事车辆未投保、肇事车辆逃逸和驾驶人恶意行为三种情况下的赔付。基金按照一定比例从保险公司第三者责任保险保费中提取，比例的浮动性由保险监管部门掌握。如果基金经营出现亏损，监管部门可以上调提取比例；反之，则下调。第三者责任保险基金由名为"交通事故受害者协会"的专门机构来管理，该机构独立于政府和保险行业协会。德国的法律规定，在德国经营车险的保险公司必须加入该协会，协会通过投资来实现基金的保值增值。

3. 美国机动车交通事故责任强制保险概述

美国机动车交通事故责任强制保险的推行可以追溯到 1927 年。早在那时，马萨诸塞州就颁布了保险史上举世闻名的《强制机动车保险法》。以此为标志，机动车保险由自愿保险向强制保险发展，迄今为止美国已有 38 个州先后立法实行机动车责任强制保险。

美国机动车交通事故责任强制保险制度的立法模式包括绝对强制保险和相对强制保险两类。绝对强制保险是指机动车所有人在领取行驶牌照之前，必须投保最低限额的责任保险。相对强制保险，是指机动车所有人可以自愿选择投保机动车强制保险，但机动车所有人因使用或者允许他人使用机动车发生道路交通事故导致损害或者严重违反交通规则，经法院判定机动车所有人投保汽车责任保险或者提供保证金的，所有人有义务投保汽车责任保险或者提供保障金，否则机动车所有人的行驶牌照予以吊销。美国大部分州实行相对强制保险。

美国各州初期实施的机动车强制保险所采用的是过失责任，但是交通事故往往发生得突然，判断当事人的过失比较困难，常需通过诉讼程序来解决赔偿问题。民事损害赔偿责任在美国法院的诉讼程序非常复杂，诉讼时间长、成本高，律师费用高达赔偿金额的 25% ~ 40%，使车祸受害者无法获得合理的保障。马萨诸塞州于 1971 年率先通过立法实施无过失汽车保险制度，后有 30 多个州相继效仿采用。

在保险费率厘定问题上，各州做法不一，有的州要求监管部门规定费率标准，有的州要求采用保险协会统一制定的费率，在多数情况下保险费率必须事先审批。美国各州都有机动

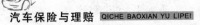

车第三者责任保险基金，在当事人未投保、逃逸、失去清偿能力或者其保险人无力赔偿时，由各州设立的专业保险基金给予救助。

4. 日本机动车交通事故责任强制保险

日本作为实施机动车交通事故责任强制保险的法律依据是日本1995年通过的《机动车损害赔偿责任保障法》。该法已经修改多次。日本采取强制立法模式，未依照法律订立保险合同的机动车不得在道路上行驶。只有经过政府批准的保险公司，才能经营强制保险业务。强制保险的承保范围较窄，仅对受害人的人身伤亡提供最基本的保障。日本的强制保险实行过失推定制，当受害人有"重大过失"时须依照"过失相抵原则"处理赔偿。但是据统计，日本实施汽车责任强制保险40余年来因过失相抵不予赔偿或减少赔偿金额不到已赔付金额的百分之一。日本保险业认为此制度已经接近"严格责任"。

在日本，各保险公司可以使用自己的费率，但需要事先申报金融监督厅长官，保险费率的审定遵循"无损失、无利润"的原则，尽量压低费率。但是实践中，保险监管机关允许保险公司有合理的利润。因此，日本财产保险公司仍然愿意承保强制保险。为了有效降低保险公司的经营风险，从而降低保险费率，日本利用国家再保险制度。保险公司承保的强制保险业务，由政府就其承保额的60%进行再保险。政府与保险公司的再保险关系于保险公司和投保人签订强制保险合同时自动成立。

日本设立政府机动车损害赔偿保障事业，由交通部作为政府代表予以管理，在肇事车辆的所有人不明、被保险人以外的人肇事等情形下，由机动车损害赔偿保障事业给予受害人一定的补偿。

二、我国机动车交通事故责任强制保险概述

1. 机动车交通事故责任强制保险简介

机动车交通事故责任强制保险，简称"交强险"，是我国首个由国家法律规定实行的强制保险制度。《机动车交通事故责任强制保险条例》规定：交强险是由保险公司对被保险机动车发生道路交通事故造成受害人（不包括本车人员和被保险人）的人身伤亡、财产损失，在责任限额内予以赔偿的强制性责任保险。实行交强险制度是通过国家法规强制机动车所有人或管理人购买相应的责任保险，以提高三者险的投保面，在最大程度上为交通事故受害人提供及时和基本的保障。

交强险还具有一般责任保险所没有的强制性。只要是在中国境内道路上行驶的机动车的所有人或者管理人都应当投保交强险，未投保的机动车不得上路行驶。这种强制性不仅体现在强制投保上，也体现在强制承保上，具有经营机动车交通事故责任强制保险资格的保险公司不得拒绝承保，也不能随意解除合同。而商业三者险则属于民事合同内容，机动车主或者是管理人拥有是否选择购买的权利，保险公司也享有拒绝承保的权利。

另外，交强险负有更多的社会管理职能。建立机动车交通事故责任强制保险制度不仅有利于道路交通事故受害人获得及时有效的经济保障和医疗救治，而且有助于减轻交通事故肇事方的经济负担。而商业三者险则属于商业保险，保险公司经营该险种的目的便是盈利，这与交强险"不盈不亏"的经营理念显然相去甚远。同时法律规定，机动车所有人、管理人未

按照规定投保交强险的，将由公安机关交通管理部门扣留机动车，通知机动车所有人、管理人依照规定投保，并处应缴纳的保险费的2倍罚款。

建立交强险制度有利于道路交通事故受害人获得及时的经济赔付和医疗救治；有利于减轻交通事故肇事方的经济负担，化解经济赔偿纠纷；通过实行"奖优罚劣"的费率浮动机制，有利于促进驾驶人增强交通安全意识；有利于充分发挥保险的保障功能，维护社会稳定。

2. 我国机动车交通事故责任强制保险的特点

从2006年7月1日起，我国开始实行机动车辆交通事故责任强制保险（以下称交强险）。经过一年多的实践，从2008年2月1日起，对原交强险保险费率、赔偿标准和相关内容进行了调整与修订。现行交强险主要有以下特点：

（1）保险责任。在我国（不含港、澳、台地区），被保险人在使用被保险机动车过程中发生交通事故，致使受害人遭受人身伤亡或者财产损失，依法应当由被保险人承担的损害赔偿责任，保险人按照交强险合同的约定对每次事故在下列赔偿限额内负责赔偿：死亡伤残赔偿限额为110 000元，医疗费用赔偿限额为10 000元，财产损失赔偿限额为2 000元；被保险人无责任时，无责任死亡伤残赔偿限额为11 000元；无责任医疗费用赔偿限额为1 000元，无责任财产损失赔偿限额为100元。

死亡伤残赔偿限额和无责任死亡伤残赔偿限额项下负责赔偿丧葬费、死亡补偿费、残疾赔偿金、被保险人依照法院判决或者调解承担的精神损害抚慰金等12项费用。医疗费用赔偿限额和无责任医疗费用赔偿限额项下负责赔偿医药费、住院费、整容费等7项费用。

（2）责任免除。因受害人故意行为造成的损失；被保险人所有的财产及被保险机动车上的财产损失；受害人停业、停驶、停电、停水、停气、停产、通讯或者网络中断、数据丢失、电压变化等造成的损失以及受害人财产因市场价格变动造成的贬值、修理后因价值降低造成的损失等其他各种间接损失；仲裁或者诉讼费用以及其他相关费用，交强险不负责赔偿和垫付。

驾驶人未取得驾驶资格、驾驶人醉酒驾车、被保险机动车被盗窃期间肇事、被保险人故意制造交通事故而造成损失的，保险人可依据国家相关规定对合理的抢救费用在医疗费用赔偿限额内负责垫付，但有权向致害人追偿。对于其他费用，保险人不负责垫付与赔偿。

（3）保险期间。除国家法律、行政法规另有规定外，交强险合同的保险期限为一年，以保险单载明的起止时间为准。

（4）索赔时，保险人应提供以下单证：交强险保单；索赔申请书；被保险人和受害人的有效身份证明、机动车行驶证和驾驶人的驾驶证；司法机关出具的事故证明、法律文书及其他证明；受害人财产损失程度证明、人身伤残程度证明、相关医疗证明以及有关损失清单和费用单据；其他与确认保险事故的性质、原因、损失程度等有关的证明和资料。

3. 机动车交通事故责任强制保险与商业第三者责任保险的关系

机动车商业第三者责任保险与机动车交通事故责任强制保险在保险种类上属于同一个险种，都是保障道路交通事故中第三方受害人获得及时有效赔偿的险种，但是两者在执行方式、赔偿原则和赔偿范围等方面存在着本质的区别。

（1）机动车商业第三者责任保险以营利为目的，属于商业保险业务，其购买与否取决于消费者的意愿。而机动车交通事故责任强制保险是强制保险，不以营利为目的，各公司从事机动车交通事故责任强制保险业务实行与其他商业保险业务分开管理、单独核算，无论盈亏，均不参与公司的利益分配，保险公司实际上起了一个代办者的角色。

（2）机动车商业第三者责任保险采取的是过错责任原则，即保险公司根据被保险人在交通事故中多承担的事故责任来确定其赔偿责任。而机动车交通事故责任强制保险实行的是"无过错责任"原则，即无论被保险人是否在交通事故中负有责任，保险公司均将在责任限额内予以赔偿。

（3）机动车商业第三者责任保险规定了责任免除事项和免赔率（额），而机动车交通事故责任强制保险的保险责任几乎涵盖了所有道路交通风险，且不设免赔率和免赔额。

（4）各保险公司机动车商业第三者保险的条款费率相互存在差异，并设有 5 万元、10 万元、20 万元乃至 100 万元以上等不同档次的限额。而机动车交通事故责任强制保险的责任限额全国统一，并在全国范围内执行统一的保险条款和基础费率。

4.机动车交通事故责任强制保险的保障对象和保障内容

机动车交通事故责任强制保险涉及全国 1 亿多辆机动车，保障全国十几亿道路和非道路通行者的生命财产安全。机动车交通事故责任强制保险保障的对象是被保险机动车致害的交通事故受害人，但不包括被保险机动车本车人员、被保险人。限定受害人范围，一是考虑到机动车交通事故责任强制保险作为一种责任保险，以被保险人对第三方依法应负的民事赔偿责任为保险标的。二是考虑到 2004 年实施的《中华人民共和国道路运输条例》要求从事客运服务的承运人必须投保承运人责任险，乘客的人身财产损害可以依法得到赔偿。

机动车交通事故责任强制保险的保障内容包括受害人的人身伤亡和财产损失。我国法律规定，被保险机动车发生道路交通事故造成本车人员、被保险人以外的受害人人身伤亡、财产损失的，由保险公司依法在机动车交通事故责任强制保险责任限额范围内予以赔偿。目前，从已经建立机动车交通事故责任强制保险的国家和地区看，对机动车交通事故责任强制保险的保障范围一般有两类：一类是仅保障受害人人身伤亡，对财产损害不予赔偿，如日本、韩国等国家。另一类是对人身伤亡和财产损失均予以保障，如英国、美国等。我国的机动车交通事故责任强制保险的保障内容既包括人身伤亡也包括财产损失，这也贯彻了《道路交通安全法》的有关规定，更好地维护了交通事故受害人的合法权益。

5.机动车交通事故责任强制保险的统一保单及统一标志

我国机动车交通事故责任强制保险的统一保单见表 5.1。

表 5.1　机动车交通事故责任强制保险单

保险单号：

被 保 险 人			
被 保 险 人 身 份 证 号 码（组 织 机 构代 码 证）			
地　　　　　址		联系电话	

续表5.1

<table>
<tr><td rowspan="4">被保险机动车</td><td>号牌号码</td><td></td><td>机动车种类</td><td></td><td>使用性质</td><td></td></tr>
<tr><td>发动机号</td><td></td><td colspan="2">识别代码（车架号）</td><td></td><td></td></tr>
<tr><td>厂牌型号</td><td></td><td colspan="2">核定载客　　　　人</td><td>核定载质量</td><td></td></tr>
<tr><td>排量</td><td></td><td>功率</td><td></td><td>登记日期</td><td></td></tr>
<tr><td rowspan="3">责任限额</td><td>死亡伤残赔偿限额</td><td colspan="2">￥：　　　　　元</td><td>无责任死亡伤残赔偿限额</td><td colspan="2">￥：　　　　　元</td></tr>
<tr><td>医疗费用赔偿限额</td><td colspan="2">￥：　　　　　元</td><td>无责任医疗费用赔偿限额</td><td colspan="2">￥：　　　　　元</td></tr>
<tr><td>财产损失赔偿限额</td><td colspan="2">￥：　　　　　元</td><td>无责任财产损示赔偿限额</td><td colspan="2">￥：　　　　　元</td></tr>
<tr><td colspan="5">与道路交通安全违法行为和道路交通事故相联系的浮动比例</td><td>　　　　　％</td></tr>
<tr><td colspan="4">保险费合计（人民币大写）：　　（￥：　　）</td><td colspan="3">其中救助基金（　　％）　￥：　　元</td></tr>
<tr><td colspan="7">保险期间自　　年　月　日　时起至　　年　月　日　时止。</td></tr>
<tr><td colspan="7">保险合同争议解决方式</td></tr>
<tr><td rowspan="3">代收车船税</td><td colspan="2">整备质量</td><td colspan="2">纳税人识别号</td><td colspan="2"></td></tr>
<tr><td colspan="2">当年应缴　￥：　　元</td><td>往年补交　￥：　　元</td><td colspan="3">滞纳金　　￥：　　元</td></tr>
<tr><td colspan="6">合计（人民币大写）：　　　　　　　　（￥：　　　元）</td></tr>
<tr><td>完税凭证号（　　）</td><td colspan="3"></td><td colspan="3">开具税务机关</td></tr>
<tr><td>特别约定</td><td colspan="6"></td></tr>
<tr><td>重要提示</td><td colspan="6">1. 请详细阅读保险条款，特别是责任免除和投保人、被保险人义务。
2. 收到本保险单后，请立即核对，如有不符或疏漏，请及时通知保险人并办理变更或补充手续。
3. 保险费应一次性交清，请你及时核对保险单和发票（收据），如有不符，请及时与保险人联系。
4. 投保人应如实告知对保险费计算有影响的或保险机动车因改装、加装，改变使用性质等导致危害程度增加的重要事项，并及时通知保险人办理批改手续。
5. 被保险人应当在交通事故发生后及时通知保险人。</td></tr>
<tr><td>保险人</td><td colspan="6">公司名称：
公司地址：
邮政编码：　　　　　服务电话：　　　　　　签单日期：　　年　月　日
（保险人盖章）</td></tr>
</table>

核保：　　　　　　　制单：　　　　　　　　　经办：

我国机动车交通事故责任强制保险的统一标志见图5.1。

正面图片　　　　　　　　反面图片

图 5.1　我国机动车交通事故责任强制保险标志

三、机动车交通事故责任强制保险的费率

机动车交通事故责任强制保险实行统一的保险条款和基础保险费率。保监会按照总体上不盈利不亏损的原则审批保险费率。保险公司经营此项业务应当与其他业务分开管理、单独核算。《机动车交通事故责任强制保险条例》要求逐步实现保险费率与交通违章挂钩，安全驾驶者可以享有优惠费率，经常肇事者将负担高额保费。

1. 机动车交通事故责任强制保险费率与交通违章挂钩

机动车交通事故责任强制保险费率与交通违章挂钩后，安全驾驶者可以享有优惠的费率，经常肇事者将负担高额的保费。建立这样一种"奖优罚劣"的费率浮动机制，一方面可以利用费率经济杠杆的调节手段，提高驾驶人道路交通安全法律意识，督促驾驶人安全驾驶，有效预防道路交通事故的发生；另一方面政府通过市场机制的辅助手段来进行道路安全交通管理，有利于政府职能的转变，提高道路交通安全管理效率。

实行费率与违章挂钩的费率浮动机制，首先要建立保险信息与道路交通违章信息共享机制。保监会、公安部门、农业主管部门以及其他有关部门应当逐步建立有关机动车交通事故责任强制保险、道路交通安全违法行为和道路交通事故的信息共享机制。迄今为止，机动车违章信息共享平台已经扩展到全国各个省、直辖市、自治区。

2. 机动车交通事故责任强制保险费率与风险程度相匹配

机动车交通事故责任强制保险采用的是商业化运作的模式，即由保险公司自主经营，自负盈亏。因此，将条款费率的制定权交给保险公司，可以充分利用市场机制，督促保险公司进一步加强管理，提高服务意识和管理水平。我国自 2003 年开始实施机动车辆保险条款费率管理制度改革，由原来监管机关制定全国统一的条款费率改为由监管机关对费率制定中应考虑的各项风险因素（如从车、从人因素等）进行指导，由保险公司根据自身经营水平和经营数据，通过精算，自主制定费率，报监管机关审批后执行。这样的话，使得车险费率更加准确地反映市场实际水平，更加科学。车险条款费率自改革以来，市场总体反映良好，费率水平与风险程度更加匹配。

机动车交通事故责任强制保险业务总体上实行不盈利不亏损的原则，由保险公司制定机动车交通事故责任强制保险条款费率，如表5.2所示。

表5.2 机动车交通事故责任强制保险基础费率表 单位：元

车辆类型	序号	车辆明细分类	新车保费	九成新车	八成新车	七成新车
一、家庭自用车	1	家庭自用汽车6座以下	950	855	760	665
	2	家庭自用汽车6座及以上	1 100	990	880	770
二、非营业客车	3	企业非营业汽车6座以下	1 000	900	800	700
	4	企业非营业汽车6～10座	1 130	1 017	904	791
	5	企业非营业汽车10～20座	1 220	1 098	976	854
	6	企业非营业汽车20座以上	1 270	1 143	1 016	889
	7	机关非营业汽车6座以下	950	855	760	665
	8	机关非营业汽车6～10座	1 070	963	856	749
	9	机关非营业汽车10～20座	1 140	1 026	912	798
	10	机关非营业汽车20座以上	1 320	1 188	1 056	924
三、营业客车	11	营业出租租赁6座以下	1 800	1 620	1 440	1 260
	12	营业出租租赁6～10座	2 360	2 124	1 888	1 652
	13	营业出租租赁10～20座	2 400	2 160	1 920	1 680
	14	营业出租租赁20～36座	2 560	2 304	2 048	1 792
	15	营业出租租赁36座以上	3 530	3 177	2 824	2 471
	16	营业城市公交6～10座	2 250	2 025	1 800	1 575
	17	营业城市公交10～20座	2 520	2 268	2 016	1 764
	18	营业城市公交20～36座	3 020	2 718	2 416	2 114
	19	营业城市公交36座以上	3 140	2 826	2 512	2 198
	20	营业公路客运6～10座	2 350	2 115	1 880	1 645
	21	营业公路客运10～20座	2 620	2 358	2 096	1 834
	22	营业公路客运20～36座	3 420	3 078	2 736	2 394
	23	营业公路客运36座以上	4 690	4 221	3 752	3 283
四、非营业货车	24	非营业货车2吨以下	1 200	1 080	960	840
	25	非营业货车2～5吨	1 470	1 323	1 176	1 029
	26	非营业货车5～10吨	1 650	1 485	1 320	1 155
	27	非营业货车10吨以上	2 220	1 998	1 776	1 554
五、营业货车	28	营业货车2吨以下	1 850	1 665	1 480	1 295
	29	营业货车2～5吨	3 070	2 763	2 456	2 149
	30	营业货车5～10吨	3 450	3 105	2 760	2 415
	31	营业货车10吨以上	4 480	4 032	3 584	3 136

续表 5.2

车辆类型	序号	车辆明细分类	新保费	九成新车	八成新车	七成新车
六、特种车	32	特种车一	3 710	3 339	2 968	2 597
	33	特种车二	2 430	2 187	1 944	1 701
	34	特种车三	1 080	972	864	756
	35	特种车四	3 980	3 582	3 184	2 786
七、摩托车	36	摩托车 0.05 L 及以下	80			
	37	摩托车 0.05~0.25 L（含）	120			
	38	摩托车 0.25 L 以上及侧三轮	400			
八、拖拉机	39	农用型拖拉机 14.7 kW 及以下				
	40	农用型拖拉机 14.7 kW 以上				
	41	运输型拖拉机 14.7 kW 及以下	400			
	42	运输型拖拉机 14.7 kW 以上	560			

（1. 座位和吨位的分类都按照"含起点不含终点"的原则来解释；2. 特种车一：油罐车、汽罐车、液罐车、冷藏车；特种车二：用于牵引、清障、清扫、清洁、起重、装卸、升降、搅拌、挖掘、推土等各种专用机动车；特种车三：装有固定专用仪器设备从事专业工作的监测、消防、医疗、电视转播等的各种专用机动车；特种车四：集装箱拖头。3. 挂车根据实际的使用性质并按照对应吨位货车的 30%计算）

第二节　机动车商业保险险种与费率

一、机动车商业保险险种概况

伴随着《机动车交通事故责任强制保险条例》的出台与正式实施，为了进一步规范车险经营，尽快完成机动车商业车险与交通事故责任强制保险的衔接，中国保险行业协会集中全行业精算力量制定了 3 套指导性条款，即机动车商业保险行业基本条款 A 款、B 款和 C 款。这些条款已经获得保监会的批准，各家经营车险的保险公司都将从这三款商业车险中选择一款销售。

商业保险主要由机动车车辆损失保险、机动车第三者责任保险、机动车车上人员责任保险、机动车附加险及特约条款等保险选项构成。

保监会明确：行业的 3 套三者险条款是指令性条款，所有会员公司只能从中选择一套报经保监会批准后使用；而车辆损失险条款是指导性条款，各公司可选择使用，也可不选择。3 套条款都有各自的保险条款和费率。其中 A 款被国内经营车险的保险公司广泛采用。

二、机动车车辆损失保险

机动车车辆损失保险简称车损险，主要承保车辆因发生保险责任事故所导致的损毁、灭失，它属于财产保险中的运输保险范畴。车损险在本质上是不定值保险，即在保险合同中，当事人双方事先不确定保险标的的实际价值，而将保险金额作为最高赔偿限额。

车损险有全部车损险和部分车损险之分。全部车损险承担车辆由于保险责任事故而导致的一切损失，赔偿额取决于车辆的实际价值；部分车损险只对约定原因导致的车辆损失负责赔偿，如自然灾害、盗窃、自燃等原因，因其发生的可能性低，所以其保险费率比较低。

在世界的大多数国家，车损险都不是强制保险，投保与否取决于车辆所有者或者使用者的个人意愿。

我国的车损险是机动车保险的基本险种之一，由用户自愿选择投保，其相应的保险合同包括被保险人、保险标的、保险责任、责任免除、保险金额、保险费率、保险期限、赔偿方式、争议处理、被保险人义务、无赔偿优待、附加险等主要内容。

车损险是一种综合保险，包括碰撞在内。而另外针对盗抢、车辆停驶损失、车辆自燃、玻璃破碎等，特别设计了附加险。只有购买了车损险以后，才能购买相应的附加险。我国的车辆损失险包括以下主要内容：

（一）保险标的

车辆损失险的保险标的是指汽车、电车、电瓶车、摩托车、拖拉机、各种专用机械车、特种车。双燃料汽车属于汽车范畴，大型联合收割机属于专用机械车，摩托车只包括两轮或三轮摩托车、轻便摩托车、残疾人三轮、四轮摩托车。

只有企业自行编号、仅在特定区域使用的其他车辆，视其使用性质和车辆用途，确定其是属于汽车还是专用机械车、特种车范畴。

（二）保险责任

保险期内，被保险人或其允许的合法驾驶人在使用被保险机动车过程中，因下列原因导致保险机动车辆的损失，保险人依照合同约定负责赔偿：① 碰撞、倾覆、坠落。② 火灾、爆炸。③ 外界物体倒塌、空中运动物体坠落、保险车辆行驶中平行坠落。④ 雷击、暴风、龙卷风、暴雨、洪水、海啸、地陷、崖崩、雪崩、雹灾、泥石流、滑坡。⑤ 载运车辆渡船遭受自然灾害（只限于驾驶人随船的情况）。

另外，在发生保险事故时，对于被保险人为防止或者减少被保险机动车的损失所支付的必要的、合理的施救费用，也由保险人承担，但最高赔偿金额不超过保险金额的数额。

相关保险责任专业术语：

（1）碰撞，是指被保险车辆与外界静止的或者运动中的物体撞击、产生撞击痕迹的现象。这里的碰撞包括两种情况：一是保险车辆与外界物体撞击造成的本车损伤；二是保险车辆按照规定装载运输货物，车与货物视为一体，所装载的货物与外界发生撞击造成的本车损失。碰撞应是保险车辆直接与外界物体接触，人为划痕不属于本保险责任。

（2）倾覆，是指由于意外事故导致被保险车辆翻倒，处于失去正常状态和行驶能力、不经施救不能恢复行驶的状态。

（3）火灾，是指被保险车辆本身以外的火源引起的、在时间上或空间上失去控制的燃烧对保险车辆所造成的伤害。

（4）爆炸，是指物体在瞬间分解或者燃烧时放出大量热和气体，并以很大的压力向四周扩散，形成破坏力的现象。对于车辆，因其内部原因发生的爆炸或爆裂等，不属于保险责任。

（5）外界物体倒塌，是指保险车辆自身以外由物质构成并占有一定空间的个体倒下，造成车辆损失，如建筑物倒塌、树木倾倒等均属于保险责任。

（6）空中物体坠落，是指陨石或飞行器等空中掉落的物体所导致的车辆受损，属于保险责任。

（7）行驶中平行坠落，是指保险车辆在行驶中发生意外事故，整车腾空后，仍然四轮着地所产生的损失。

（8）雷击，是指由于雷电直接击中保险车辆造成的损失，或通过其他物体引起保险车辆的损失，均属保险责任。

（9）暴雨，是指每小时降雨量达 16 毫米以上，或连续 12 小时降雨量达 30 毫米以上，或连续降雨量达 50 毫米以上的大雨。

（10）暴风，是指速度在 28.5 米/秒（相当于 11 级大风）的大风。风速以气象部门公布的数据为准。龙卷风是指一种范围小、时间短的猛烈旋风，平均最大风速一般在 79～103 米/秒，极端最大风在 100 米/秒以上。

（11）洪水，是指凡是江河湖水泛滥、山洪暴发、潮水上岸及倒灌等致使保险车辆受损、淹没的损失，属保险责任。

（12）海啸，是指由于地震或风暴而造成的海面巨大涨落现象，按照原因可分为地震海啸和风暴海啸两种。由于海啸导致的保险车辆泡损、淹没、冲失等损害属于保险责任。

（13）地陷，是指地壳因自然变异、地层收缩而发生突然塌陷及河流、大雨侵蚀时，地下有孔穴、矿穴导致地面塌陷。冰陷，是指在公安交通管理部门允许车辆行驶的冰面上通行时，冰面突然下陷导致保险车辆受损，属保险责任。

（14）崖崩，是指石崖、土崖因自然风化、雨蚀而崩裂下塌，或者山上崖石滚落，致使车辆受损的，属保险责任。雪崩，是指大量积雪崩落的现象。雹灾，是指由于冰雹造成的损害。泥石流，是指山体突然暴发含有大量泥沙、石块的洪流。滑坡，是指斜坡上不稳岩体或者土块在重力作用下突然整体下滑的现象。

（15）竞赛，是指被保险机动车辆参加车辆比赛活动，包括以竞赛项目进行的训练活动。

（16）测试，指对被保险车辆的性能和技术参数进行测量或者试验。

（17）单方肇事事故，是指不涉及第三方有关的损害赔偿事故，但不包括自然灾害引起的事故。

（18）转让，是指以转移所有权为目的，处分被保险机动车的行为。被保险人以转移所有权为目的，将被保险机动车交付他人，但未按照规定办理转移（过户）登记的，视为转让。

（三）机动车保险责任的责任免除

第一，以下情况，不论任何原因造成被保险机动车辆损失，保险人均不负责赔偿：

（1）地震。

（2）战争、军事冲突、恐怖活动、暴乱、扣押、收缴、没收、政府征用。

（3）竞赛、测试，营业性维修、养护场所修理、养护期间。

（4）利用被保险车辆从事违法活动。

（5）驾驶人饮酒、吸食毒品或注射毒品、被药物麻醉后使用被保险车辆。

（6）事故发生后，被保险人或其允许的驾驶人在未依法采取措施的情况下驾驶被保险机动车逃离事故现场，或故意破坏、伪造现场、毁灭证据。

（7）非被保险人允许的驾驶人使用被保险机动车。

（8）被保险机动车转让他人，未向保险人办理批改手续。

（9）驾驶人有下列情形之一者：无驾驶证或者驾驶证有效期已届满；驾驶的被保险车辆与驾驶证载明的准驾车型不符；持未按规定审验的驾驶证，以及在暂扣、吊销、注销驾驶证期间驾驶被保险机动车。

（10）除另有约定外，发生保险事故时，被保险车辆无公安交通管理部门核发的行驶证和号牌，或未按规定检验及检验不合格。

与自用车车辆损失险相比，在非营业用汽车损失险责任免除对应内容中，分别增加了以下内容："教练"、"实习期内驾驶执行任务的警车、消防车、救护车、工程救险车以及载有爆炸物、易燃易爆化学物、剧毒或者放射性危险品的被保险机动车辆，实习期内驾驶的被保险机动车辆牵引挂车"、"使用各种专用机械车、特种车的人员无国家有关部门核发的有效操作证"。

在营业汽车损失保险责任免除对应内容中，分别增加了以下内容："教练"、"实习期内驾驶公共汽车、营运客车或者载有爆炸物、易燃易爆化学物、剧毒或者放射性危险品的被保险机动车辆、实习期内驾驶的被保险机动车辆牵引挂车"、"使用各种专用机械车、特种车的人员无国家有关部门核发的有效操作证，驾驶营业性客车的驾驶人无国家有关部门核发的有效资格证书"。

第二，被保险机动车辆由于以下原因造成的损失和费用，保险人也不负责赔偿：

（1）车辆自然磨损、朽蚀、故障。自然磨损是指车辆由于使用造成机件损耗；朽蚀是指机件与有害气体或者液体接触，被腐蚀损坏；故障是指由于某一系统发生问题，影响车辆正常工作的。但是由于车辆自然磨损、朽蚀、故障或者轮胎单独损坏而引起的交通事故（如碰撞、倾覆等），造成车辆其他部位损失的，保险人应予以赔偿。

（2）玻璃单独破损、轮胎单独损坏。玻璃单独破损是指不论任何原因引起的玻璃单独损坏，玻璃包括挡风玻璃、车窗玻璃。轮胎单独破损是指在行驶过程中，无论何种原因造成的轮胎单独破损。

（3）无明显碰撞痕迹的车身划痕。

（4）被保险机动车所载货物坠落、倒塌、撞击、泄露所导致的损失。车辆所载货物掉落是指装载车辆的货物掉下砸伤他人或者他人财产；车辆所载货物泄露是指保险车辆所装载的气体或者液体因流泻导致对外界物体造成腐蚀、污染、人畜中毒、植物枯萎，以及其他财物的损失。

（5）人工直接供油、高温烘烤造成的损失。人工直接供油是指不经过车辆正常供油系统的供油；高温烘烤是指无论是否使用明火，凡违反车辆安全操作规则的加热、烘烤升温的行为。

（6）自燃以及不明原因的火灾造成的损失。

（7）市场价格变动造成的贬值、修理后价值降低引起的损失。

（8）保险车辆全车被盗窃、被抢劫、被抢夺，以及因盗窃、抢劫、抢夺受到损坏或车上零部件、附属设备丢失。

全车被盗抢、被抢劫、被抢夺是指保险车辆被盗窃、被抢劫、被抢夺行为发生时起，至公安部门将该车收缴之日止；附属设施是指购买新车时整备的基本设备。

（9）遭受保险责任范围内的损失后，未经必要修理继续使用被保险机动车，致使损失扩大的部分。

（10）发动机进水后导致的发动机损坏；保险车辆在淹没排气管的水中启动或者被水淹后操作不当导致发动机损坏。

（11）被保险人或者驾驶人的故意行为造成的损失；被保险人或者其允许的合格的驾驶员明知自己为和不为可能造成的后果，而仍希望或放任这种结果发生，属于被保险人或者驾驶人的故意行为。

（12）应由机动车交通事故责任强制保险赔偿的金额。

与自用汽车车辆损失险相比，在非营业用汽车损失保险责任免除内容中，去掉了"自然以及不明原因造成的损失"内容，增加了"自燃仅造成电器、线路、供油系统、供气系统的损失"内容。

在营业用汽车损失保险责任免除对应内容中，除去了"自然以及不明原因造成的损失"内容，增加了"火灾、爆炸、自燃造成的损失"内容。

第三，关于免赔率的规定：

（1）负次要事故责任的免赔率为5%，负同等事故责任的免赔率为8%，负主要事故责任的免赔率为10%，负全部事故责任或者负单方肇事事故的免赔率为15%。

（2）被保险机动车的损失应由第三方负责赔偿的，无法找到第三方时，免赔率为30%。

（3）被保险人根据法律有关规定选择自行协商方式处理交通事故，不能证明事故原因的，免赔率为20%。

（4）投保时，指定驾驶人，保险事故发生时为非指定驾驶人使用被保险机动车的，增加免赔率10%。

（5）投保时，约定行驶区域，保险事故发生在约定行驶区域以外的，增加免赔率10%。

与家庭自用汽车损失险相比，在非营业用汽车损失保险责任免除对应内容中，去除了"投保时，指定驾驶人，保险事故发生时为非指定驾驶人使用被保险机动车的，增加免赔率10%"的内容。

在营业用汽车损失保险责任免除对应内容中，除去了"投保时，指定驾驶人，保险事故发生时为非指定驾驶人使用被保险机动车的，增加免赔率10%"的内容，增加了"违反安全装载规定的，增加免赔率 5%"、"因违反装载安全规定导致保险事故发生的，保险人不承担赔偿责任"以及"保险期间内发生多次保险事故的，免赔率从第三次开始每次增加 5%"的内容。

（四）机动车车辆损失保险的赔偿处理及保险金额的确定

1. 机动车车辆损失保险的赔偿处理

（1）被保险人索赔时，应当向保险人提供与确认保险事故的性质、原因、损失程度等有关的证明材料，应当提供保险单、损失清单、有关费用单据、被保险机动车行驶证和发生事故时驾驶人的驾驶证。

属于道路交通事故的，被保险人应当提供公安机关交通管理部门或者法院等机构出具的事故证明、有关的法律文书（判决书、调解书、裁定书、裁决书等）和通过机动车交通事故责任强制保险获得赔偿金额的证明材料。属于非交通事故的，要提供相关的事故证明。

（2）被保险人或者被保险机动车驾驶人根据有关法律规定选择自行协商方式处理交通事故的，应立即通知保险人，协助保险人勘验事故各方车辆、核实事故责任，并依照《交通事故处理程序规定》签订记录交通事故情况的协议书。

（3）因保险事故损坏的被保险机动车，应当尽量修复。修理前被保险人应当会同保险人检验，协商确定修理项目、方式和费用。否则，保险人有权重新核定；无法重新核定的，保险人有权拒绝赔偿。

（4）投保人在投保时选择修理厂的，保险事故发生后，保险人推荐具有被保险机动车专修资格的修理厂进行修理；投保人在投保时未选择专修厂的，保险事故发生后，保险人推荐修理资质不低于二级的修理厂进行修理。被保险机动车遭受损失后的残余部分由保险人、被保险人协商处理。

（5）保险人依据被保险机动车驾驶人在事故中所负的事故责任比例，承当相应的赔偿责任。

（6）被保险人或者被保险机动车驾驶人根据有关法律规定选择自行协商或者由公安交通管理部门处理事故未确定事故责任比例的，按照下列规定确定事故责任比例：被保险机动车负主要事故责任的，事故责任比例为70%；被保险机动车负同等事故责任的，事故责任比例为50%；被保险机动车负次要事故责任的，事故责任比例为30%。

2. 机动车车辆损失保险金额的确定

保险金额由投保人和保险人从以下三种方式中协商确定。保险人根据确定保险金额的不同方式承担相应的赔偿责任：

（1）按照投保时被保险机动车的新车购置价格确定。新车购置价格是指在保险合同签订地购置与被保险机动车同类型新车（含车辆购置税）的价格。投保时的新车购置价格根据投保时保险合同签订地同类新车的市场销售价格确定，并在保险单中载明，无同类型新车市场销售价格的，由投保人和被保险人协商确定。

（2）按照投保时被保险机动车的实际价格确定。实际价格是指新车购置价减去折旧金额后的价格。被保险机动车的折旧按照月折旧率0.6%计算，不足一个月的部分，不计折旧。最高折旧金额不超过投保时被保险机动车新车购置价的80%。

$$折旧金额=投保时新车购置价×被保险机动车已使用月数×0.6\%$$

在非营业用汽车损失保险和营业用汽车损失保险中，其折旧率并不是固定不变的，其折旧率分别见表 5.3 和表 5.4。

表 5.3　非营业用汽车折旧率

车辆种类	月折旧率（%）
9 座以下客车	0.60
农用运输车	1.10
其他车辆	0.90

表 5.4　营业用汽车折旧率

车辆种类	月折旧率（%）	
	出　租	其　他
客车	1.10	0.90
微型载货汽车	1.10	1.10
带拖挂的载货汽车	1.10	1.10
低速载货汽车	1.40	1.40
其他车辆	1.10	0.90

（3）在投保时被保险机动车的新车购置价内协商确定。

此外，被保险机动车重复保险的，保险人按照保险合同的保险金额与各保险合同保险金额的总和的比例承担赔偿责任。

下列情况下，保险人支付赔款后，保险合同终止，保险人不退还家庭自用汽车损失保险及附加险的保险费：

（1）被保险机动车发生全部损失。

（2）按投保时被保险机动车的实际价格确定保险金额的，一次赔款金额与免赔金额之和（不含施救费）达到保险事故发生时被保险机动车的实际价格。

（3）保险金额低于投保时被保险机动车的实际价格的，一次赔款金额与免赔金额之和（不含施救费）达到保险金额。

（五）保险期限

保险期限为一年，以保单载明的起讫时间为准。

（六）保险人及投保人、被保险人的义务

1. 保险人的义务

（1）保险人在投保时，应向投保人说明投保险种的保险责任、责任免除、保险期限、保险费及支付办法、投保人和被保险人的义务等内容。

（2）保险人应及时受理被保险人的事故报案，并尽快进行查勘。保险人接到报案后48 小时内未进行查勘且未给予受理意见，造成财产损失无法确定的，以被告人提供的财产损

毁照片、损失清单、事故证明和修理发票作为赔付理算依据。

（3）保险人收到被保险人的索赔请求后，应及时作出核定。① 保险人应根据事故性质、损失情况，及时向被保险人提供索赔须知；审核索赔材料后认为有关的证明和资料不完整的，应当及时通知被保险人补充提供有关的证明和资料。② 在被保险人提供了各种必要单证后，保险人应当迅速审查核定，并将核定结果及时通知被保险人。③ 对属于保险责任的，保险人应在与被保险人达成赔偿协议后 10 日内支付。

（4）保险人对于在办理保险业务中知晓的投保人、被保险人的业务和财产情况及个人隐私，负有保密的责任和义务。

2. 投保人、被保险人的义务

（1）投保人应如实填写投保单并回答保险人提出的问题，履行如实告知义务，并提供被保险机动车行驶证复印件、机动车登记证书复印件，如指定驾驶人的，应同时提供被指定驾驶员的驾驶证复印件。

在保险期内，被保险机动车改装、加装或从事营业运输等，导致被保险机动车危险程度增加的，应当及时书面通知保险人。否则，因机动车危险程度增加而发生的保险事故，保险人不承担赔偿责任。

（2）投保人应当在保险合同成立时交清保险费；保费交清前发生保险事故的，保险人不承担赔偿责任。

（3）发生保险事故时，被保险人应当及时采取合理的、必要的施救措施和保护措施，防止或者减少损失，并在事故发生后 48 小时内通知保险人。否则，造成损失无法确定或者扩大的部分，保险人不承担赔偿责任。

（4）发生保险事故后，被保险人应当积极协助保险人进行现场查勘。被保险人在索赔时应当提供有关的证明材料。发生与保险赔偿有关的仲裁或者诉讼时，被保险人应及时书面通知保险人。

（5）因第三方对被保险机动车的损害而造成保险事故的，保险人自向被保险人赔偿保险金之日起，在赔偿金额范围内代为行使被保险人对第三方请求赔偿的权利，但被保险人必须协助保险人向第三方追偿。

由于被保险人放弃对第三方的请求赔偿的权利或者过错致使保险人不能行使代为追偿权利的，保险人不承担赔偿责任或者相应地扣减保险赔偿金额。

（七）合同的变更与终止

（1）保险合同的内容如需变更，须经保险人与投保人书面协商一致。

（2）在保险期限内，被保险机动车转让他人的，投保人应当书面通知保险人并办理批改手续。

（3）保险责任开始前，投保人要求解除保险合同的，应当向保险人支付应交保险费的 5% 的退保手续费，保险人应当退还保险费。

保险责任开始后，投保人要求解除保险合同的，自通知保险人之日起，保险合同解除。保险人按照短期月费率收取自保险责任开始之日起至合同解除之日止期间的保险费，并退还剩余部分保险费。短期月费率见表 5.5。

表 5.5　机动车损失保险短期月费率

保险期限（月）	1	2	3	4	5	6	7	8	9	10	11	12
短期月费率（%）	10	20	30	40	50	60	70	80	85	90	95	100

注：保险期限不足一个月的部分，按照一个月计算。

三、机动车第三者责任保险

机动车第三者责任保险分为机动车第三者责任强制保险和第三者责任非强制保险两类。机动车交通责任强制保险中已经对第三者责任保险进行了介绍，此处主要针对商业机动车第三者责任保险进行介绍。

（一）机动车第三者责任保险的责任

被保险人或其允许的驾驶人员在使用保险车辆过程中发生意外事故，致使第三者遭受人身伤亡或财产直接损毁，依法应当由被保险人承担的经济责任，保险人依照保险合同的约定，对于超过机动车交通事故责任强制保险各分项赔偿限额以上的部分负责赔偿。

商业险中的机动车第三者责任保险的保险对象是因被保险机动车发生意外事故遭受人身伤亡或者财产损失的人，但不包括被保险机动车本车上的人员、投保人、被保险人和保险人。

（二）机动车第三者责任保险的责任免除

第一，保险车辆造成下列人身伤亡或财产损失，不论在法律上是否应当由被保险人承担赔偿责任，保险人均不负责赔偿：

（1）被保险人及其家庭成员的人身伤亡、所有或代管的财产的损失。被保险人或其允许的驾驶人所有或代管的财产包括被保险人或其允许的驾驶人自有的财产，或与他人共有财产的自有部分，或代替他人保管的财产。

第三者责任险在财产损失赔偿上应掌握的原则是：保险人付给受害方的赔款最终不能落到被保险人手中，但碰撞标的均投保了车辆损失险的可酌情处理。

（2）本车驾驶人及其家庭成员的人身伤亡、所有或代管的财产的损失。私有车辆、个人承包车辆的被保险人或其允许的驾驶人及其家庭成员，以及他们所有或代管的财产。具体有以下 4 种情况：

① 私有、个人承包车辆的被保险人家庭成员，可根据独立经济的户口划分区别。例如：父母、兄弟多人，各自另立户口分居，家庭成员指每户中的成员，而不能单纯按是否为直系亲属来划分。夫妻分居两地，虽有两个户口，因两者经济上并不独立，实际上是合一的，所以只能视为一个户口。

本条应遵循一个原则：肇事者本身不能获得赔偿，即保险人付给受害方的赔款，最终不能落到被保险人手中。

② 私有、个人承包车辆的被保险人及其家庭成员所有或代管的财产。这是指被保险人或其允许的驾驶人及其家庭成员自有的财产，或与他人共有财产的自有部分，或他们代替他人

保管的财产。

③ 私有车辆：车辆所有权属于私人的车辆，如个人和私营企业等的车辆。

④ 个人承包车辆：以个人名义承包单位、他人的车辆。

（3）本车上其他人员的人身伤亡或财产损失。本车上的一切人员和财产：指意外事故发生的瞬间，在本保险车辆上的一切人员和财产，包括此时在车上的驾驶人。这里包括车辆行驶中或车辆未停稳时非正常下车的人员，以及吊车正在吊装的财产。

第二，保险车辆拖带未投保第三者责任保险的车辆（含挂车）或被未投保第三者责任保险的其他车辆拖带。保险车辆拖带车辆（含挂车）或其他拖带物，二者当中至少有一个未投保第三者责任险。无论是保险车辆拖带未保险车辆，还是未保险车辆拖带保险车辆，都属于保险车辆增加危险程度，超出了保险责任正常所承担的范围，故由此产生的任何损失，保险人不予赔偿（公安交通管理部门的清障车拖带障碍车不在此列）。但拖带车辆和被拖带车辆均投保了车辆损失险的，发生车辆损失险责任范围内的损失时，保险人应对车辆损失部分负赔偿责任。

第三，下列损失和费用，保险人不负责赔偿：

（1）保险车辆发生意外事故，致使被保险人或第三者停业、停驶、停电、停水、停气、停产、通信中断的损失以及其他各种间接损失。保险车辆发生保险事故受损后，丧失行驶能力，从受损到修复这一期间，被保险人停止营业或不能继续运输等损失，保险人均不负责赔偿。

保险车辆发生意外事故致使第三者营业停止、车辆停驶、生产或通信中断和不能正常供电、供水、供气的损失以及由此而引起的其他人员、财产或利益的损失，不论在法律上是否应当由被保险人负责，保险人都不负责赔偿。

（2）精神损害赔偿：指因保险事故引起的、无论是否依法应由被保险人承担的任何有关精神损害的赔偿。

（三）机动车第三者责任保险的责任限额

1. 免赔率的规定

根据保险车辆驾驶人员在事故中所负责任，保险人在保险单载明的责任限额内，按下列免赔率免赔：

（1）负全部责任的免赔率为20%，负主要责任的免赔率为15%，负同等责任的免赔率为10%，负次要责任的免赔率为5%。

（2）违反安全装载规定的，增加免赔率10%。

2. 第三者责任保险的赔偿

保险事故发生后，保险人按照《道路交通事故处理办法》规定的赔偿范围、项目和标准以及保险合同的约定在保险单载明的责任限额内核定赔偿金额。

未经保险人书面同意，被保险人自行承诺或支付的赔偿金额，保险人有权重新核定。不属于保险人赔偿范围或超出保险人应赔偿金额的，保险人不承担赔偿责任。

第三者责任保险的赔偿依据和赔偿标准：

（1）保险车辆发生第三者责任事故时，应当依据中国现行《道路交通事故处理办法》规定的赔偿范围、项目和标准以及保险合同的规定处理。

（2）根据保险单载明的责任限额核定赔偿金额。① 当被保险人按事故责任比例应负的赔偿金额超过责任限额时：赔款=责任限额×（1－免赔率）。② 当被保险人按事故责任比例应负的赔偿金额低于责任限额时：赔款=应负赔偿金额×（1－免赔率）。

（3）自行承诺或支付的赔偿金额：指不符合《道路交通事故处理办法》规定的赔偿范围、项目和标准以及保险合同的规定，且事先未征得保险人同意，被保险人擅自同意承担或支付的赔款。

3. 一次性赔偿原则

经保险人与被保险人协商确定赔款金额后，对被保险人追加的索赔请求，保险人不承担赔偿责任。汽车第三者责任险应遵循一次性赔偿结案的原则，保险人对第三者责任险保险事故赔偿结案后，对被保险人追加受害人的任何赔偿费用不再负责。

4. 保险的连续责任

被保险人获得赔偿后，保险合同继续有效，直至保险期限届满。第三者责任险的保险责任为连续责任。保险车辆发生第三者责任保险事故，保险人赔偿后，无论每次事故是否达到保险责任限额，在保险期限内，第三者责任险的保险责任仍然有效，直至保险期满。

（四）保险期限

保险期限为一年，以保单载明的起讫时间为准。

（五）保险人及投保人、被保险人的义务

1. 保险人的义务

（1）保险人在投保时，应向投保人说明投保险种的保险责任、责任免除、保险期限、保险费及支付办法、投保人和被保险人的义务等内容。

（2）保险人应及时受理被保险人的事故报案，并尽快进行查勘。保险人接到报案后48 小时内未进行查勘且未给予受理意见，造成财产损失无法确定的，以被告人提供的财产损毁照片、损失清单、事故证明和修理发票作为赔付理算依据。

（3）保险人受到被保险人的索赔请求后，应及时作出核定。① 保险人应根据事故性质、损失情况，及时向被保险人提供索赔须知；审核索赔材料后认为证明和资料不完整的，应当及时通知被保险人补充提供有关的证明和资料。② 在被保险人提供了各种必要单证后，保险人应当迅速审查核定，并将核定结果及时通知被保险人。③ 对属于保险责任的，保险人应在与被保险人达成赔偿协议后 10 日内支付。

（4）保险人对于在办理保险业务中知晓的投保人、被保险人的业务和财产情况及个人隐私，负有保密的责任和义务。

2. 投保人、被保险人的义务

（1）投保人应如实填写投保单并回答保险人提出的问题，履行如实告知义务，并提供被保险机动车行驶证复印件、机动车登记证书复印件，如指定驾驶员的，应同时提供被指定驾

驶员的驾驶证复印件。

在保险期内，被保险机动车改装、加装或从事营业运输等，导致被保险机动车危险程度增加的，应当及时书面通知保险人。否则，因机动车危险程度增加而发生的保险事故，保险人不承担赔偿责任。

（2）投保人应当在保险合同成立时交清保险费；保费交清前发生保险事故的，保险人不承担赔偿责任。

（3）发生保险事故时，被保险人应当及时采取合理的、必要的施救措施和保护措施，防止或者减少损失，并在事故发生后48小时内通知保险人。否则，造成损失无法确定或者扩大的部分，保险人不承担赔偿责任。

（4）发生保险事故后，被保险人应当积极协助保险人进行现场查勘。被保险人在索赔时应当提供有关的证明材料。发生与保险赔偿有关的仲裁或者诉讼时，被保险人应及时书面通知保险人。

（六）合同的变更与终止

（1）保险合同的内容如需变更，须经保险人与投保人书面协商一致。

（2）在保险期限内，被保险机动车转让他人的，投保人应当书面通知保险人并办理批改手续。

（3）保险责任开始前，投保人要求解除保险合同的，应当向保险人支付应交保险费的5%的退保手续费，保险人应当退还保险费。

保险责任开始后，投保人要求解除保险合同的，自通知保险人之日起，保险合同解除。保险人按照短期月费率收取自保险责任开始之日起至合同解除之日止期间的保险费，并退还剩余部分保险费。短期月费率见表5.6。

表 5.6　机动车第三者责任保险短期月费率

保险期间（月）	1	2	3	4	5	6	7	8	9	10	11	12
短期月费率（%）	10	20	30	40	50	60	70	80	85	90	95	100

注：保险期限不足一个月的部分，按照一个月计算。

（七）保险费率的调整

保险费率调整的比例和方式以保险监管部门批准的机动车保险费率方案的规定为准。该保险及其附加险根据上一保险期间发生保险赔偿的次数，在续保时实行保险费浮动。

四、机动车车上人员责任保险

车上人员责任保险算是车辆商业险的主要保险，其主要功能是赔偿车辆因交通事故造成的车内人员的伤亡损失。这个保险对于车主们都很重要，因为在车内的人员一般都是自己身边重要的人，为他们买一份保险，也是必要的。

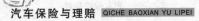

（一）机动车车上人员责任保险的含义

车上人员责任保险又叫车上座位责任保险或车上责任保险，是一种车辆商业险附加险，负责赔偿保险车辆因交通意外造成的本车人员伤亡损失。

（二）机动车车上人员责任保险的责任

保险期限内，被保险机动车发生意外交通事故造成车上人员的人身伤亡，依法应当由被保险人承担的损害赔偿责任，保险人依照保险合同的约定负责赔偿。

（三）机动车车上人员责任保险的责任免除

第一，被保险机动车造成下列人身伤亡，不论在法律上是否应当由被保险人承担赔偿责任，保险人均不负责赔偿：

（1）因违章搭乘造成的人身伤亡；

（2）由于被保险人或驾驶员的故意行为造成的人身伤亡；

（3）被保险人及驾驶人以外的其他车上人员的故意、重大过失行为造成的自身伤亡；

（4）本车上的人员因疾病、分娩、自残、斗殴、自杀、犯罪行为所致的人身伤亡；

（5）乘客在车下时所受的人身伤亡；

（6）其他不属于保险责任范围内的损失和费用。

第二，下列情况，无论任何原因造成的对车上人员的损害赔偿责任，保险人均不负责赔偿：

（1）地震、战争、军事冲突、恐怖活动、暴乱、扣押、收缴、没收、政府征用。

（2）竞赛、测试，营业性维修、养护场所修理、养护期间。

（3）利用被保险车辆从事违法活动。

（4）驾驶人饮酒、吸食毒品或注射毒品、被药物麻醉后使用被保险车辆。

（5）事故发生后，被保险人或其允许的驾驶人在未依法采取措施的情况下驾驶被保险机动车逃离事故现场，或故意破坏、伪造现场，毁灭证据。

（6）驾驶人有下列情形之一者：无驾驶证或者驾驶证有效期已届满；驾驶的被保险车辆与驾驶证载明的准驾车型不符；持未按规定审验的驾驶证，以及在暂扣、吊销、注销驾驶证期间驾驶被保险机动车。

（7）非被保险人允许的驾驶人使用被保险机动车。

（8）被保险机动车转让他人，未向保险人办理批改手续。

（9）除另有约定外，发生保险事故时，被保险车辆无公安交通管理部门核发的行驶证和号牌，或未按规定检验、检验不合格。

第三，下列损失和费用，保险人不负责赔偿：

（1）精神损害赔偿；

（2）因污染（含放射性污染）造成的人身伤亡；

（3）仲裁或者诉讼费用以及其他的相关费用；

（4）应当由机动车交通事故责任强制保险赔偿的损失和费用。

第四，关于免赔率的规定。保险人在依据保险合同约定计算赔款的基础上，在保险单载明的责任限额内，根据驾驶人在交通事故中所负事故责任比例，按照下列免赔率免赔：

（1）负全部责任的免赔 15%；

（2）负主要责任的免赔 10%；

（3）负同等责任的免赔 8%；

（4）负次要责任的免赔 5%；

（5）单方肇事事故的免赔率为 15%。

（四）机动车车上人员责任保险的责任限额

车上人员每次事故每人限额和投保座位数由投保人和保险人在投保时协商确定。一般每个座位保额按照 1 万～5 万确定，投保座位数以被保险机动车的核定载客数为限。发生车上人员的人身伤亡后，按以下方法计算车上人员的赔偿金额：

（1）当被保险人按事故责任比例应负的赔偿金额高于每座赔偿限额时：赔款=每座赔偿限额×（1－事故责任免赔率）×（1－绝对免赔率）。

（2）当被保险人按事故责任比例应负的赔偿金额等于或低于每座赔偿限额时：赔款=应负赔偿金额×（1－事故责任免赔率）×（1－绝对免赔率）。

（五）保险期限

保险期限为一年，以保单载明的起讫时间为准。

（六）投保人及被保险人的义务

（1）投保人应如实填写投保单并回答保险人提出的问题，履行如实告知义务，并提供被保险机动车行驶证复印件、机动车登记证书复印件，如指定驾驶员的，应同时提供被指定驾驶员的驾驶证复印件。

在保险期内，被保险机动车改装、加装或从事营业运输等，导致被保险机动车危险程度增加的，应当及时书面通知保险人。否则，因机动车危险程度增加而发生的保险事故，保险人不承担赔偿责任。

（2）投保人应当在保险合同成立时交清保险费；保费交清前发生保险事故的，保险人不承担赔偿责任。

（3）发生保险事故时，被保险人应当及时采取合理的、必要的施救措施和保护措施，防止或者减少损失，并在事故发生后 48 小时内通知保险人。否则，造成损失无法确定或者扩大的部分，保险人不承担赔偿责任。

（4）发生保险事故后，被保险人应当积极协助保险人进行现场查勘。被保险人在索赔时应当提供有关的证明材料。发生与保险赔偿有关的仲裁或者诉讼时，被保险人应及时书面通知保险人。

（七）赔偿处理

（1）被保险人索赔时，应当向保险人提供与确认保险事故的性质、原因、损失程度等有关的证明材料，应当提供保险单、损失清单、有关费用单据、被保险机动车行驶证和发生事故时驾驶人的驾驶证。

属于道路交通事故的，被保险人应当提供公安机关交通管理部门或者法院等机构出具的事故证明、有关的法律文书（判决书、调解书、裁定书、裁决书等）和通过机动车交通事故责任强制保险获得赔偿金额的证明材料。属于非交通事故的，要提供相关的事故证明。

（2）被保险机动车与其他机动车发生交通事故的，保险人依照被保险机动车驾驶人在事故中所负的责任比例，承担相应的赔偿责任。

公安交通管理部门处理事故未确定事故责任比例的，保险人按照下列规定确定事故责任比例：被保险机动车负主要事故责任的，事故责任比例为70%；被保险机动车负同等事故责任的，事故责任比例为50%；被保险机动车负次要事故责任的，事故责任比例为30%。

（3）车上人员的人身伤亡按照国家有关法律、法规规定的赔偿范围、项目和标准以及保险合同的约定进行赔偿，车上人员的每人赔偿金额不超过保险单载明的每人责任限额，赔偿人数以投保座位数为限。

保险人按照国家基本医疗保险的标准核定医疗费用的赔偿金额。

未经保险人书面同意，被保险人自行承诺或支付的赔偿金额，保险人有权重新核定。不属于保险人赔偿范围或者超出保险人应赔偿的金额的，保险人不承担赔偿责任。

（4）被保险机动车重复保险的，保险人按照保险合同的责任限额与各保险合同责任限额的总和比例承担赔偿责任。其他保险人应承担的赔偿金额，保险人不负责赔偿和垫付。

（5）保险人受理报案、现场查勘、参与诉讼、进行抗辩、向被保险人提供专家建议、要求提供证明材料等行为，均不构成保险人对赔偿责任的承诺。

（6）保险人支付赔款后，对被保险人追加的索赔请求，保险人不承担赔偿责任。

（7）被保险人获得赔偿后，保险合同继续有效，直至保险期限届满。

（八）合同变更和终止

（1）保险合同的内容如需变更，须经保险人与投保人书面协商一致。

（2）在保险期限内，被保险机动车转让他人的，投保人应当书面通知保险人并办理批改手续。

（3）保险责任开始前，投保人要求解除保险合同的，应当向保险人支付应交保险费的5%的退保手续费，保险人应当退还保险费。

保险责任开始后，投保人要求解除保险合同的，自通知保险人之日起，保险合同解除。保险人按照短期月费率收取自保险责任开始之日起至合同解除之日止期间的保险费，并退还剩余部分保险费。机动车车上人员责任保险短期月费率见表5.7。

表5.7　机动车车上人员责任保险短期月费率

保险期间（月）	1	2	3	4	5	6	7	8	9	10	11	12
短期月费率（%）	10	20	30	40	50	60	70	80	85	90	95	100
注：保险期限不足一个月的部分，按照一个月计算。												

（九）保险费率的调整

保险费率调整的比例和方式以保险监管部门批准的机动车保险费率方案的规定为准。该保险及其附加险根据上一保险期间发生保险赔偿的次数，在续保时实行保险费浮动。机动车车上人员责任保险费率见表5.8。车上人员责任险保费=保险金额×保险费率×座位数。

表 5.8 机动车车上人员责任保险费率

车辆用途	车辆规格	驾驶员	乘客
家庭自用车	6 座以下	0.42%	0.27%
	6～10 座	0.40%	0.26%
	10 座以上	0.40%	0.26%
企业非营运车	6 座以下	0.42%	0.26%
	6～10 座	0.39%	0.23%
	10～20 座	0.40%	0.24%

五、机动车附加险及特约条款

机动车保险当中的附加险及特约条款，不能单独投保。即只有投保了机动车第三者责任保险或者机动车车辆损失保险，才能投保附加险和特约条款。有的附加险和特约条款是在投了机动车第三者责任保险后才能投保，有的要在投保了机动车车辆损失险之后才能投保，还有的则要在投保了这两类保险之后才能投保。

以下的附加险和特约条款是在保险行业中采用机动车商业保险行业基本条款 A 款的保险公司所经营的附加险业务。

（一）全车盗抢险

投保了机动车车辆损失保险的机动车，可投该附加险。

1. 保险责任

（1）被保险机动车被盗窃、抢劫、抢夺，经出险当地县级以上公安刑侦部门立案证明，满 60 天未查明下落的全车损失。

（2）被保险机动车全车被盗抢、抢夺、抢劫后，受到损坏或车上零部件、附属设备丢失需要修复的合理费用。

（3）被保险机动车在被抢劫、抢夺过程中，受到损坏需要修复的合理费用。

2. 责任免除

（1）非全车遭盗窃，仅车上零部件或附属设备被盗窃或损坏。

（2）被保险机动车被诈骗、收缴、没收、扣押造成的损失。

（3）被保险人因民事、经济纠纷而导致被保险机动车被抢劫、抢夺。

（4）租赁机动车与承租人同时失踪。

（5）全车被盗抢、抢劫、抢夺期间，被保险机动车造成第三者人身伤亡或财产损失。

（6）被保险人及其家庭成员、被保险人允许的驾驶人的故意行为或违法行为造成的损失。

（7）被保险人索赔时，未能提供机动车停驶手续或出险当地县级以上公安刑侦部门出具的盗抢立案证明。

3. 保险金额

保险金额由投保人和保险人在投保时被保险机动车的实际价值内协商决定。

4. 赔偿处理

（1）被保险人知道被保险机动车被盗抢、抢劫、抢夺后，应在 24 小时内向出险当地公安刑侦部门报案，并通知保险人。

（2）被保险人索赔时，须提供保险单、《机动车行驶证》、《机动车登记证书》、机动车来历凭证、车辆购置税完税证明（车辆购置附加费缴费证明）或免税证明、机动车停驶手续以及出险当地县级以上公安刑侦部门出具的盗抢立案证明。

（3）全车损失，在保险金额内计算赔偿，并实行 20%的免赔率。被保险人未能提供《机动车行驶证》、《机动车登记证书》、机动车来历凭证、车辆购置税完税证明（车辆购置附加费缴费证明）或免税证明的，每缺少一项，增加 1%的免赔率。部分损失，在保险金额内按照实际修复费用计算赔偿。

（4）保险人确认索赔单证齐全、有效后，被保险人签具权益转让书，保险人赔付结案。

（5）被保险机动车全车被盗抢、抢劫、抢夺后被找回的：保险人尚未支付赔款的，被保险机动车应当归还被保险人。保险人已经支付赔款的，被保险机动车应归还被保险人，被保险人应将赔款返还给保险人；被保险人不同意收回被保险机动车、被保险机动车的所有权归还保险人，被保险人应协助保险人办理有关手续。

（二）玻璃单独破碎险

投保了机动车车辆损失保险的机动车，可投保该附加险。

1. 保险责任

被保险机动车风挡玻璃或车窗玻璃的单独破碎，保险人负责赔偿。

2. 投保方式

投保人与保险人可协商选择按照进口货国产玻璃投保。保险人根据协商选择的投保方式承担相应的赔偿责任。

3. 责任免除

安装、维修机动车过程中造成的玻璃单独破碎。

（三）自燃损失险

投保了家庭自用汽车的车辆损失保险的机动车，可投保该附加险。

1. 保险责任

（1）因被保险机动车电器、线路、供油系统、供气系统发生故障或所载货物自身原因起火燃烧造成本车的损失。

（2）发生保险事故时，被保险人为防止或者减少被保险机动车的损失所支付的必要的、合理的施救费用。

2. 责任免除

（1）自燃仅造成电器、线路、供油系统、供气系统的损失。

（2）所载货物自身的损失。

3. 保险金额

保险金额由投保人和保险人在投保时被保险机动车的实际价值内协商决定。

4. 赔偿处理

（1）全部损失，在保险金额内计算赔偿；部分损失，在保险金额内按照实际修理费用计算赔偿。

（2）每次赔偿实行 20%的免赔率。

（四）火灾、爆炸、自燃损失险

投保了营业用汽车损失保险的机动车，可投保该附加险。

1. 保险责任

（1）火灾、爆炸、自燃造成被保险车辆的损失。

（2）发生保险事故时，被保险人为防止或者减少被保险机动车的损失所支付的必要的、合理的施救费用。

2. 责任免除

（1）自燃仅造成电器、线路、供油系统、供气系统的损失。

（2）所载货物自身的损失。

（3）轮胎爆裂的损失，人工直接供油、高温烘烤造成的损失。

3. 保险金额

保险金额由投保人和保险人在投保时被保险机动车的实际价值内协商决定。

4. 赔偿处理

（1）全部损失，在保险金额内计算赔偿；部分损失，在保险金额内按照实际修理费用计算赔偿。

（2）每次赔偿实行 20%的免赔率。

（五）新增加设备损失保险

投保了机动车车辆损失保险的机动车，可投保该附加险。

1. 保险责任

投保了该附加险的被保险机动车辆因发生机动车损失保险责任范围内的事故，造成车上新增加设备的直接损毁，保险人在保险单载明的本附加险的保险金额内，按照实际损失计算赔偿。

2. 保险金额

保险金额根据新增加设备的实际价格确定。新增加设备的实际价格是指新增加设备的购置价减去折旧金额后的金额。新增加设备的折旧率以本条款对应的主险条款规定为准。

3. 赔偿处理

每次赔偿的免赔率以本条款所对应的主险条款规定为准。

4. 其他事项

本保险所指新增加设备，是指被保险机动车出厂时原有各项设备外，被保险人加装的设备及设施。投保时，应当列明车上新增加设备明细表及价格。

（六）机动车停驶损失险

投保了机动车车辆损失保险的机动车，可投保该附加险。

1. 保险责任

因发生机动车损失保险的保险事故，致使被保险机动车停驶，保险人在保险单载明的保险金额内承担赔偿责任。

2. 责任免除

下列情况导致被保险机动车停驶的，保险人不承担赔偿责任：

（1）被保险人或驾驶人未及时将被保险车辆送修或者拖延修理时间的。

（2）因修理质量不合格重修的。

3. 保险金额

保险金额按照投保时约定的日赔偿金额乘以约定的赔偿天数确定；约定的日赔偿金额最高为 300 元，约定的赔偿天数最长为 60 天。

4. 赔偿处理

全车损失，按照保险单载明的保险金额计算赔偿；部分损失，在保险金额内按约定的日赔偿金额乘以从送修之日起至修复之日止的实际天数计算赔偿，实际天数超过双方约定修理天数的，以双方约定的修理天数为准。

在保险期限内，赔款金额累计达到保险单载明的保险金额，该附加保险的保险责任终止。

（七）车上货物责任险

投保了机动车第三者责任保险的机动车，可投保该附加险。

1. 保险责任

发生意外事故，致使被保险机动车所载货物遭受直接损毁，依法应当由被保险人承担的损害赔偿责任，保险人负责赔偿。

2. 责任免除

（1）偷盗、哄抢、自然损耗、本身缺陷、煅烧、死亡、腐烂、变质造成的货物损失。
（2）违法、违章载运或者因包装不善造成的损失。
（3）车上人员携带的私人物品。
（4）应当由机动车交通事故责任强制保险赔偿的损失和费用。

3. 责任限额

责任限额由投保人和保险人在投保时协商确定。

4. 赔偿处理

被保险人索赔时，应提供运单、起运地货运价格证明等相关单据。保险人在责任限额内按起运地价格计算赔偿，每次赔偿实行20%的免赔率。

（八）发动机特别损失险

投保了家庭自用车或非营业用汽车车辆损失保险的机动车，可投保该附加险。

1. 保险责任

投保了本附加险的被保险机动车在使用过程中，因下列原因导致发动机进水而造成发动机直接损毁的，保险人负责赔偿：
（1）被保险机动车在过水路面涉水行驶。
（2）被保险机动车在水中启动。
（3）发生上述保险事故时被保险人或其允许的驾驶员对被保险机动车采取施救、保护措施所支出的合理费用。

2. 赔偿处理

（1）在发生保险事故时被保险机动车的实际价格内计算赔偿，但不超过被保险机动车的保险金额。
（2）每次赔偿均实行20%的免赔率。

（九）随车行李物品损失保险

投保了家庭自用车或非营业用汽车车辆损失保险的机动车，可投保该附加险。

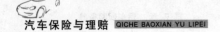

1. 保险责任

投保了本附加险的机动车因发生机动车损失保险责任范围内的事故，造成车上所载行李物品的直接损毁，保险人在保单载明的本附加险的保险金额内，对实际损失依据被保险机动车驾驶人在事故中所负的责任比例，承担相应的赔偿责任。

2. 责任免除

（1）下列财产的损失，保险人不负责赔偿：

① 金银、珠宝、钻石及制品、玉器、水晶制品、首饰、古玩、字画、邮票、艺术品、稀有金属等珍贵物品。

② 货币、票证、有价证券、文件、书籍、账册、图表、技术资料、电脑资料、枪支弹药以及无法鉴定价值的物品。

③ 电话、电视、音像设备及制品、电脑及软件。

④ 国家明文规定的违禁物品、易燃、易爆物品以及其他危险物品。

⑤ 动物、植物。

⑥ 用于商业和贸易目的的货物或样品。

（2）行李物品丢失和被盗窃、抢劫、抢夺，以及因丢失和被盗窃、抢劫、抢夺受到的损坏，保险人不负责赔偿。

3. 保险金额

本附加险的保险金额由保险人和投保人在投保时协商确定，并在保险单中载明。

4. 赔偿处理

（1）被保险人向保险人申请索赔时，应提供证明损失物品价值的相关凭据和残骸以及其他与确认保险事故性质、原因、损失程度等有关的证明和材料。

（2）在保险期限内，赔款金额累计达到保险单载明的本附加保险的保险金额，该附加险保险责任终止。

（十）油污污染责任保险

投保人在同时投保了机动车车辆损失险和第三者责任险的基础上，可投该附加险。

1. 保险责任

在保险期限内，被保险机动车在使用过程中发生意外事故，由于被保险机动车或第三方机动车自身油料或所载油料造成道路污染损失及清理费用，依法应由被保险人承担的损害赔偿责任，保险人依照合同约定负责赔偿。

2. 责任免除

（1）道路以外的污染。

（2）由于污染所导致的罚款及任何间接的损失。

（3）应当由机动车交通事故责任强制保险赔偿的损失和费用。

3. 责任限额

每次事故责任限额由投保人和保险人按照 5 万元、10 万元、20 万元、30 万元、50 万元的档次协商确定。

4. 赔偿处理

（1）保险事故发生后，根据法院、仲裁机构依法判决、裁定、裁决或调解，或者经事故双方当事人协商一致并经保险人书面同意的，应由被保险人承担的损害赔偿责任，保险人在保险单载明的本附加保险责任限额内给予赔偿。

（2）被保险人索赔时，应提供公安交通管理部门、交通行政管理部门等出具的事故证明、事故现场记录以及其他确认保险事故的性质、原因、损失程度等有关的证明和资料。

（3）每次事故赔偿实行 20%的免赔率。

（十一）附加机动车出境保险

投保人在同时投保了机动车车辆损失险和第三者责任险的基础上，可投保该附加险。

1. 保险责任

经双方同意并在保单上载明，保险人以承保的机动车损失保险、机动车第三者责任保险的保险责任扩展至我国香港、澳门或与我国接壤的其他国家和地区。

扩展区域从出境处起算，由投保人和保险人按照 200 公里、500 公里和 1 000 公里的半径范围来确定。

2. 责任免除

出境后，在非约定区域内被保险机动车发生事故造成损失的，保险人不负责赔偿。

3. 其　他

本附加险生效后，投保人不得退保。

（十二）拖车服务特约条款

投保了家庭自用汽车损失保险或者非营业用汽车损失保险的机动车，可附加该特约条款。

1. 保险责任

在约定区域内，被保险机动车因发生意外事故或故障而丧失行驶能力，经被保险人请求，保险人或者其受托人向被保险人提供将保险机动车拖至上述约定区域内修理场所的拖车服务，因此产生的服务费用，由保险人依照特约条款的约定承担。

2. 责任免除

（1）非保险人或其受托人提供拖车服务所产生的费用，保险人不负责赔偿。

（2）法律或者国家有关部门规定不允许进入的区域，保险人不提供服务并不承担相关的费用。

（3）其他不属于特约条款约定的保险责任范围内的损失和费用，保险人不负责赔偿。

（十三）送油、充电服务特约条款

投保了家庭自用汽车损失保险或者非营业用汽车损失保险的机动车，可附加该特约条款。

1. 保险责任

在约定区域内，被保险机动车因缺油、缺电而无法行驶，经被保险人请求，由保险人或其受托人提供送油、充电服务，因此产生的服务费用，由保险人依照特约条款的约定承担。

2. 责任免除

（1）非保险人或其受托人提供送油、充电服务所产生的费用，保险人不负责赔偿。

（2）油料的成本费用，保险人不负责赔偿。

（3）所更换的蓄电池或其他零部件的成本费用，保险人不负责赔偿。

（4）法律或者国家有关部门规定不允许进入的区域，保险人不提供服务并不承担相关的费用。

（5）其他不属于特约条款约定的保险责任范围内的损失和费用，保险人不负责赔偿。

（十四）更换轮胎服务特约条款

投保了家庭自用汽车损失保险或者非营业用汽车损失保险的机动车，可附加该特约条款。

1. 保险责任

在约定区域内，被保险机动车因轮胎损坏而无法行驶，经被保险人请求，由保险人或其受托人提供轮胎更换服务，因此产生的服务费用，由保险人依照特约条款的约定承担。

2. 责任免除

（1）非保险人或其受托人提供更换轮胎服务所产生的费用，保险人不负责赔偿。

（2）所换轮胎的成本费用，保险人不负责赔偿。

（3）法律或者国家有关部门规定不允许进入的区域，保险人不提供服务并不承担相关的费用。

（4）其他不属于特约条款约定的保险责任范围内的损失和费用，保险人不负责赔偿。

（十五）不计免赔率特约条款

投保了第三者责任险或者机动车损失险的机动车，可附加该特约条款。

经特别约定，保险事故发生后，按照对应保险的主险条款规定的免赔率计算的、应当由被保险人自行承担的免赔金额部分，保险人负责赔偿。

下列情况下，应当由被保险人自行承担的免赔金额部分，保险人不负责赔偿：

（1）机动车损失保险中应当由第三方负责赔偿而无法找到第三方的。

（2）因违反安全装载规定增加的。

（3）被保险人根据有关法律法规选择自行协商方式处理交通事故但不能证明事故原因的。

（4）投保时指定驾驶人，保险事故发生时为非指定驾驶人使用被保险机动车而增加的。

（5）投保时约定行驶区域，保险事故发生在约定行驶区域以外而增加的。

（6）因保险期间内发生多次保险赔偿而增加的。

（7）附加险条款中规定的。

（十六）教练车特约条款

投保了第三者责任险或机动车损失保险的专用教练车，可附加该特约条款。

对于尚未取得合法机动车驾驶证，但已通过合法教练机构正式学车手续的学员，在固定练习场所或者指定路线，并有合格教练随车指导的情况下驾驶被保险机动车辆时，发生对应投保主险保险责任范围内事故，保险人负责赔偿。

（十七）代步机动车服务特约条款

投保了家庭自用汽车损失保险或非营业用汽车损失保险的9座以下的客车，可附加该特约条款。

1. 保险责任

被保险机动车因遭受机动车损失保险合同约定的保险事故而修理，且被保险人在修理期限内需要代步机动车并提出请求的，保险人依照特约条款的约定提供代步机动车。

2. 责任免除

具有下列情形之一的，保险人不负责提供代步机动车：

（1）被保险机动车处于查封、扣押期间的。

（2）被保险机动车因修理质量不合格、处于返修期间的。

（3）被保险人或者驾驶人未及时将被保险机动车送修或者拖延修理时间的。

（4）被保险机动车发生全车损失或者推定全损的。

（5）机动车损失保险合同约定的保险事故以外的原因造成被机动车损失的。

3. 服务期限

（1）被保险人依照该特约条款要求提供代步机动车服务的，应当在保险事故发生后及时向保险人提出请求，与保险人协商确定机动车的修理期限。

（2）保险人提供的代步机动车服务期限与修理期限一致。实际修理期限少于协商确定的修理期限的，以实际修理期限为准；实际修理期限超过确定修理期限的，以协商确定的修理期限为准。

（3）保险人对每次提供代步机动车服务的期限进行累计计算，累计服务期限最长为60日。

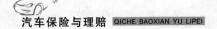

4. 责任终止

具有下列情形之一的，该特约条款的保险责任终止：

（1）机动车损失保险合同终止的。

（2）保险人提供代步机动车的累计服务达到 60 日的。

（3）本特约条款依照法律、行政法规规定或投保人与保险人的约定终止的。

5. 其他事项

（1）保险人提供的代步机动车仅满足被保险人基本的日常代步需要，具体机动车的品牌型号由保险人确定。

（2）被保险人使用保险人提供的代步机动车期间，除代步机动车租金以外的一切费用、责任或损失，保险人均不负责承担。

（十八）可选免赔特约条款

投保了机动车损失保险的机动车可附加本特约条款。保险人按照投保人选择的免赔额给予相应的保险费优惠。

被保险机动车发生机动车损失保险合同约定的保险事故，保险人在按照机动车损失保险合同的约定计算赔款后，扣减本特约条款约定的免赔额。

（十九）异地出险住宿费特约条款

投保人在投了机动车车辆损失保险和第三者责任保险的基础上，可附加本特约条款。

1. 保险责任

保险期限内，被保险机动车在保险合同签订地的地市级行政区域外发生机动车损失保险或第三者责任保险合同约定的保险事故，因在事故发生地修理被保险机动车或处理保险事故，被保险人或其受托人在事故发生地所在的地市级行政区域内发生的必要的、合理的住宿费，保险人依照本特约条款的约定负责赔偿。

2. 保险金额

保险金额由投保人和保险人在签订保险合同时按照 500 元、800 元、1 000 元的档次协商确定。

3. 责任免除

（1）被保险人或其受托人在事故发生地所在的地市级行政区域以外的地点发生的住宿费，保险人不负责赔偿。事故发生地为直辖市的，对被保险人或其受托人在直辖市行政区域以外的地点发生的住宿费，保险人不负责赔偿。

（2）被保险人不能提供本特约条款约定的住宿费发票或住宿时间证明的，保险人不负责赔偿。

4. 赔偿处理

（1）被保险人索赔时应提供住宿费发票及住宿旅馆出具的住宿时间证明。

（2）保险人在保险金额内按照每日住宿费之和计算赔偿。每日住宿费按以下方式确定：每日住宿费按照同一旅馆的住宿费发票总金额除以住宿天数计算，超过 200 元的，按照 200 元计算。居住不同旅馆的，每日住宿费按前述方式分别计算。

（3）保险期限内，赔偿金额累计达到保险金额的，本特约条款保险责任终止。

（二十）新车特约条款

1. 适用范围

（1）本特约条款适用于已投保家庭自用汽车损失保险条款和不计免赔率特约条款，或者投保非营业用汽车损失保险和不计免赔率特约条款的核定 9 座以下的客车，且机动车损失保险应满足以下条件：① 保险金额按照新车购置价格确定；② 保险期限届满之日在被保险机动车初次登记之日起 37 个月内。

（2）下列机动车，不适用本特约条款：① 贷款所购的机动车；② 设置抵押权的机动车；③ 用于租赁或者营业运输的机动车。

2. 责任免除

（1）因下列人员的故意或重大过失导致被保险机动车辆的损失，保险人不负责赔偿：① 投保人、被保险人以及其家庭成员；② 被保险机动车驾驶人；③ 被保险人的代理人或者雇员。

（2）贷款所购机动车、设置抵押权的机动车以及用于租赁或营业运输的机动车发生的损失，保险人不负责赔偿。

3. 赔偿处理

（1）被保险机动车在一次保险事故中，造成被保险机动车全部损失或者部分损失且核定修理费达到协定金额，保险人选择以下方式负责赔偿：① 置换新车。以相同品牌、型号的车辆替换受损被保险机动车的方式给予赔偿。置换新车的购置价以保险金额为限。如国内市场无相同品牌、型号的车辆，则以相近型号或者相同规格、配置的车辆给予赔偿。② 支付赔款。在保险金额内按照保险事故发生时被保险机动车的新车购置价支付赔款。

协定金额是指保险金额和协定比例的乘积。协定比例由投保人和保险人在签订保险合同时按照 50%、60% 和 70% 的档次协商决定，并在保险单中载明。

（2）保险人履行赔偿义务后，被保险机动车的所有权归保险人，被保险人应协助保险人办理有关手续。

4. 其 他

保险人以置换新车或者支付赔款的方式予以赔偿后，保险合同终止，保险人不退还机动车损失保险及附加险的保险费。

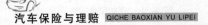

六、机动车商业保险费率

（一）汽车保险费率的确定原则

根据保险价格理论，厘定保险费率的科学方法是依据不同保险对象的客观环境和主观条件形成的危险度，采用非寿险精算的方法进行确定。但是，非寿险精算是一个纯技术的范畴，在实际经营过程中，非寿险精算仅仅是一个确定费率的基本依据和方法，而保险人确定费率还应当遵循一些基本的原则。

1. 公平合理原则

公平合理原则的核心是确保实现每一个被保险人的保费负担，基本上是依据或者反映了保险标的的危险程度。这种公平合理的原则应在两个层面加以体现：

（1）在保险人和被保险人之间。在保险人和被保险人之间体现公平合理的原则，是指保险人的总体收费应当符合保险价格确定的基本原理，尤其是在附加费率部分，不应让被保险人负担保险人不合理的经营成本和利润。

（2）在不同的被保险人之间。在被保险人之间体现公平合理是指不同被保险人的保险标的的危险程度可能存在较大的差异，保险人对不同的被保险人收取的保险费应当反映这种差异。

由于保险商品存在一定的特殊性，要实现绝对的公平合理是不可能的，所以，公平合理只能是相对的，只是要求保险人在确定费率的过程中注意体现一种公平合理的倾向，力求实现费率确定的相对公平合理。

2. 保证偿付原则

保证偿付原则的核心是确保保险人具有充分的偿付能力。保险费是保险标的的损失偿付的基本资金，所以，厘定的保险费率应保证保险公司具有相应的偿付能力，这是保险的基本职能决定的。保险费率过低，势必削弱保险公司的偿付能力，从而影响对被保险人的实际保障。

在市场经济条件下，一些保险公司在市场竞争中为了争取市场份额，盲目地降低保险费率，结果严重影响了其自身的偿付能力，损害了被保险人的利益，甚至对整个保险业和社会产生巨大的负面影响。为了防止这种现象的发生，各国对于保险费率的厘定，大都实行由同业公会制定统一费率的方式，有的国家在一定的历史时期甚至采用由国家保险监督管理部门颁布统一费率，并要求强制执行的方式，如我国2000年7月1日开始实施的《汽车保险条款》，就采取统一费率的方法。

保证偿付能力是保险费率确定原则的关键，原因是保险公司是否具有足够的偿付能力，这不仅仅影响到保险业的经营秩序和稳定，同时，也可能对广大的被保险人，乃至整个社会产生直接的影响。

3. 相对稳定原则

相对稳定原则是指保险费率厘定之后，应当在相当长的一段时间内保持稳定，不要轻易地变动。由于汽车保险业务存在保费总量大、单量多的特点，经常的费率变动势必增加保险公司的业务工作量，导致经营成本上升。同时也会给被保险人带来不便。

要实现保险费率确定相对稳定的原则，在确定保险费率时就应充分考虑各种可能影响费率的因素，建立科学的费率体系，更重要的是应对未来的趋势作出科学的预测，确保费率的适度超前，从而实现费率的相对稳定。

要求费率的确定具有一定的稳定性是相对的，一旦经营的外部环境发生了较大的变化，保险费率就必须进行相应的调整，以符合公平合理的原则。

4．促进防损原则

防灾防损是保险的一个重要职能，其内涵是保险公司在经营过程中应协调某一风险群体的利益，积极推动和参与针对这一风险群体的预防灾害和损失活动，减少或者避免不必要的灾害事故的发生。这样不仅可以减少保险公司的赔付金额和减少被保险人的损失，更重要的是可以保障社会财富，稳定企业的经营，安定人民的生活，促进社会经济的发展。为此，保险人在厘定保险费率的过程中应将防灾防损的费用列入成本，并将这部分费用用于防灾防损工作。在汽车保险业务中防灾防损职能显得尤为重要。一方面，保险公司将积极参与汽车制造商对于汽车安全性能的改进工作，如每年均有一些大的保险公司资助汽车制造商进行测试汽车安全性能的碰撞试验。另一方面，保险公司对于被保险人加强安全生产，进行防灾防损的工作也会予以一定的支持，目的是调动被保险人主动加强风险管理和防灾防损工作的积极性。

（二）保险费率的概念及模式

1．保险费率的概念

保险费率：依照保险金额计算保险费的比例，通常以千分率（‰）来表示。保险金额：简称保额，保险合同双方当事人约定的保险人于保险事故发生后应赔偿（给付）保险金的限额，它是保险人据以计算保险费的基础。保险费：简称保费，是投保人参加保险时所交付给保险人的费用。

2．保险费率的模式

在市场经济条件下，价值价格规律的核心是使价格真实地反映价值，从而体现在交易过程中公平和对价的原则。但是，如何才能实现这一目标？从被动的角度出发，可以通过市场适度和有序的竞争实现这个目标，但这往往需要付出一定的代价。从主动和积极的角度出发，保险人希望能够在市场上生存和发展，就必须探索出确定价格的科学和合理的模式。

就汽车保险而言，保险人同样希望保费设计得更精确、更合理。在不断的统计和分析研究中，人们发现影响汽车保险索赔频率和索赔幅度的危险因子很多，而且影响的程度也各不相同。每一辆汽车的风险程度是由其自身风险因子综合影响的结果，所以，科学的方法是通过全面综合地考虑这些风险因子后确定费率。通常，保险人在经营汽车保险的过程中将风险因子分为两类：

（1）与汽车相关的风险因子，主要包括汽车的种类、使用的情况和行驶时区域等。

（2）与驾驶人相关的风险因子，主要包括驾驶人的性格、年龄及婚姻状况、职业等。由此，各国汽车保险的费率模式可以划分为两大类，即从车费率模式和从人费率模式。

从车费率模式：从车费率模式是指在确定保险费率的过程中，主要以被保险车辆的风险因子作为影响费率确定因素的模式。目前，我国主要采用从车费率模式，影响费率的主要因素是被保险车辆有关的风险因子。

现行的汽车保险费率体系中，影响费率的主要因素为车辆的使用性质、车辆生产地和车

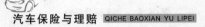

辆的种类：① 根据车辆的使用性质划分：营业性车辆与非营业性车辆。② 根据车辆的生产地划分：进口车辆与国产车辆。③ 根据车辆的种类划分：车辆种类与吨位。

除了上述三个主要的从车因素外，现行的汽车保险费率还将车辆行驶的区域作为汽车保险的风险因子，即按照车辆使用的不同地区，适用不同的费率，如在深圳和大连就采用专门的费率。

从车费率模式具有体系简单、易于操作的特点。同时，由于我国在一定的历史时期被保险的车辆大多是"公车"，驾驶人与车辆不存在必然的联系，也就不具备采用从人费率模式的条件。随着经济的发展和人民生活水平的提高，汽车正逐渐进入家庭。2003 年，各保险公司制定并执行的汽车保险条款，就开始采用从人费率模式。

从车费率模式的缺陷是显而易见的，因为在汽车的使用过程中对于风险的影响起到决定作用的是与车辆驾驶人有关的风险因子。尤其是将汽车保险特有的无赔偿优待与车辆联系，而不是与驾驶人联系，显然不利于调动驾驶人的主观能动性，其本身也与设立无赔偿优待制度的初衷相违背。

从人费率模式：从人费率模式是指在确定保险费率的过程中，主要以被保险车辆驾驶人的风险因子作为影响费率确定因素的模式。目前，大多数国家采用的汽车保险的费率模式均属于从人费率模式，其影响费率的主要因素是与被保险车辆驾驶人有关的风险因子。

各国采用的从人费率模式考虑的风险因子也不尽相同，主要有驾驶人的年龄、性别、驾驶年限和安全行驶记录等。

① 根据驾驶人的年龄划分：通常将驾驶人按年龄划分为三组，第一组是初学驾驶，性格不稳定，缺乏责任感的年轻人；第二组是具有一定驾驶经验，生理和心理条件均较为成熟，有家庭和社会责任感的中年人；第三组是与第二组情况基本相同，但年龄较大，反应较为迟钝的老年人。通常认为第一组驾驶人为高风险人群，第三组驾驶人为次高风险人群，第二组驾驶人为低风险人群。至于三组人群的年龄段则各国根据自己的不同情况来确定。

② 根据驾驶人的性格划分：男性与女性。研究表明女性群体的驾驶倾向较为谨慎，因此，相对于男性她们为低风险人群。

③ 根据驾驶人的驾龄划分：驾龄的长短可以从一个侧面反映驾驶人员的驾驶经验，通常认为从初次领证后的 1～3 年为事故多发期。

④ 根据安全记录划分：安全记录可以反映驾驶人的驾驶心理素质和对待风险的态度，经常发生交通事故的驾驶人可能存在某一方面的缺陷。

从以上对比和分析可以看出，从人费率相对于从车费率具有更科学和合理的特征，所以，我国正在积极探索，逐步将从车费率的模式过渡到从人费率的模式。

（三）基本险和附加险保费的计算方法

车辆损失险和第三者责任险保费的计算。

车辆损失险的保费计算：按照投保人类别、车辆用途、座位数、车辆使用年限、新车购置价等所属档次查找基础保费和费率。

保费＝基础保费＋（实际新车购置价－新车购置价所属档次的起点）×费率

（四）机动车商业保险费率表（A款，表 5.9）

表 5.9　机动车商业保险费率表（A款）

（中国保险行业协会制定）

单位：元

车种\险别		第三者责任保险						
家庭自用汽车与非营业用车		50 000	100 000	150 000	200 000	300 000	500 000	1 000 000
家庭自用汽车	6 座以下	812	1 137	1 283	1 380	1 543	1 746	1 989
	6～10 座	860	1 203	1 358	1 461	1 633	1 848	2 106
企业非营业客车	6 座以下	773	1 082	1 221	1 314	1 468	1 661	1 893
	6～10 座	818	1 146	1 293	1 391	1 555	1 759	2 005
	10～20 座	901	1 261	1 423	1 531	1 711	1 936	2 207
	20 座以上	1 007	1 410	1 592	1 713	1 914	2 166	2 468
党政机关、事业团体非营业客车	6 座以下	734	1 028	1 160	1 248	1 395	1 578	1 799
	6～10 座	778	1 089	1 229	1 322	1 478	1 672	1 906
	10～20 座	856	1 198	1 352	1 455	1 626	1 840	2 096
	20 座以上	957	1 340	1 512	1 627	1 819	2 058	2 345
非营业货车	2 吨以下	816	1 142	1 289	1 387	1 550	1 754	1 999
	2～5 吨	1 200	1 679	1 895	2 039	2 279	2 579	2 939
	5～10 吨	1 326	1 857	2 095	2 255	2 520	2 851	3 249
	10 吨以上	1 794	2 512	2 835	3 050	3 409	3 858	4 396
	低速载货汽车	693	971	1 096	1 179	1 317	1 491	1 699

单位：元

车种\险别		机动车损失保险							
家庭自用汽车与非营业用车		1 年以下		1～2 年		2～6 年		6 年以上	
		基础保费	费率	基础保费	费率	基础保费	费率	基础保费	费率
家庭自用汽车	6 座以下	646	1.54%	616	1.46%	609	1.45%	628	1.49%
	6～10 座	776	1.54%	739	1.46%	731	1.45%	753	1.49%
企业非营业客车	6 座以下	0	0.00%	0	0.00%	0	0.00%	0	0.00%
	6～10 座	0	0.00%	0	0.00%	0	0.00%	0	0.00%
	10～20 座	0	0.00%	0	0.00%	0	0.00%	0	0.00%
	20 座以上	0	0.00%	0	0.00%	0	0.00%	0	0.00%
党政机关、事业团体非营业客车	6 座以下	0	0.00%	0	0.00%	0	0.00%	0	0.00%
	6～10 座	0	0.00%	0	0.00%	0	0.00%	0	0.00%
	10～20 座	0	0.00%	0	0.00%	0	0.00%	0	0.00%
	20 座以上	0	0.00%	0	0.00%	0	0.00%	0	0.00%

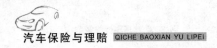

续　表

车种\险别		机动车损失保险							
家庭自用汽车与 非营业用车		1 年以下		1～2 年		2～6 年		6 年以上	
		基础保费	费率	基础保费	费率	基础保费	费率	基础保费	费率
非营业货车	2 吨以下	297	1.14%	283	1.09%	280	1.08%	289	1.11%
	2～5 吨	384	1.47%	365	1.40%	362	1.39%	373	1.43%
	5～10 吨	419	1.61%	399	1.53%	395	1.52%	407	1.56%
	10 吨以上	276	1.96%	263	1.86%	261	1.85%	268	1.90%
	低速载货汽车	253	0.97%	241	0.92%	238	0.92%	245	0.94%

单位：元

车种\险别		第三者责任保险						
营业用客车与特种车		50 000	100 000	150 000	200 000	300 000	500 000	1 000 000
城市公交营业客车	6 座以下	1 760	2 640	3 062	3 344	3 872	4 663	5 367
	6～10 座	1 907	2 861	3 319	3 624	4 196	5 055	5 818
	10～20 座	2 098	3 147	3 651	3 987	4 616	5 560	6 400
	20～36 座	3 211	4 817	5 587	6 101	7 065	8 510	9 794
	36 座以上	3 468	5 202	6 034	6 589	7 630	9 190	10 577
城市公交 营业客车	6～10 座	1 870	2 805	3 254	3 553	4 114	4 956	5 704
	10～20 座	2 058	3 087	3 581	3 910	4 528	5 454	6 277
	20～36 座	3 148	4 722	5 477	5 981	6 925	8 342	9 601
	36 座以上	3 400	5 101	5 917	6 461	7 481	9 011	10 371
公路客运 营业客车	6～10 座	1 831	2 746	3 185	3 478	4 027	4 851	5 583
	10～20 座	2 014	3 021	3 505	3 827	4 431	5 338	6 144
	20～36 座	3 081	4 622	5 361	5 854	6 779	8 165	9 398
	36 座以上	3 328	4 991	5 790	6 322	7 321	8 818	10 149
营业货车	2 吨以下	1 448	2 244	2 635	2 896	3 403	4 054	4 634
	2～5 吨	2 409	3 733	4 383	4 817	5 660	6 743	7 707
	5～10 吨	2 662	4 126	4 844	5 323	6 256	7 453	8 518
	10 吨以上	3 957	6 132	7 200	7 912	9 297	11 077	12 660
	低速载货汽车	1 231	1 908	2 240	2 462	2 892	3 446	3 939
特种车	特种车型一	3 957	6 132	7 200	7 912	9 297	11 077	12 660
	特种车型二	1 287	1 646	1 856	2 049	2 478	3 085	3 978
	特种车型三	641	812	911	1 002	1 206	1 496	1 917
	特种车型四	3 759	5 826	6 840	7 912	9 762	11 631	13 293

单位：元

车种\险别		机动车损失保险							
		基础保费	费率	基础保费	费率	基础保费	费率	基础保费	费率
出租、租赁营业客车	6 座以下	935	2.84%	926	2.82%	916	2.79%	935	2.84%
	6～10 座	1 090	2.27%	1 079	2.25%	1 068	2.22%	1 090	2.27%
	10～20 座	1 112	2.06%	1 101	2.04%	1 090	2.02%	1 112	2.06%
	20～36 座	1 009	2.02%	999	2.00%	989	1.98%	1 009	2.02%
	36 座以上	2 939	2.31%	2 909	2.29%	2 880	2.26%	2 939	2.31%
城市公交营业客车	6～10 座	928	1.88%	919	1.86%	910	1.84%	928	1.88%
	10～20 座	947	1.71%	937	1.69%	928	1.68%	947	1.71%
	20～36 座	861	1.68%	853	1.66%	844	1.65%	861	1.68%
	36 座以上	2 473	1.92%	2 448	1.90%	2 424	1.88%	2 473	1.92%
公路客运营业客车	6～10 座	1 052	2.18%	1 041	2.16%	1 031	2.13%	1 052	2.18%
	10～20 座	1 073	1.98%	1 062	1.96%	1 052	1.94%	1 073	1.98%
	20～36 座	974	1.94%	964	1.92%	955	1.90%	974	1.94%
	36 座以上	2 829	2.22%	2 801	2.19%	2 772	2.17%	2 829	2.22%
营业货车	2 吨以下	926	2.16%	916	2.13%	907	2.11%	926	2.16%
	2～5 吨	1 131	2.22%	1 120	2.20%	1 108	2.18%	1 131	2.22%
	5～10 吨	1 324	2.30%	1 311	2.28%	1 297	2.26%	1 324	2.30%
	10 吨以上	2 325	2.82%	2 302	2.79%	2 279	2.77%	2 325	2.82%
	低速载货汽车	787	1.83%	779	1.81%	771	1.80%	787	1.83%
特种车	特种车型一	1 131	2.22%	1 120	2.20%	1 108	2.18%	1 131	2.22%
	特种车型二	464	0.86%	459	0.85%	454	0.85%	464	0.86%
	特种车型三	401	0.75%	397	0.74%	393	0.74%	401	0.75%
	特种车型四	1 017	1.90%	1 007	1.88%	997	1.87%	1 017	1.90%

单位：元

车种\险别		第三者责任保险						
摩托车与拖拉机		50 000	100 000	150 000	200 000	300 000	500 000	1 000 000
摩托车	0.05L 及以下	44	54	60	66	78	96	122
	0.05～0.25L（含）	60	77	86	95	113	140	179
	0.25L 以上及侧三轮	90	114	128	141	170	209	267

续　表

车种\险别	第三者责任保险						
摩托车与拖拉机	50 000	100 000	150 000	200 000	300 000	500 000	1 000 000
拖拉机 农用 14.7 kW 及以下	120	150	168	181	198	220	250
农用 14.7 kW 以上	328	417	468	505	557	622	710
运输型 14.7 kW 及以下	289	361	403	433	475	528	601
运输型 14.7 kW 以上	474	601	676	729	804	898	1 026

备　注	1. 挂车保险费按同吨位货车保险费的 50%计收。 2. 如果责任限额为 100 万元以上，则保险费 $=A+A \times N \times(0.1-0.0025 \times N)$，式中 A 指同档次限额为 100 万元时的保险费；$N=($ 限额 -100 万 $)/50$ 万元，限额必须是 50 万元的倍数，且不得超过 1 000 万元。

单位：元

车种\险别	机动车损失保险	
摩托车与拖拉机	基础保费	费　率
摩托车 0.05L 及以下	15	2.08%
0.05～0.25L（含）	21	2.74%
0.25L 以上及侧三轮	30	4.12%
拖拉机 农用 14.7 kW 及以下	29	0.64%
农用 14.7 kW 以上	70	1.53%
运输型 14.7 kW 及以下	50	1.11%
运输型 14.7 kW 以上	73	1.61%
备　注	挂车保险费按同吨位货车对应档次保险费的 50%计收。	

思考与练习题

1. 什么是机动车交通事故责任强制保险？

2. 机动车车辆损失保险承担哪些保险责任？什么是责任免除？

3. 机动车第三者责任险的责任免除是什么？

第六章 汽车投保与承保实务

第一节 投保实务

一、投保单的性质

投保单也称保单，经投保人如实填写后交给保险人，成为订立保险合同的书面要约。投保单是保险合同订立过程中的一份重要单证，是投保人向保险人进行要约的证明，是确定保险合同内容的依据。

投保单原则上应载明订立保险合同所涉及的主要条款，投保单经保险人审核、接受，就成为保险合同的组成部分。

二、填写投保单的基本要求

车险投保是用车当中重要的一环，凡是投保的车主都会填写一份"车险投保单"。车险投保单的主要事项有：车牌号、车架号、型号、年限、车主、约定驾驶人、行驶区域等要素，是保险公司承保的重要参考依据，也是车主同意投保的凭证。

不过在现实中，也有相当一部分车主因为工作紧张、对车险不熟悉等原因，在投保时把一切手续都委托给中介代理，这样往往存在一些弊端。因为代理人代填车险投保单时，有些详细信息会出现误差，到时会影响到保险公司的核定，也许会给投保人带来一定的损失。此外，投保人不认真审核车险投保单和车险合同内容也很容易在理赔时与保险公司之间出现不必要的纠纷。

所以，相关人士建议车主尽可能亲自填写车险投保单，为保险公司提供准确信息。对于时间紧张的车主，可以选择平安网销车险。平安车险实行两次上门服务，先为客户送达车险投保单，在客户确认投保信息并由保险公司审核同意后，才会把正式的保险合同送到客户手中。不仅如此，平安车险的配送服务实现了全面升级，为客户免费送单上门的是可以为客户答疑解惑，给出合理建议的"车险专家"，使车险保单不仅"送得到"，还能"送得好"，确保客户的知情权，维护客户的合法权益。

正确填写投保单：

投保单也称要保单，是投保人为订立保险合同向保险人进行要约的书面证明，也是投保人要求投保的书面凭证，是确定保险合同内容的依据。保险人一旦接受了保险单，投保单就

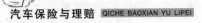

成为保险合同的要件之一。

在投保单中，一般列明订立保险合同所必需的项目，投保人要如实填写，保险人据此决定是否承保或以什么条件承保。在保险合同履行时，投保人在投保单上填写的内容是投保人是否如实告知义务、保证义务、遵守最大诚信原则的重要凭证。如果投保单上填写的内容不实或存在故意隐瞒、欺诈，则将影响保险合同的效力。投保人填写投保单后，须经保险人签章同意承保，保险合同才告成立。

机动车辆保险的投保单的内容对于不同的保险公司而言有一些细微的差别，其中以中国人民财产保险股份有限公司机动车辆保险投保单的内容较为全面完整。

为了保护广大客户的合法权益，在填写投保单时，一定先仔细阅读相关内容，不懂的项目，需要向专业人员仔细询问，待全部信息均了解后，正确填写。下面就对使用率较高的几个专业名词予以解释说明，以方便客户正确填写：

投保人：与保险人订立保险合同，并按照合同规定负有支付保险费义务的人。投保人单位名称应与公章名称一致，个人名称应与身份证上的名称一致。

被保险人：当保险标的发生保险责任范围内的损失时，享有保险金请求权的人。在车险中被保险人名称一般与被保险车辆行驶证车主相符。如果被保险人名称与车主名称不相符，应在投保单上注明被保险人与被保险车辆的关系。

使用性质：按营业运输或非营业运输划分并如实填写。营业运输指从事社会运输并收取运费的车辆；非营业运输指机关、团体、企事业单位及家庭自用车辆等。如果两者兼有，则按营业运输填写。

车辆损失险保险金额：保险车辆遭受保险责任范围内的损失时，保险人赔偿的最高限额。一般按投保车辆在投保当地的市场价格确定（含新车购置附加税），另外也可以按车辆的实际价值或与保险人协商确定，但是车辆损失险保险金额不能超过投保时同类车辆的新车购置价，超过部分无效。

保险期限：一般为一年，即从签订保单的次日零时起至期满日24时止。也可根据实际情况投保短期保险，费率按短期费率计算。

特别约定：除投保单内容之外，客户还有其他要求，在客户和保险公司协商后，可在此栏目中注明，此栏目内容的法律效力优先于保单条款。

保险公司依据客户填写的投保单出具保单后，客户需要及时办理交费手续，交费后即方可领取保险单和保险证，保单合同同时生效。

三、投保单的填写内容

投保单的基本内容有：投保人的名称、厂牌型号、车辆种类、号牌号码、发动机号码及车架号、使用性质、吨位或座位、行驶证、初次登记年月、保险价值、车辆损失险保险金额的确定方式、第三者责任险赔偿限额、附加险的保险金额或保险限额、车辆总数、保险期限、联系方式、特别约定、投保人签章。

附：投保单样板。

投保人	投保人名称/姓名			投保车辆数	辆
	联系人姓名		固定电话	移动电话	
	投保人住所			邮政编码	
被保险人	自然人　姓名		身份证号		
	法人或其他组织　名称		组织机构代码		
	被保险人单位性质	党政机关、团体　　　事业单位　　　军队（武警）　　　使（领）馆 个体、私营企业　　　其他企业　　　其他			
	联系人姓名		固定电话	移动电话	
	被保险人住所		邮政编码		
投保车辆情况	被保险人与车辆的关系	所有　　使用　　管理 车主			
	号牌号码		号牌底色	蓝　黑　黄　　白　　白蓝　其他颜色	
	厂牌型号		发动机号		
	VIN码		车架号		
	核定载客	人	核定载质量	千克	排量/功率　　　L/kW
	初次登记日期	年　　月	已使用年限	年	年平均行驶里程　　公里
	车身颜色	黑色　　白色　　红色　　灰色　　蓝色　　黄色　　绿色　　紫色　　粉色 棕色　　其他颜色			
	机动车种类	客车　　货车　　客货两用车　　挂车　　摩托车（不含侧三轮）　　侧三轮 农用拖拉机　　运输拖拉机　　低速载货汽车　　特种车（请填用途）_____			
	机动车使用性质	家庭自用　　非营业用（不含家庭自用）　　出租/租赁　　城市公交 公路客用　　旅游客用　　营业性货用			
	上年是否在本公司投保商业机动车保险	是		否	

	行驶区域	省内和邻省　　　　市内　　省内和邻省固定路线　　　市内固定路线　具体路线：		
投保车辆情况	是否为未还清贷款的车辆	是　　　否	车损险与车身划痕险选择汽车专修厂	是　　　　　　否
	上次赔偿次数	交强险赔款次数＿＿＿＿＿次　　商业机动车保险赔款次数＿＿＿＿＿次		
	上一年度交通违法行为	有　　　　无		

投保主险条款名称		

指定驾驶人	姓名	驾驶证号码	初次领证日期
驾驶人1			＿＿＿年＿＿＿月＿＿日
驾驶人2			＿＿＿年＿＿＿月＿＿日
保险期间	＿＿＿年＿＿＿月＿＿＿日零时起至＿＿＿年＿＿＿月＿＿＿日二十四时止		

投保险种	保险金额/责任限额（元）	保险费（元）	备注
机动车交通事故责任强制保险	死残，医疗费，财产损失		
机动车损失险：　新车购置价＿＿＿＿＿元			
商业第三者责任险			
车上人员责任险　投保人数＿＿＿＿＿人	/人		
车上人员责任险　投保人数＿＿＿＿＿人	/人		
附加车上货物责任险			
附加盗抢险			
附加玻璃单独破碎险　国产玻璃			
附加玻璃单独破碎险　进口玻璃			
附加停驶损失险：日赔偿金额＿＿＿元＿×＿＿天			
附加自燃损失险			
附加火灾、爆炸、自燃损失险			
附加不计免赔率特约　机动车损失险			
附加不计免赔率特约　第三者责任险			
附加车身划痕损失险	￥：　　　元		
附加新增加设备损失险	￥：　　　元		
附加可选免赔额特约	免赔金额：		
保险费合计（人民币大写）：		（￥：　　　元）	

特别约定		
保险合同争议解决方式选择	诉讼　　　提交＿＿＿＿＿＿＿＿＿＿仲裁委员会仲裁	

本保险合同有保险条款、投保单、保险单、批单和特别约定组成。

投保人声明：保险人已将投保险种对应的保险条款（包括责任免除部分）向本人做了明确说明，本人已充分理解：上述所填写的内容均属实，同意以此投保单作为订立保险合同的依据。

投保人签名/签章：

_____年____月_____日

验车验证情况	已验车　已验证　查验员签名：_____年____月____日____时____分		
初审情况	业务来源：　直接业务　个人代理　专业代理 兼业代理　经纪人　网上/电话业务 代理（经纪）人名称： 上年度是否在本公司承保：　是　否 业务员签字：　年　月　日	复核意见	复核人签字：_____年_____月_____日

注：阴影部分内容由保险公司业务人员填写。

机动车交通事故责任强制保险单（正文）

保险单号：

被保险人				
被保险人身份证号码（组织机构代码）				
地　址		联系电话		
被保险机动车	号牌号码	机动车种类		适用性质
	发动机号码	识别代码（车架号）		
	厂牌型号	核定载客	人	核定载质量　千克
	排　量	功　率		登记日期
责任限额	死亡伤残赔偿限额	110 000元	无责任死亡伤残赔偿限额	11 000元
	医疗费用赔偿限额	1 000元	无责任医疗费用赔偿限额	1 000元
	财产损失赔偿限额	2 000元	无责任财产损失赔偿限额	100元
与道路交通安全违法行为和道路交通事故相联系的浮动比率				％
保险费合计(人民币大写)：　　　（¥：　　元)其中救助基金(　％)¥：　　元				
保险期间自　　年　　月　　日零时起至　　年　　月　　日二十四时止				
保险合同争议解决方式				
代收车船费	整备质量			
	当年应缴　¥：　　元	往年补缴　¥：　元	滞纳金　¥：　元	
	合计（人民币大写）：　　　　　　　（¥：　　　元）			
	完税凭证号（减免税证明号）		开具税务机关	
特别约定				

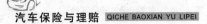

重要提示	1. 请详细阅读保险条款，特别是责任免除和投保人、被保险人义务。 2. 收到本保险单后，请立即核对，如有不符或疏漏，请及时通知保险人并办理变更或补充手续。 3. 保险费应一次性交清，请您及时核对保险单和发票（收据），如有不符，请及时与保险人联系。 4. 投保人应如实告知对保险费计算有影响的或被保险机动车因改装、加装、改变使用性质等导致危险程度增加的重要事项，并及时通知保险人办理批改手续。 5. 被保险人应当在交通事故发生后及时通知保险人。 6. 请在收到本保险单一周内拨打我们的 24 小时服务热线××××××核实保险单资料，出险时请登录＿＿＿查询理赔进度。

核保：　　　　　　　　制单：　　　　　　　　经办：

××财产保险有限责任公司机动车辆保险投保单

欢迎您到××财产保险有限责任公司投保！在您填写本投保单前请先详细阅读《机动车交通事故责任强制保险条款》及我公司的机动车辆保险条款，阅读条款时请您特别注意各个条款中的保险责任、责任免除、投保人义务、被保险人义务等内容并听取保险人就条款（包括责任免除条款）所做的说明。您在充分理解条款后，再填写本投保单各项内容（请在需要选择的项目前的"□"内划✓表示）。为了合理确定投保机动车的保险费，并保证您获得充足的保障，请您认真填写每个项目，确保内容的真实可靠。您所填写的内容我公司将为您保密。本投保单所填内容如有变动，请及时到我公司办理变更手续。

投保人	投保人名称/姓名			投保机动车数		辆
	联系人姓名		固定电话		移动电话	
	投保人住所				邮政编码	
被保险人	□自然人姓名：		身份证号码			
	□法人或其他组织名称：					
	组织机构代码				职业	
	被保险人单位性质	□党政机关、团体 □事业单位 □军队（武警） □使（领）馆 □个体、私营企业 □其他				
	联系人姓名		固定电话		移动电话	
	被保险人住所				邮政编号	
投保机动车情况	被保险人与机动车的关系	□所有 □使用 □管理		行驶证车主		
	号牌号码		号牌底色	□蓝 □黑 □黄 □白 □白蓝 □其他颜色		
	厂牌型号		发动机号			
	VIN 码			车架号		
	核定载客	人	核定载质量	千克	排量/功率	L/kW

续　表

投保机动车情况	初次登记日期	年　月　日		已使用年限	年	年平均行驶里程		公里
	车身颜色	□黑色 □白色 □红色 □灰色 □蓝色 □黄色 □绿色 □紫色 □粉色 □棕色 □其他颜色						
	机动车种类	□客车 □货车 □客货两用车 □挂车 □低速货车和三轮汽车 □特种车(请填用途)：＿＿＿＿＿＿。 □摩托车（不含侧三轮） □侧三轮 □兼用型拖拉机 □运输型拖拉机						
	机动车使用性质	□家庭自用　　　　　　□非营业用（不含家庭自用） □出租\租赁　　　□城市公交　　　　□公路客运　　　□营业性货运						
	上年是否在本公司投保商业机动车保险			□是		□否		
	行使区域	□中国境内 □省内行驶 □场内行驶 □固定路线 具体路线：＿＿＿＿＿＿＿＿＿＿＿＿＿＿＿。						
	是否为来还清贷款的车辆	□是	□否	上一年度交通违法纪录		□有	□无	
	上次赔款次数	□交强险赔款次数＿＿＿＿次　　□商业机动车保险赔＿＿＿次						
投保主险条款名称								
指定驾驶员	姓名	驾驶证号码				初次领证日期		
驾驶人员1		□□□□□□□□□□□□□□□□□□						
驾驶人员2		□□□□□□□□□□□□□□□□□□						
保险期间		年＿＿＿月＿＿＿日零时起至＿＿＿＿＿年＿＿＿＿月＿＿＿日二十四时止						

投保险种		保险金额/责任限额（元）	保险费（元）	备注
□机动车损失险，新车购置价＿＿＿＿＿＿元				
□商业第三者责任险				
□车上人员责任险	驾驶＿＿＿人	万·人·次		
	乘客人数＿＿＿人	万·人·次		
	乘客人数＿＿＿人	人·次		
□全车盗抢险				
□附加玻璃单独破碎险	□国产玻璃			
	□进口玻璃			
□附加车身划痕险				
□附加不计免赔率特约	适用险种 □机动车损失险			
	□第三者责任险			
	□车上人员责任险			
	□全车盗抢险			
	□车身划痕险			

□附加可选免赔额特约	免赔金额：		
保险费合计 （人民币大写）		（￥：	元）

特别约定	

保险合同争议解决方式选择	□诉讼　　□提交＿＿＿＿＿＿＿＿＿＿＿＿＿＿＿＿＿仲裁委员会仲裁

投保人声明：保险人已将投保险种对应的保险条款（包括责任免除部分）向本人作了明确说明，本人已充分理解：上述所填写的内容均属实，同意以此投保单作为订立保险合同的依据。

投保人签名/签章：

＿＿＿＿＿＿＿年＿＿＿＿＿月＿＿＿＿＿日

验车验证情况	□已验车　　□已验证　　查验人员签名：　　＿＿＿＿＿年＿＿＿月＿＿＿日 ____时____分		
初审情况	业务来源：□直接业务　□个人代理　□专业代理 □兼业代理　□经纪人　□网上业务　□电话业务 代理 （经纪） 人名称： 上年度是否在本公司承保：□是　　　□否 业务员签字：　　　　　　　　年　月　日	复核意见	复核人签字：　　　年　月　日

注：阴影部分内容由保险公司业务人员填写。

机动车辆保险《投保须知》回执

××财产保险有限责任公司：

本人（单位）已对保险人所提供之投保须知内容，有保险条款、费率、责任免除、加退保规定、投保人和被保险人的义务等事项，经由说明已充分理解。本人（单位）将据实按照投保须知内容及要求，提供真实、合法、齐全的投保数据，并配合保险人办理投保手续。

被保险人 （或代理人） 签名/签章：

年　　　　月　　　　日

四、选择保险的原则

机动车辆保险条款包括 2 个基本险和 9 个附加险。2 个基本险分别为车辆损失险和第三者责任险，9 个附加险分别为全车盗抢险、车上责任险、无过失责任险、车载货物掉落责任险、玻璃单独破碎险、车辆停驶损失险、自燃损失险、新增加设备损失险、不计免赔特约险条款。其中除第三者责任险是强制性险种外，其他险种很大程度上是让车主自己做主。也就是说，车主可以根据自己的经济实力与实际需求有选择地进行投保。此外，"500 元以下免赔"和新《交通法》的推广也在广大车主中产生了不小震动。因此，针对不同车主购买的不同车型推荐如下几种汽车保险购买方案。

方案一：基本型

投保险种：车辆损失险+第三者责任险

目前，一些保险公司如太平洋保险股份有限公司，已经将车辆损失险和第三者责任险列为必须购买的险种。车辆损失险和第三者责任险包括一些基本险的保障范围，对车辆损失和对第三者造成的损失都有一定的保障，而且费用适度，这两项保险是最基本的。但是，一旦撞车或撞人，对方的损失能得到保险公司的一些赔偿，而自己的损失就只能大部分由自己负担。

方案二：经济型

投保险种：车辆损失险+第三者责任险+车上责任险+全车盗抢险

车辆损失险、第三者责任险、全车盗抢险、车上责任险是很多专家建议新车应投的 4 项保险。全车盗抢险顾及了盗抢和赔付，即使车主遇到较大风险也能得到保障。车上责任险能让车上人员的人身伤亡、货物的损坏或损失都能得到补偿，虽然费用比基本型高，但是如果发生事故，就能大大减少自己的损失。

方案三：完全型

投保险种：车辆损失险+第三者责任险+不计免赔特约险+车上责任险+玻璃单独破碎险+全车盗抢险等

个人买车，不少是新手，小刮小蹭是难免的，所以在专家建议的新车应保的 4 项保险上加入了不计免赔特约险，使保障范围更全面。一些高档车应该增加玻璃单独破碎险。如果购买的是二手车，那二手车本身的问题也值得重视，如老车容易自燃，尤其新手开车很多事情都注意不到，而且错误操作随时会出现，像自燃险就应该考虑购买。此外，有能力的车主也可以增加设备损失险、无过失责任险、车辆停驶损失险等，以保障新车万无一失。

此外，买汽车保险其实是买一份服务保单，只看价钱是否便宜是不够的。怎样判断保险公司的服务水平呢？拨打公司的报案电话，首先线路要通畅，其次按照电话中介绍的处理步骤操作理赔不会遇到麻烦，最后看定损核价的速度是不是快。

市场上的保单价格有高有低。一般来说，大公司在服务的软硬件方面投入较多，保单价格也略贵些。服务好的公司定损网点多，可以借助修理厂实行远程网上定损；派人定损的反应速度和理赔核价手续也很及时。现在有的投保人采用委托理赔的方法，报案后把车、单证和委托索赔书一起交给保险公司推荐的修理厂，就不用再操心了，只需在家坐等通知把修好的车开回来。对服务要求不高的，可以选择一些公司略为便宜的保单。

链接索赔技巧：

保险车辆发生保险责任范围内的事故后，应当向保险公司索赔，索赔得按一定程序并向保险公司提供规定的凭据。一些车主或被保险人由于不知道索赔的程序，不知道该备齐哪些材料，常常往返保险公司多次。那么，如何才能尽快成功获得保险公司的赔偿呢？

作为被保险人向保险公司索赔，应首先弄清保险索赔的条件。事故车辆必须同时具备以下 4 个条件：属于投保车辆的损失；属于保险责任范围内的损失；不属于除外责任；属于必要的合理费用。

保险事故发生后，除向公安交警部门报案外，还须在 48 小时内向保险公司报案。如派人报案，则应如实陈述事故发生经过，并提供保险单和保险费收据，按要求填写《出险通知书》；如来不及派人报案，可先电话报案，待事故处理后，再向保险公司补述事发经过，并填写《出险通知书》。

按照保险条款规定，保险车辆因发生保险责任范围内的事故而受损，或致第三者财产损坏，应当坚持"修复为主"原则，但在修复前须经保险公司定损检验，确定修理项目、方式、费用。送修理厂修复后，保存好修理发票，连带必要的材料向保险公司索赔。第三者责任事故赔偿后，保险公司将不再承担对受害第三者的任何附加的赔偿费用。

被保险人自保险车辆修复或事故处理结案之日起，3个月内不向保险公司提出索赔申请，或自保险公司通知被保险人领取保险赔款之日起1年内不领取应得的赔款，即视为自动放弃权益。另外，要切记48小时内及时报案，不能私下了结，保险公司不承认私下了结行为。

五、对汽车投保方式的选择

如今买车的人越来越多，汽车保险也成了消费者购车时必须考虑的问题，那么作为驾驶新手，为爱车保险，应该了解哪些保险常识呢？下面，车险专家为大家介绍一些选择保险种类的技巧。

（一）"车损险"：一定要买

无论是新车还是已经开了几年的旧车，车损险是一定要买的。即使你的开车技术再棒，但俗话说得好，"不怕一万就怕万一"，保不定哪天碰了、刮了，修理厂稍微修修就要不少钱，投了车损险就不用着急了。

（二）三者险：最好买20万额度

三者险的每次事故最高赔偿限额分几个赔偿档次：5万元、10万元、20万元、30万、50万元、100万元，100万元以上。专家建议，最好能将三者险投保到20万元或50万元保额，尤其是那些刚购车的新手，他们属于发生车祸的高风险人群，这样即使一不小心发生车祸，也不必担心事后无力承担责任了。如果在两档保额之间选择的话，可以上浮一个档次投保。

（三）车上责任险投保有窍门

如果您的车上经常乘坐家人，而且您和家人都已经投意外伤害保险和意外医疗保险，那么作为私家车，就没有必要投保车上人员责任险了。因为意外伤害和意外医疗保险所提供的保障范围基本涵盖了车上人员责任保险所能提供的保障。不过，如果您的车上经常乘坐不同的人员，最好还是投保车上人员责任险，车上人员责任险最高赔偿限额分几个赔偿档次：1万、2万、5万、10万。

（四）投保玻璃险，看清玻璃种类

在投保玻璃险时，要注意选择是进口玻璃险还是国产玻璃险，二者的保费差额很大。由于国内汽车玻璃质优价廉，完全可以和国外相媲美，所以可以考虑选择国产玻璃，这样可以节省约一半的保险费。有的车主很爱惜自己的车子，就是喜欢原装的，就要选择进口玻璃。但如果在投保时没有注意玻璃险的种类，结果换玻璃时才知道投保的是国产玻璃险，那将会给您带来很大的麻烦。

（五）不计免赔险要选择

建议您最好投保不计免赔特约保险。据统计，出险的时候车主们用到最多的险种就是车损险和第三者责任险，通过投保不计免赔特约保险，在这两个险种上才能得到您所应该承担损失的 100%赔偿。当然，针对不同的保险公司，并不是所有附加险都有不计免赔，还有的买了不计免赔险也还有车主自己承担部分费用的"绝对免赔"，因此，保险专家提醒广大车主在购买车险时一定要问清险种再选择购买。

六、汽车投保的流程

机动车辆保险是以机动车辆本身及其第三者责任等为保险标的的一种运输工具保险。其保险客户，主要是拥有各种机动交通工具的法人团体和个人；其保险标的，主要是各种类型的汽车，但也包括电车、电瓶车等专用车辆及摩托车等。机动车辆是指汽车、电车、电瓶车、摩托车、拖拉机、各种专用机械车、特种车。2012 年 3 月，中国保监会先后发布了《关于加强机动车辆商业保险条款费率管理的通知》和《机动车辆商业保险示范条款》，推动了车辆保险的改革。

机动车辆投保流程，如图 6.1 所示：

图 6.1　机动车辆投保流程图

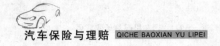

第二节　核保实务

一、核保的原则

1. 保证长期承保利润

保险公司要全面、细致、谨慎地进行核保，争取最好的承保条件，以使公司具有长期的承保利润。要避免片面追求保费规模的短期行为，避免破坏市场和与客户的关系。

2. 谨慎运用承保能力，保证经营安全

按照新《保险法》的规定，承保业务应遵守以下条例：

第一百零二条　经营财产保险业务的保险公司当年自留保险费，不得超过其实有资本金加公积金总和的四倍。

第一百零三条　保险公司对每一危险单位，即对一次保险事故可能造成的最大损失范围所承担的责任，不得超过其实有资本金加公积金总和的百分之十；超过的部分应当办理再保险。因此，在任何条件下，都不要在条件不成熟的时候盲目承保高风险项目，总保险责任（保额）不能超过公司的承保能力。同时，要研究巨灾风险，积累风险数据和经验。当然，一般车险业务中很少出现巨灾风险。但近年来当出现飓风、台风、暴雨等严重情况时，会对气象灾害发生地的所有投保车辆造成大面积的、系统性的损失，这也是车险业务中的巨灾风险。核保人需要预防此类风险的发生。

3. 以风险控制为基础，实施科学的核保决策

积极主动开展承保标的的风险评估工作，为核保提供依据；收集整理分析与研究历史数据，细化业务政策，促进业务发展。核保要控制风险，也要以风险为经营标的，只有存在可控的风险，才有合理的利润。核保人在核保时，需要依靠充分的数据分析。核或者不核，要以风险是否可控为判断标准。

4. 遵守监管，规范管理

遵守国家、地方的法规和公司的规章制度，遵守行业协会规定和市场准则。关于承保业务的管理，各个省保监局和行业协会都有各自的要求。在核保中应注意本地化的管理问题。在核保过程中，一定要注意投保单优惠系数和投保险种符合、遵守各地行业监管要求和自律规定。

二、核保的意义

1. 防止逆选择，排除经营中的道德风险

在保险公司的经营过程中始终存在一个信息问题，即信息的不完整、不精确和不对称。尽管最大诚信原则要求投保人在投保时应履行充分告知的义务，但是事实上始终存在信息的不完整和不精确的问题。保险市场信息问题，可能导致投保人或被保险人的道德风险和逆选择，给保险公司经营带来巨大的潜在风险。保险公司建立核保制度，由资深人员运用专业技

术和经验对投保标的进行风险评估，通过风险评估可以最大限度地解决信息不对称的问题，排除道德风险，防止逆选择。

2. 确保业务质量，实现经营稳定

保险公司是经营风险的特殊行业，其经营状况关系社会的稳定。保险公司要实现经营的稳定，关键的一个环节就是控制承保业务的质量。但是，随着国内保险市场供应主体的增多，保险市场竞争日趋激烈，保险公司在不断扩大业务的同时，经营风险也在不断增大。其主要表现为：一是为了拓展业务而急剧扩充业务人员，这些新的工作人员业务素质有限，无法认识和控制承保的质量；二是保险公司为了扩大保险市场的占有率，稳定与保户的业务关系，放松了拓展业务方面的管理；三是保险公司为了拓展新的业务领域，开发了一些不成熟的新险种，签署了一些未经过详细论证的保险协议，增加了风险因素。保险公司通过建立核保制度，将拓展业务与承保相对分离，实行专业化管理，严格把好承保关。

3. 扩大保险业务规模，与国际惯例接轨

我国加入世界贸易组织以后，国外的保险中介机构正逐步进入中国保险市场；同时，我国保险的中介力量也在不断壮大，现已成为推动保险业务的重要力量。在看到保险中介组织对于扩大业务的积极作用的同时，也应注意到其可能带来的负面影响。由于保险中介组织经营目的和价值取向的差异以及人员的良莠不齐，保险公司在充分利用保险中介机构进行业务开展的同时，也应对保险中介组织的业务加强管理，核保制度是对中介业务质量控制的重要手段，是建立和完善保险中介市场的必要前提条件。

4. 实现经营目标，确保持续发展

在社会主义市场经济条件下，企业发展的重要条件是对市场进行分析，并在此基础上确定企业的经营方针和策略，包括对企业的市场定位和选择特定的业务和客户群。同样，在我国保险市场的发展过程中，保险公司要在市场上争取和赢得主动，就必须确定自己的市场营销方针和政策，包括选择特定的业务和客户作为自己发展的主要对象，确定对各类风险承保的态度，制定承保业务的原则、条款和费率等。而这些市场营销方针和政策实现的主要手段是核保制度，通过核保制度对风险选择和控制的功能，保险公司能够有效地实现其既定的目标，并保持业务的持续发展。

三、审核投保单、查验车辆

（一）审核投保单

被保险人信息项：在该信息项中，被保险人的信息包括姓名、职业、地址、邮政编码等。这些信息，可以在核保及理赔时核对各类信息以及联系被保险人。

投保车辆信息项：在该信息项中，被保险人与车辆的关系，主要是便于了解与审核被保险人对该投保车辆是否具有保险利益，体现了保险合同订立"保险利益原则"的要求。号牌号码，是车辆在交通部门的合法识别标志，也是车辆出现情况时交警部门查询的内容，更是在投保时必须具备与核保时确定是否具有投保资格、理赔时确定是否是投保车辆的依据之一。

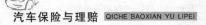

厂牌型号，每辆机动车辆的厂牌型号是唯一的，也是理赔时鉴定该车辆是否是投保车辆的依据之一。车辆初次登记日期，该信息是确定保费缴纳日期与保险有效期的重要依据。核定载客、车辆种类、使用性质，是确定保费与若该投保车辆发生事故时保险公司是否承担赔偿责任的有效依据。

保险期限项：是确定车辆续保日期与保险期限是否有效的依据。

机动车责任强制保险项：机动车责任强制保险是强制保险，是机动车上路前必须投保的保险，所以保险公司在投保单中设置该项。责任限额，是为了确定投保车辆在发生保险责任范围内的事故时，保险人付给被保险人金额的最高限额。保费浮动比率，是保险公司对于投保车辆进行风险控制的有效手段，该项的明确规定有利于保险公司对被保险人进行心理风险与道德风险的有效控制，也明确了若被保险车辆违反交通法与交通事故发生次数多的话，保险公司有权向被保险人收取保费金额。保费小计，是保险公司向投保人（保险人）收取保额大小的根据。

机动车商业保险项：该项包含的内容较多，有各类保险险种（例如车辆损失险、商业第三者责任险、全车盗抢险等）、保险金额、保费等内容，这些项目明确了投保人与保险公司的保险内容，即保险人承保被保险人的风险种类，同时也确定了被保险人向保险人缴纳保险费的金额。在该项中值得单独提出的是不计免赔特约险项目，该项目确定了保险公司对于被保险车辆的保险赔偿额是否有下限的限制。

特别约定项：该项目翔实记录保险公司与被保险人的协商保险项。该项也对保险合同争议解决方式做出了规定。

投保人声明项：是投保人对他所投保的保险险种以及责任免除等已了解清楚的一项说明，以及被保险人对他所填写的本人信息和所投保车辆信息的真实性做出的保证。该条款在发生保险核保与理赔纠纷中可发挥重要作用，也是保险人日后发现被保险车辆信息不真实，即被保险人对保险标的未作出真实说明，足以影响保险人是否承保决定的，保险人可以解除保险合同的依据。该项也规定了被保险人缴纳保费、何时缴纳、缴纳金额的义务。投保人签名、日期是该投保单生效的必要条件。联系电话是保险人联系、回访被保险人的重要方式。

验车验证情况项：是保险公司审核该投保车辆是否具有投保资格的必要项。查验人员签名、查验日期是明确查验责任的一种方式。

初审情况项：该项有利于保险公司明确保险销售渠道、明确保单签发责任和支付酬金。

复核意见项：是该投保单有效的关键项，明确了投保复核责任。

（二）查验车辆

验车承保是防范道德风险、加强风险管控的有效措施。

1. 免验范围

（1）按期续保的车辆：续保日期与上年保单日期吻合且续保相同险别的车辆。

（2）新车销售行销售的新车：为保险公司代理车险业务的新车销售行售出的车辆，新车业务如是挂牌当日（以行驶证初次登记日期为准）投保则可免验，否则均需验车承保（包括新车共保大厅业务）。

（3）其他公司的上年投保险别与今年续保险别相符的按期续保业务，提供去年保单原件，且车损险保险金额在60万以内。

（4）单独投保第三者责任险及车上人员座位险及其所属附加险的车辆。

（5）在保险期内变更不涉及车损险、盗抢险及其所属附加险承保条件的车辆。

（6）一次投保超过10辆的党政机关、企事业单位的车队和一次性投保超过20辆的营业客车免验，货车均需验车承保（一次性投保：一天内投保车辆）。

（7）单保交强险时，按期续保或转保的车辆。到同一保险公司办理续保业务时，保险公司必须核对上年保单原件，未提供上年保单原件的不得按续保免验；对于转保未到期属于免验范围的，将保单原件扫描上传，复印件必须与投保单一起归入承保档案。

2. 验车范围及重点

原则上除免验范围以外的车辆投保均应验车。

（1）未按期续保的车辆。

（2）承保车身划痕损失险保额超过5 000元（含）的车辆。

（3）在保险期限内增保车辆损失险、全车盗抢险、自燃损失险、玻璃单独破碎险、车身划痕险及变更行驶区域的车辆。

（4）挂军牌、公安牌、武警牌的车辆。

（5）全车盗抢险在当地出险频度高的车辆，如本田雅阁、桑塔纳、捷达、现代伊兰特、奇瑞QQ、各类微型面包车等。各机构验车的具体车型，将根据本地车辆失窃情况补充确定。

（6）一些保险公司总公司界定的各种高风险车辆和特殊风险业务车辆。特殊风险业务：总价超过100万的工程车辆和特殊用途车辆；附加设备超过100万的车辆；车价比原型车售价超出50%的改装车辆（包括量产及非量产，外观改装及性能改装）；非生产厂家指定售往中国大陆地区的车型（所有纯进口车辆，即车架号首位字母不是"L"的车辆）。

（7）2吨以上货车均要求验车（按期续保除外），并且均要求拓印双号。

（8）单保交强险已脱保的车辆。

（9）交强商业同时投保，但商业险没有投保车损且交强险已脱保的车辆。

此外，核保人认为风险较高、有必要在承保前验车的所有车辆，由核保人通知各机构核保主管，验车合格后方可承保。

3. 验车操作办法

（1）验车内容：

① 查验车辆外观，确定整车新旧程度，使用数码相机拍摄并放置能反映当天日期报纸的车辆照片。要求分别拍摄所验车辆正面与四个对角线45°角的整车照片（照片能看清牌照号码），如所验车辆有缺陷，还应拍摄特写照片，并加以说明。

② 所有验车照片必须在前挡风玻璃处放置当天报纸，铭牌或车架号下放置报纸（主要突出报纸名称和报眼处）。

③ 对于车龄超过6年的名贵老旧车型，必须查验所验车辆的整体性能，包括发动机整体情况及内部线路是否清晰并俯拍发动机机仓照片。

④ 检验车辆本身实际的牌照号码、车型、发动机号码、车架号码并拍照。拍照车架号码

时须尽量拍摄车壳或大梁上的车架号码，同时放置能反映当天日期的报纸。

⑤ 核对所验车辆的有关证明文件，包括：A. 车辆是否年检合格。B. 投保人与行驶证车主是否一致，确定投保人对投保车辆是否具有可保利益；若不一致，投保人需提供其对投保车辆拥有可保利益的书面证明。C. 车辆的牌照号、发动机号、车架号是否与行驶证一致。

（2）验车资料上报：

① 验车资料的上报：由机构初核人员对验车照片进行审核，初核人员在录单时将照片通过 EPCIS 影像系统上报，供核单人审核。如非业务员本人验车，需在备注中注明验车责任人。

② 验车资料的补传：如某业务因特殊情况已验车但不能及时上传验车照片，必须将验车时间、验车责任人和补传时间添加到保单备注中，填写验车信息为"未验"，据实填写验车情况，同时在特约补充中增加送单验车约定。

4. 责任与考核

（1）机构核保主管是验车管理工作的第一责任人，应安排专人负责跟踪验车工作。

（2）对于验车工作不严谨或者存在虚假行为、给公司造成损失的，公司将追究相关责任人（业务员、验车员、验车责任人、验车负责人）的责任，视情节让其承担 10%～30%的责任。

四、核定保险费率

根据投诉保单上所列的车辆情况和保险公司的《机动车辆保险费率标准》，逐辆确定投保车辆的保险费率。我国统一的保险费率核定办法如下。

（一）车辆的使用性质

车辆使用性质分为营业车辆与非营业车辆。对于兼有两类使用性质的车辆，按高档费率计费。

根据车辆使用性质的不同，营业性客车划分为 I、II 两类。

1. 6 座以下客车

I 类：具有国家有关部门核发的营运证的出租汽车。

II 类：除 I 类外的具有营业性的其他车辆。

2. 20 座及以上客车

I 类：属于下述 A 类车辆，并主要在国道、省道、高等级公路行驶和使用性质为营业类的客车。

II 类：除 I 类外的使用性质为营业性的客车。

车辆种类 A、B 类车辆种类划分标准：

A 类车辆：① 整车进口的一切机动车辆。② 主要零配件由国外进口、国内组装的套牌车辆。③ 合资企业生产的 16 座以上（含 16 座）的客车。④ 外资、合资企业生产的摩托车。⑤ 下列车辆品牌和车型：北京切诺基 V6、广州本田、上海别克、上海帕萨特、湖北雷诺、长春奥迪系列、天津丰田；其他合资企业生产的国产化低于 70%的机动车辆。

B 类车辆是指除 A 类车辆以外的机动车辆，车辆种类分为客车、货车、挂车、专用车辆、摩托车等。

客车：客车的座位（包括驾驶员座位）以公安交通管理部门核发的机动车行驶证载明的座位为准，不足标准座位的客车按同型号客车的标准计算。

货车：所有通用载货车辆、厢式货车、集装箱牵引车、电瓶运输车、简易农用车、装有起重机械但以载重为主的起重运输车等，均按其载重量分档计费。客货两用车按客车和货车中相应的高档费率计费。

挂车：挂车指没有机动性能，需用机动车拖带的载重车、平板车、专用机械设备车、超长悬挂车等。

专用车辆：① 油罐车、气罐车、液罐车、冷藏车。适用于各类装载油料、气体、液体等专用罐车，或适用于装有冷冻或加温设备的厢式车辆。普通载重货车加装罐体都按此档计费。② 起重车、装卸车、工程车、检测车、邮电车、消防车、清洁车、医疗车、救护车。适用于各种有起重、装卸、升降、搅拌等工程设备或功能的专用车辆；同时适用于车内固定专有专用仪器设备，从事专业的检测、消防、医疗、救护、电视转播、雷达、X 光检查等的车辆。邮电车辆也按此档计费。

摩托车：适用于二轮、三轮、轻便及残疾人员专用三轮电动车等各类摩托车。载货的三轮摩托车，其载重吨位小于 0.5 吨的按此档计费。

（二）费率说明

1.“机动车辆保险费率”中车辆种类Ⅰ、Ⅱ类使用说明

（1）车辆单独投保第三者责任险，或投保第三者责任险及其附加险时，保险费应根据基本险费率表对应的档次计算。

（2）同时投保车辆损失险和第三者责任险时，第三者责任险的保险费在基本险费率表对应档次的固定保险费率基础上优惠 10%。但投保后不论保险合同是否生效，投保人（被保险人）要求退保车辆损失险时，应补缴第三者责任险优惠部分的保险费。

（3）第三者责任险保险费的计算说明。

A. 机动车辆第三者责任险的固定保险费，是指按不同车辆种类和使用性质对应的第三者责任险，每次最高赔偿限额为 5 万元、10 万元、20 万元、50 万元、100 万元时的保险费。

B. 第三者责任险的保险费，按投保时确定的每次事故最高赔偿限额对应的固定保险费收取。

（4）上海、广东、福建、浙江、江苏五省市的第三者责任险费率，在基本费率表对应档次基础上上浮 20%。

（5）集装箱专用运输车辆的车辆损失险和第三者责任险的费率，在基础险率表对应档次基础上上浮 20%。

（6）大连市车辆损失险费率在基础险费率上上浮 20%。

（7）同时挂粤澳号的车辆和在深圳特区以外行驶的同时挂粤澳号的车辆，其车辆损失险和第三者责任险费率，在基本费率表对应档次基础上上浮 20%。

2. 摩托车、拖拉机保险单、费率使用说明

（1）摩托车、拖拉机保险单使用说明：① 在单独投保第三者责任险或第三者责任险及其附加险时，由投保人与保险人协商确定选择普通保险单或定额保险单。② 投保车辆损失险时一律使用普通保险单。③ 摩托车、拖拉机责任险定额保险单，仅适用于使用性质为非营业的。营业性摩托车、拖拉机一律使用普通保险单。

（2）第三者责任险赔偿限额的确定方法：摩托车、拖拉机第三者责任险的赔偿限额分为2万元、5万元、10万元、20万元四个档次。

摩托车、拖拉机责任险定额保险单分为 A、B、C 三类：① A 类定额保单：排气量 0.05 L 以上的摩托车，货发动机功率大于 14.7 kW 的拖拉机，赔偿限额最低档次为 5 万元。② B 类定额保单：排气量 0.05 L 以上的摩托车，货发动机功率大于 14.7 kW 的拖拉机，赔偿限额最低档次为 20 万元。③ C 类定额保单：排气量 0.05 L 以下的摩托车，货发动机功率大于 14.7 kW 的拖拉机，赔偿限额最低档次为 2 万元。

摩托车、拖拉机责任险定额保险单销售区域划分：① A 类定额保单销售区域为广东、福建、浙江、江苏四省，直辖市、计划单列市及各省、自治区省会城市。② B 类定额保单销售区域为 A 类定额保单销售区域以外的地区。③ C 类定额保单销售区域为全国。

3. 对其他特种类型车辆按费率表中选择相应档次计费

如罐装车按罐车档计费，大于 0.5 吨的载货三轮车按"二吨以下货车"档计费。

4. 年费率、月费率与日费率使用标准

（1）机动车辆保险基本险费率表和机动车辆保险附加险费率表，适用于保险期限为一年的保险费率计算。

（2）投保时，保险期限不足一年的按短期月费率计收保险费，保险期不足一个月按整月计算。

五、计算保险费

（一）汽车保险第一年费用计算

首先要看清楚保险公司都能保什么，像车辆的碰撞行为，这些都是必保的。但有些保险公司将由于火灾、爆炸而引起的车辆损失列为保险主产品之外，有些公司则将自然灾害造成的车辆损坏剔除出保险责任，这些都是在保险条款里面明示的，广大车主在投保之前一定要认真阅读。

其次要搞清楚保险公司不保什么。对于保险公司列明的责任免除部分，更要看明白。以往的经验表明，消费者在理赔时与保险公司发生纠纷，往往就在这一部分。如玻璃单独破碎和车身划痕，这两项在大部分保险公司的保险责任中都是免除责任，需要附加在主险之外。

汽车保险费用计算方式：

车辆损失险保费＝基本保险费＋本险种保险金额×费率

第三者责任险保费＝固定档次赔偿限额对应的固定保险费

全车盗抢险保费=车辆实际价值×费率

新增加设备损失险保费=本险种保险金额×费率

玻璃单独破碎险保费=新车购置价×费率

自燃损失险保费=本险种保险金额×费率

车上责任险保费=本险种赔偿限额×费率

车载货物掉落责任险保费=本险种赔偿限额×费率

不计免赔特约险保费=（车辆损失险保险费+第三者责任险保险费）×费率

其中，影响费率的因素主要是车辆价格、年限、行驶区域、险种组合、保险额度和使用性质等。基础保费和费率都是可以查表的，就是我们常说的费率表。不同地区的费率表不同，保险协会指定保监会批准的费率表按省、自治区、直辖市和计划单列市将全国划分了 40 多个地区，全国的 50 多家保险公司在此基础上根据各自的情况对费率表做些微调，成为各家公司的费率表。在此基础上计算出来标准保费后，各保险公司根据各自公司的承保政策，对标准保费上浮或者下浮，车辆保险费用计算就能最终确定下来。

汽车保险中三者险投保车型的不同，保金也不尽相同。在汽车保险费用计算上，要根据具体情况进行具体分析。

（二）汽车保险第二年费用计算

保险专家解释，汽车第二年保险费计算应将交强险和商业险分开，因为两个险种的性质不一样，保险费的计算方法也有所区别。交强险的价格是浮动的，第二年按出险次数、是否发生道路交通事故、是否有交通违法、酒驾等实行浮动费率。如果第一年没有出险，第二年打 9 折，第三年就打 8 折，第四年就打 7 折，最多只能打到 7 折。但是如果第一年出险一次，第二年就不打折，还是跟第一年的交强险价格一样，如果出险两次以上（含两次），就上浮 10%。如果在上一年发生有责任道路交通死亡事故，第二年续保时交强险价格上浮 30%。另外，如果有酒驾情况的话，根据车主所在地的规定，有酒后驾车违法行为，一次上浮的交强险费率控制在 10%～15%；而有醉酒驾驶违法行为，一次上浮的交强险费率控制在 20%～30%，累计上浮的费率不得超过 60%。实行浮动保险费率制度后，可根据司机的违法、交通肇事记录，在车主缴汽车第二年保险费时动态调整其交强险的缴费金额。换句话说，司机违法越多，第二年缴的交强险费用就越多，其根本目的是鼓励安全驾驶，预防交通事故。

汽车第二年保险费除了交强险的费用，还包括商业险的费用。商业险也会根据一些因素来实行浮动费率，其中一个最主要的原则就是，第一年出险记录多的，汽车第二年保险费就会上浮，出险记录少的，就能享受到保费优惠。

通常，保险公司规定如下这三种情况可以享受保费优惠：

（1）第一年没有出险；

（2）出险次数在两次以下（包括两次）；

（3）第一年赔付金额低于保费金额。

如果车主符合上述三种情况，那么车主将在第二年得到优惠的保险价格。如果车主在第一年多次出险，汽车第二年保险费肯定要上涨，甚至比第一年保费还高，即使更换保险公司也无济于事。因为目前大部分保险公司的系统已经联网，可查出车主的出险记录。如果多次出险，保险公司就会将该车主列入"黑名单"。

六、核保的主要内容

核保的主要内容包括：

（1）投保人资格。对于投保人资格进行审核的核心是认定投保人对保险标的拥有保险利益，汽车保险业务中主要是通过核对行驶证来完成的。

（2）投保人或被保险人的基本情况。投保人或被保险人的基本情况主要是针对车队业务的。

通过了解企业的性质、是否设有安保部门、经营方式、运行主要线路等，分析投保人或被保险人对车辆管理的技术管理状况，保险公司可以及时发现其可能存在的经营风险，采取必要的措施降低和控制风险。

（3）投保人或被保险人的信誉。投保人与被保险人的信誉是核保工作的重点之一。对于投保人和被保险人的信誉调查和评估逐步成为汽车核保工作的重要内容。评估投保人与被保险人信誉的一个重要手段是对其以往损失和赔付情况进行了解，那些没有合理原因，却经常"跳槽"的被保险人往往存在道德风险。

（4）保险标的。对保险车辆应尽可能采用"验车承保"的方式，即对车辆进行实际的检验，包括了解车辆的使用和管理情况，复印行驶证、购置车辆的完税费凭证，拓印发动机与车架号码，对于一些高档车辆还应当建立车辆档案。

（5）保险金额。保险金额的确定涉及保险公司及被保险人的利益，往往是双方争议的焦点，因此保险金额的确定是汽车保险核保中的一个重要内容。在具体的核保工作中，应当根据公司制定的汽车市场指导价格确定保险金额。对投保人要求按照低于这一价格投保的，应当尽量劝说并将理赔时可能出现的问题进行说明和解释。对于投保人坚持己见的，应当向投保人说明后果并要求其对自己的要求进行确认，同时在保险单的批注栏上明确。

（6）保险费。核保人员对于保险费的审核主要分为费率适用的审核和计算的审核。

（7）附加条款。主险和标准条款提供的是适应汽车风险共性的保障，但是作为风险的个体是有其特性的。一个完善的保险方案不仅要解决共性的问题，更重要的是解决个性问题，附加条款适用于风险的个性问题。特殊性往往意味着高风险，所以，在对附加条款的适用问题上更应当注意对风险的特别评估和分析，谨慎接受和制定条件。

第三节 缮制与签发保险单证

一、缮制与签发保险单证的流程

缮制与签发保险单证流程是：缮制保险单—复核保险单—收取保险单—签发保险单、保险证—保险单证补录—清分单证—单证归档。

（1）缮制保险单：根据核保人员签署的意见制定。

（2）复核保险单：复核人员接到投保单、保险单及其副表应认真核对。

（3）开具保费收据：由财务人员开收据。

（4）收取保险费：投保人凭保险费收据办理交费手续。

（5）签发保险单、保险证（担保卡）。

二、保险单证补录

手工出单的机动车辆保险单、批单、提车暂保单、定额保单，必须逐笔补录到公司计算机动车辆保险业务数据库中，补录应在出单后 10 个工作日内完成。单证补录前应经专人审核、检查，并经专人输录。

三、保险单证的清分与归档

1. 单证的清分

（1）对已填具的投保单、保险单、保费收据、保险证，业务人员应进行清理归类，投保单的附表要粘贴在投保单背面，并加盖骑缝章。

（2）清分时按清分给被保险人的单证、送计财的单证、业务部门留存的单证做分类处理。

2. 归档统计

（1）登记。业务部门应建立承保登记簿，将承保情况逐笔登记，并编制承保日报表。

（2）归档。每一套承保单证的整理顺序为：保费收据、保险单副本、投保单及其附表。按保险单号码顺序排列，装订成册，封面及装订要按档案规定办理，并标明档案保存期限。

第四节 续保与批改

一、续 保

续保应注意以下事项：

1. 多次出险保费或上浮

保险专家表示，车辆有出险记录时续保有 2 种情况：一种是交强险续保，由于各家保险公司交强险已形成数据共享平台，因此不可避免保费上浮；另一种情况是商业险续保，有可能转投其他公司保费不会上浮，但从诚信原则考虑，车主须向保险公司履行如实告知义务。

根据交强险费率浮动办法，上一年度如果未出险，车主可享受一定程度的保费优惠，出险次数较多保费将可能上浮。如上一年度发生两次及以上有责任的交通事故，保费将上浮 10%。

2. "脱保" 或增加保费

不少车主续保不及时，使得爱车在一段时间处于"裸奔"状态。需要引起车主们重视的是，"脱保"超过一定期限后再续保可能会面临费率上浮，而提前续保则一般会有一定优惠。如有的车险公司在"脱保"一个月内续保，保险费率不会上浮；但超过一个月，由于可能带来事后

投保的道德风险，因此费率会上浮。此外，"脱保"后再续保还须重新验车，增加了投保手续。

3. 按车龄长短选择险种

对于新车车主来说，首次投保往往由 4S 店全权代理，车主对车险险种缺乏了解。保险专家提醒车主，买车险应考虑保障和经济两方面，考虑到新车品相较好，受损几率相对较高，对车龄 1 年的新车来说，建议尽量选择保障较全面的主险和附加险，至少应包括车辆损失险、第三者责任险、盗抢险、车上人员险、玻璃单独破碎险和划痕险，并最好按车辆购买价格足额投保。而在车龄较长的情况下，投保时建议倾向于第三者责任险和车上人员险。

4. 直接找保险公司续保

此前，保险公司为争夺市场，大幅提高车险代理渠道费率，甚至一度提高到 20%、30% 左右，因此，许多车主倾向于通过中介投保。而随着去年监管部门加大车险中介市场整顿力度，车险中介给予车主的折扣也大大减少。

二、批　改

（一）车险保单批改种类及适用规则

1. 普通批改

本批改项适用于变更车辆信息（包括车型、车辆种类、车辆用途、座位数/载质量、注册登记年月、车辆使用性质、车辆报废年限）、批增/减承保险别和车辆过户、修改投保人及被保险人的姓名或者名称，以及邮编、地址、电话等信息的批改。

2. 退保批改

本批改项适用于保单退保处理。

3. 保单（或标志）遗失补办批改

本批改适用于保险单、保险标志发生损毁或者遗失申请补办的情况。

4. 手续费批改

本批改仅适用于对于保单进行手续费比例及金额的批改，不适用于对于业务来源渠道、代理人及代理协议的变更，并且在批改手续费比例时不得超过原保单所属代理协议的手续费比例上限。

（二）办理车险保单批改所需要件

1. 普通批改所需要件

（1）由于投保人投保信息或其他原因导致的批改：① 保单正本；② 车辆行驶证或机动车登记证书；③ 投保人、被保险人身份证；④ 若委托他人办理的还须委托书（见附件 2）及经办人的身份证；⑤ 批改申请书。

（2）由于车辆过户导致的批改：① 保单正本；② 车辆行驶证原件；③ 机动车登记证书

原件；④ 车辆过户交易票复印件；⑤ 投保人、被保险人身份证原件（若为单位客户，则需单位盖章确认的过户申请）或过户后车主身份证（若为单位客户，则需单位盖章确认的过户申请）；⑥ 委托他人办理的，还须委托书及经办人的身份证；⑦ 批改申请书（须有投保人、被保险人或过户后车主的签字或签章）。

上述（1）、（2）类原因的批改申请书填写格式见附件 1（内容 1）。

（3）由于分公司经办人员操作失误导致的批改：① 车辆行驶证或投保人、被保险人身份证复印件；② 批改申请书（经办人须将操作失误原因据实填写在批改申请书上，并由经办部门经理签字确认后方可批改）。该原因的批改申请书填写格式见附件 1（内容 2）。

2. 退保（或批减险种）批改所需要件

（1）交强险允许退保的情况。根据《交强险承保实务（2009 版）》规定，投保人解除交强险合同只允许在以下 6 种情况之下：① 被保险机动车被依法注销登记的；② 被保险机动车办理停驶的；③ 被保险机动车经公安机关证实丢失的；④ 投保人重复投保交强险的（只能退保保险起期在后面的保单）；⑤ 被保险机动车被转卖、转让、赠送至车籍所在地以外的地方（车籍所在地按地市级行政区划划分）；⑥ 新车因质量问题被销售商收回或因相关技术参数不符合国家规定、交管部门不予上户的。

（2）商业险允许退保（或批减险种）的情况除上述交强险允许退保的情况外，客户可根据其他实际情况退保。

上述（1）、（2）类情况界定为客户正常退保（或批减险种）。

（3）由于分公司经办人员操作失误，且无法通过批改处理导致的保单退保（或批减险种）情况。本条所述情况界定为非客户正常原因导致的退保（或批减险种）。

（4）车险退保（或批减险种）必须要件（客户正常退保）：① 保单及发票正本、交强险标志。② 投保人或被保险人签字（签章）确认的退保申请书。③ 投保人或被保险人的身份证原件，若委托他人办理，还必须有委托书及代办人的身份证原件。④ 对于投保人或被保险人无法提供保险单和标志的，必须由投保人或被保险人亲自办理退保手续，并提供签字（章）确认的书面情况说明，经同意后可办理退保（或批减险种）手续。⑤ 针对不同退保原因，办理退保必须的其他要件：A. 车辆报废证明或报废车辆回收证明；B. 交管局车管所出具的车辆停驶证明；C. 公安刑侦部门出具的车辆封档通知书；D. 签单日在前的其他公司保单原件；E. 车辆转卖交易票原件或已经变更的车辆登记证、行驶证原件；F. 车辆有质量问题的相关证明；G. 其他必要的材料。

（5）车险退保（或批减险种）必须要件（非客户正常退保）：① 保单及发票正本、交强险标志；② 批改申请书（经办人须将操作失误原因据实填写在批改申请书上，并由经办部门经理签字确认后方可批改）；③ 若是交强险退保，只允许重复投保交强险情况下的操作，且必须在批改申请书上注明在保险公司重新出具的交强险保单号。该原因的批改申请书填写格式见附件 1（内容 3）。

3. 保单（或标志）遗失补办批改所需要件

（1）保单（或标志）遗失补办的情况：① 交强险保险单、保险标志发生损毁或者遗失申请补办的，可在收到投保人或被保险人的书面补发申请后，通过业务系统重新打印保险单并加盖带有"补发"字样的印章，也可在与投保人协商同意的情况下，用抄件或业务留存联复印件替代；② 商业险发生损毁或者遗失申请补办的，一般情况下，可在收到投保人或被保险人的书面补发申请后，向其提供单证业务留存联复印件并加盖业务专用章。

（2）保单（或标志）遗失补办必须要件：① 投保人或被保险人身份证（若为单位客户，则需单位盖章确认的补办申请）；② 机动车行驶证；③ 若有车辆过户情况，需要提供过户双方的身份证方可予以补办；④ 交强险单证、标志补办申请（申请格式见附件1）。

4. 手续费批改所需要件

（1）批改申请书。

（2）申请更改手续费比例或金额的车险业务明细及车险业务专报（业务专报中须注明手续费比例金额更改原因，并由部门经理签字确认）。

（三）办理车险保单批改流程

1. 由于投保人原因需办理批改的

（1）流程示意图（图6.2）：

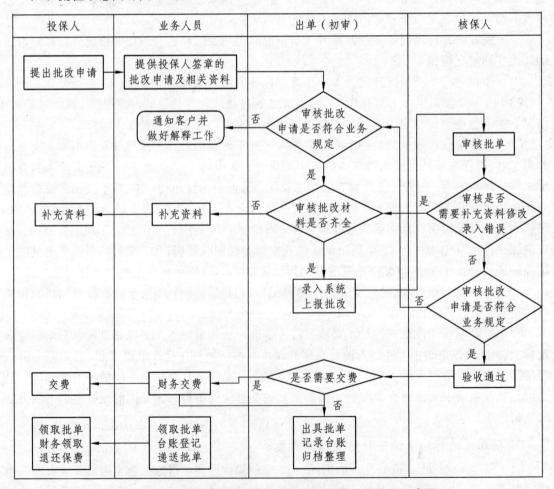

图 6.2　由于投保人原因需办理车险保单批改的流程示意图

（2）流程说明：

① 投保人提出批改申请（投保人或被保险人要签字确认，若为单位须单位盖章确认），并提供上述"办理车险保单批改情况及所需要件"中"由于投保人原因所致批改"要求的要件。

② 业务经办部门受理，业务经办人或综合内勤核实办理批改者身份，初核投保人或被保险人提供的要件（身份证原件查验后，核实人员签"与原件核实无异"确认），同时核实该保单是否有理赔未了案件（要求理赔部相关人员签字确认）。

③ 业务经办人或综合内勤将以上事项核实无误后，如批减或退保保单涉及中介费用的，妥善处理好退保涉及的中介费用追回问题，涉及批减或退保保单的须由部门经理签字确认。

④ 业务经办人或综合内勤将已核实的所有车险批改资料交由核保人复核，核保人复核所有批改资料无误后，在批改申请上签字确认。

⑤ 出单中心按核保人的核保意见，核实所有批改资料无误后，录入核心系统做批改处理，出具批单，留存上述"办理车险保单批改情况及所需要件"中要求的要件。

⑥ 若涉及保费变化的，投保人或被保险人（或代办人）持批单和相关要件，到财会部办理缴纳保费或领取退保费等手续，业务经办人或综合内勤协助办理。退保费原则上退回被保险人账号（被保险人信用卡）。如有其他情况，按照分公司财会部相关规定执行。

2. 由于非客户正常原因办理批改的

（1）导致批改发生的责任人可以为业务经办人，由其提出批改申请（批改申请中须注明操作失误原因），并提供上述"办理车险保单批改情况及所需要件"中"由于非客户正常所致批改"要求的要件。

（2）业务经办人将批改申请及相关资料提交部门经理审核，部门经理在批改申请书中签署意见。

（3）业务经办人将由部门经理审核后的批改申请及相关资料交由核保人复核，核保人复核所有批改资料无误后，在批改申请上签字确认。核保人同时会纪录业务经办人此类批改数量，每月定期向其部门通报，由其部门进行相关考核。

（4）出单中心按核保人的核保意见，核实所有批改资料无误后，录入核心系统做批改处理（核心业务系统的批改原因按批改申请据实录入），出具批单，留存相关要件。

（5）若涉及保费变化的，业务经办人持批单和相关要件，到财会部办理缴纳保费或领取退保费等手续。

（6）若涉及手续费批改，业务经办人向承保部提交车险业务专报及批改明细；承保部审批后，持批改申请及批改明细由出单中心予以办理。

（四）办理车险保单批改注意事项

（1）分公司车险批改权限只在分公司出单中心及支公司办理，各车险远程出单机构不允许办理车险批改权限，其代理业务的批改由专管员协助在分公司或支公司办理。

（2）投保人申请批改的内容必须符合监管规定，符合费率方案的规定，符合总公司、分公司的承保政策，且业务操作系统能够给予技术支持，严禁无理由进行保单批改，不允许以点、杠等符号替代批改理由。

（3）批单必须在保险单有效期内进行批改，不允许倒签单或对已到期保单进行批改。倒签单的判定标准是：批改生效日期早于批改录入日期，批单生效日期最早应为自提出批改申请次日零时始。

（4）批文应与所作的批改相对应，不可在批文中任意增加与批改内容无关的描述，也不得删除系统生成的批文内容及计算公式；对于由于非客户正常原因导致的批改，可以在业务系统据实录入批改原因。

（5）除新车加牌批单，批改前应查看此保单是否有未决案件；有未决案件的需经理赔部门书面签署同意后方可批改。

（6）不可进行更换保险标的批改，如同时批改车辆信息中的车牌号码、发动机号和车架号中的任意两项。

（7）涉及过户的，除需核实其过户证明资料，如二手车购车发票、新的行驶证、车辆登记本复印件外，还需对保单中涉及车辆实际价值的险别按交易票实际价值进行批改。

（8）严禁违规进行保费批退。减费批改业务需查看此单是否已全额交费，未作交费确认的保单不可以进行减费批改。涉及批减险种或批减保费的，出单中心必须在保单正本与批单上加盖"骑缝章"。对交强险或商业险费率浮动有误、商业险保险金额下调等情况不允许做批减批单。确实需要更改的，应按退保重新出单处理。

（9）支公司涉及保费变化的批单及过户的批单，批改前须将批改申请等所有批改资料上传至影像系统或分公司核保人处，核保人须在审核批改手续齐全后方可给予核批通过。

（10）办理车险批改时提供的手续不完备或不符合上述流程的，车险核保人不予审核，出单中心不予办理。

（五）特殊情况的保单退保

如果由于其他原因，无法按上述流程正常退保（如无法提供退保相关手续等），由业务经办人填写特殊业务申请单（见附件3），业务部经理确认后上报承保部经理审批同意后办理，但涉及的保单中介费用由业务部负责追回。

附件1：

机动车保险批改申请书（内容1）

××保险有限公司：

本人投保的＿＿＿＿＿＿＿（号牌号码）＿＿＿＿＿＿＿（品牌型号）车辆，保险单号＿＿＿＿＿＿＿＿＿。因＿＿＿＿＿＿＿＿＿（原因），向贵公司申请办理变更手续。具体申请变更内容如下：

变更项目　　　　　　变更前　　　　　　申请变更为

特此申请。

投保人签字/章：
年　月　日

机动车保险批改申请书（内容2）

××保险有限公司：

保险单号_____（号牌号码）_____（品牌型号）_____的车辆，因_____（业务员填写投保单有误；录单员录入有误），特申请办理变更手续。

具体申请变更内容如下：

变更项目　　　　　　　　变更前　　　　　　　申请变更为

特此申请。

相关责任人签字/章：
责任人部门经理签字：
年　　月　　日

机动车保险批改申请书（内容3）

××保险有限公司：

保险单号_____（号牌号码）_____（品牌型号）____的车辆，因_____（业务员填写投保单有误；录单员录入有误；保额或费率系数有误）原因，特申请批减（或退保）_____（险别）。重新出保单号为：_____。

特此申请。

相关责任人签字/章：
责任人部门经理签字：
年　　月　　日

机动车交通事故责任强制保险单证、标志补办申请

××保险有限公司：

_____（申请人名称/姓名）因_____致交强险_____车的保险单/定额保险单/批单/标志）于____年____月___日（损毁/遗失），特申请补办。

机动车交强险基本信息如下：

号牌号码：_____发动机号：_____

保险期间：___年___月___日零时至___年___月___日二十四时

申请人身份证号码（组织机构代码）：

申请人签章（签字）：
年　　月　　日

附件2：

办理退保委托书（单位客户）

××保险有限公司××分公司：

本单位在贵公司投保车辆保险，车辆牌照号码为：_____，行驶证车主为：_____，保单号为_____。由于_____原因，该车辆需要退保，本单位特委托_____（姓名）（身份证号为□□□□□□□□□□□□□□□□□□），持本单位退保申请及相关保单

退保手续，前往贵公司办理退保，退保费（□划入本单位账户　□由_____（姓名）代为领取）。如发生任何经济纠纷由本单位自行负责，与贵公司无关。

单位户名：　　　　　单位账号：

此致。

投保人/被保险人签章：
年　　月　　日

办理退保委托书（个人客户）

××保险有限公司××分公司：

本人在贵公司投保车辆保险，车辆牌照号码为：_____，行驶证车主为：_____，保单号为_____。由于_____原因，该车辆需要退保，本人因故无法前往贵公司办理车辆退保手续，特委托____（姓名）（身份证号为□□□□□□□□□□□□□□□□□□），持本人身份证件及相关保单退保手续，前往贵公司办理退保手续，代本人领取退保费。如发生任何经济纠纷由本人自行负责，与贵公司无关。

此致。

投保人/被保险人签章：
年　　月　　日

注：上述委托书应由投保人/被保险人填写。

附件3：

××保险有限公司××分公司
特殊业务申报单

被保险人		车牌号	
业务经办部门		业务经办人	
情况或问题详述 □退保要件不齐备 □中介费用不认可 □其他情况 具体情况说明：			
视需要由客户签字确认			
业务部经理意见			
车险核保人意见			
承保部经理意见			

思考与练习

1. 什么是投保单？填写投保单的基本要求是什么？
2. 核保的意义和主要内容是什么？
3. 在查验车辆过程中，查验的主要内容是什么？
4. 请查阅资料回答：核保人员分为几个等级？其权限是什么？
5. 什么情况下汽车保险单需要批改？

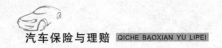
第七章　汽车保险理赔实务

第一节　汽车理赔概述

一、汽车保险理赔的含义

汽车保险理赔是指被保险车辆在发生保险责任范围内的损失后，保险人依据保险合同条款的约定，审核保险责任、确认损失程度，对被保险人提出的索赔请求进行处理的法律行为。

汽车保险理赔的职能是在机动车辆发生保险事故，有财产损失、人员伤亡时给予被保险人经济补偿，以保障社会生产的持续进行，维持社会安定，以保护保险当事人双方的利益。汽车保险理赔涉及保险合同双方的权利和义务的实现，是保险经营中的一项重要内容。

二、汽车保险理赔的原则

为了提高汽车保险理赔工作质量，汽车保险理赔必须遵循如下原则。

（一）重合同、守信用原则

保险人同被保险人之间的保险关系，是通过保险合同建立起来的。保险人和被保险人的权利和义务，在保险合同中均有明确阐述。在理赔过程中，要按合同的规定处理好每一件赔案。

（二）　实事求是原则

在汽车保险合同中，虽已对保险事故发生后的经济赔偿责任做了较细致的规定，但在实际生活中发生的案件各种各样，比事先预料的复杂得多。加之投保人往往对汽车保险了解不多，认为投保后只要出险就得赔付。这就要求保险人在评估保险事故损失时实事求是，在赔偿出险事故时既不惜赔，也不滥赔。

（三）主动、迅速、准确、合理的原则

这一原则是衡量和检查机动车保险理赔工作质量的标准，是根据我国保险企业多年来的理赔工作实践总结出来的指导原则。

主动，就是要求理赔人员办理出险索赔案件要主动受理，不推诿。

迅速，是指接险后反应快，及时到出险现场，办理赔案不拖延时间，赔付及时。

准确，就是要求保险人对损失案件勘查、定责定损以及赔款计算等，力求准确无误，不发生错赔或滥赔现象。

合理，是指理赔人员根据保险合同规定和实事求是的原则，分清责任，公平地处理赔案。

以上八字原则是辩证的统一体，既不能单纯追求速度快而草率处理案件，也不能只追求精确而不讲效率，致使赔案久拖不决，损害保险公司的形象。

三、汽车保险理赔工作人员应具备的条件

汽车保险理赔工作是一项复杂而琐碎的工作。理赔人员不仅要具备较强的法律法规知识、专业技术知识和相关的业务知识，还要有较强的事业心和实际工作经验以及较强的服务意识。所以，作为理赔人员，应具备下列条件。

（一）实事求是、认真负责

在汽车保险理赔过程中，理赔人员面对形形色色、纷繁复杂的社会人员，要坚持自己的职业操守。如果理赔人员个人修养不够，就容易不顾公司利益，避开公司的监管，小损大报，损公肥私，造成公司理赔黑洞。

（二）熟悉汽车的结构原理和相关的维修知识

汽车保险理赔人员只有在了解汽车基本结构原理和维修工艺的基础上，掌握维修工时及大量配件价格，在处理赔案时才能做到定损准确、合理。目前我国汽车品牌繁多、车型复杂，理赔人员要不断学习，才能合理制订合理的维修方案。

（三）熟悉并准确理解汽车保险条款，结合实际，合理应用

汽车保险合同条款是处理理赔的重要依据，但条款的制定不可能包括所有可能发生的事故，这就要求我们的理赔人员在对条款准确理解的基础上，结合事故的具体情况，充分运用保险基本原则去解决实际问题，不能完全照搬条款，否则就失去了保险的本意。所以，理赔人员在处理赔案时要根据条款、实事求是地审慎处理赔案。

（四）熟悉道路交通法规和相关的保险法

道路交通事故的责任划分，直接影响到相关保险公司的赔款数额，所以，作为理赔人员应该懂得事故的责任划分是否合理，赔偿计算是否正确。在道路交通事故中，伤人案件很多，诉讼纠纷不断，这就要求汽车保险理赔人员熟悉合同法、民法通则等相关法律，只有这样，才能很好地处理赔案，做好客户的解释工作，使顾客信服，提高保险公司的声誉。

第二节　汽车保险理赔的处理程序

汽车保险的理赔工作过程是指从接受被保险人的出险报案开始，通过现场查勘，确定保险责任和赔偿金额，直至给付赔款的整个过程。理赔工作是一项复杂而繁重的工作。

汽车保险理赔业务流程对于不同的保险公司有一些细小的差别，实际的业务类型也有些区别。但综合来看，一般包括受理案件、现场勘查、确定保险责任、立案、定损核损、赔款理算、缮制赔款计算书、结案归档等过程。

现以中国人民保险公司的汽车保险理赔为例，理赔流程如图7.1所示：

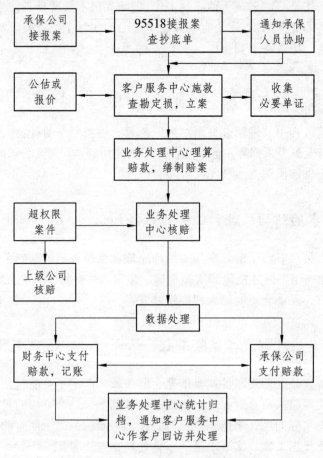

图7.1　中国人民保险公司理赔流程图

一、受理案件

受理案件是保险公司接受报案、做好记录并安排人员查勘的过程，这是理赔环节的第一步。受理案件后，开始由查勘定损人员进行现场查勘与定损工作。

受理报案的操作流程图如图7.2所示：

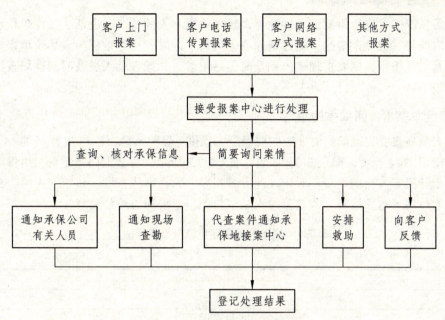

图 7.2　受理案件的操作流程图

（一）接受报案

保险汽车出险后，被保险人应迅速向保险人报案。一般来说，如果是在本地出险，应立即前往（或电话通知）所投保的保险公司报案，填写索赔申请书。如果是在外地出险，应及时向当地保险分公司报案，在当地公司查勘定损完毕后，即可向承保公司办理索赔。

机动车辆发生保险事故后，被保险人应及时向保险公司报案，除不可抗拒力外，被保险人应在保险事故发生后的 48 小时内通知保险公司。我国《保险法》规定，投保人、被保险人或者受益人知道保险事故发生后，应当及时通知保险人。否则，造成损失无法确定或扩大的部分，保险人不承担赔偿责任。保险公司及时受理案件，早期进行调查，容易掌握事故发生的真实原因，有利于尽快确定案件损失，履行赔偿责任。

保险人一般都向被保险人提供了多种便捷、畅通的报案渠道。可采取的报案方式通常有：上门报案、电话报案、传真报案等。其中，电话报案快捷方便，是最常用的报案方式，各大保险公司也提供了全国统一的报案电话，如中国人民保险公司的 95518，太平洋保险公司的 95500，平安保险公司的 95512 等。

被保险人可向保险公司的理赔部门或客户服务中心报案，也可向经营单位或业务人员或保险公司的代理人等报案。对于在外地出险的事故，如果保险人在出险地有分支机构，被保险人可直接向其分支机构报案。虽说保险人提供了多种报案渠道，但在现实中，被保险人出险后，也会因交通不便、通信受阻等无法及时报案，此时可暂缓报案，等有条件时再报案，但一定要向保险人说明事实真相。

1. 报案记录

理赔人员在接到报案时，应详细询问报案人姓名及联系方式、被保险人名称、驾驶员情况、厂牌车型、牌照号码、保险单号码、出险险别、出险日期、出险地点、出险原因和预估

损失金额等情况，并进行报案记录。此外，还应将报案人的姓名、电话、工作单位、详细住址和报案时间等一起登记清楚，迅速通知业务人员。同时，指导被保险人尽快填报索赔申请书。如果是电话报案，则要求理赔内勤及时做好记录，并派查勘人员及时到现场查勘，并填写索赔申请书。

2. 保险车辆出险通知书的填写

业务人员在接受报案的同时，应向被保险人提供《保险车辆出险通知书》(也称为《保险车辆索赔申请书》)和《索赔须知》，如表7.1、表7.2所示。对于上门报案的，由保险公司的接待人员指导报案人当场填写；对于其他方式报案的，在事故查勘、核定损失时，由保险公司的专业人员现场指导填写。若被保险人是单位的，还需加盖单位公章。

表 7.1　汽车保险索赔申请书格式样例

报案编号：

被保险人：		保险单号：	
厂牌型号：	号牌号码：	牌照底色：	车辆种类：
出险时间：		出险原因：	
报案人：		报案时间：	
报案方式：□电话 □传真 □上门 □其他		是否第一现场报案：□是 □否	
联系人：		联系电话：	
出险地点：		出险地邮政编码：	
出险地点分类	□高速公路 □普通公路 □城市道路□乡村道路及机耕道 □场院及其他	车辆已行驶里程： 车辆初次登记日期：	已使用年限：
处理部门：□交警 □其他事故处理部门 □保险公司 □自行处理		排量/功率：	
驾驶人员情况	驾驶人员姓名：	初次领证日期：　年　月　日	
	驾驶证号码：□□□□□□□□□□□□□□□□□□		
	准驾车型：□A □B □C □其他	性别：□男 □女	年龄：
	职业分类	□职业驾驶员 □国家社会管理者 □企业管理人员 □私营企业主 □专业技术人员 □办事人员 □个体工商户 □商业服务业人员 □产业工人 □农业劳动者 □军人 □其他	
	文化程度：□研究生以上 □大学本科 □大专 □中专 □高中 □初中及以下		

事故经过：(请您如实填报事故经过，报案时的任何虚假、欺诈行为，均可能成为保险人拒绝赔偿的依据。)

报案人签字：
年　月　日

××××财产保险公司＿＿＿＿＿＿＿＿＿＿＿＿＿＿＿＿＿：

本人的保险车辆发生的上述事故已结案，相关的索赔材料已整理齐全，现特向贵公司提出索赔申请。

本人声明：以上所填写的内容和向贵公司提交的索赔材料真实、可靠，没有任何虚假和隐瞒。

此致

被保险人签章：
年　月　日

表 7.2 ××财产保险公司机动车辆保险索赔须知

（被保险人名称/姓名）：	

由于您投保的机动车辆发生了事故，请您在向我公司提交《机动车辆保险索赔申请书》的同时，依照我公司的要求，提供以下有关单证。如果您遇到困难，请随时拨打××保险公司的服务专线电话"×××××"，我公司将竭诚为您提供优质、高效的保险服务。谢谢您的合作！

机动车辆索赔材料手续明细如下：

1. □《机动车辆保险索赔申请书》

2. □机动车辆保险单正本 □保险车辆互碰卡

3. 事故处理部门出具的： □交通事故责任认定书 □调解书 □简易事故处理书 □其他事故证明（ ）

4. 法院、仲裁机构出具的：□裁定书 □裁决书 □调解书 □判决书 □仲裁书

5. 涉及车辆损失还需提供：□《机动车辆保险车辆损失情况确认书》及《修理项目清单》和《零部件更换项目清单》 □车辆修理的正式发票（即"汽车维修业专用发票"） □修理材料清单 □结算清单

6. 涉及财产损失还需提供：□《机动车辆保险财产损失确认书》 □设备总体造价及损失程度证明 □设备恢复的工程预算 □财产损失清单 □购置、修复受损财产的有关费用单据

7. 涉及人身伤、残、亡损失还需提供：
□县级以上医院诊断证明　　　　　□出院通知书
□需要护理人员证明　　　　　　　□医疗费报销凭证（须附处方及治疗、用药明细单据）
□残者需提供法医伤残鉴定书　　　□亡者需提供死亡证明
□被抚养人证明材料　　　　　　　□户籍派出所出具的受害者家庭情况证明
□户口　　　　　　　　　　　　　□丧失劳动能力证明
□交通费报销凭证 □住宿费报销凭证 □参加事故处理人员工资证明
□伤、残、亡人员误工证明及收入情况证明（收入超过纳税金额的应提交纳税证明）
□护理人员误工证明及收入情况证明（收入超过纳税金额的应提交纳税证明）
□向第三方支付赔偿费用的过款凭证（须由事故处理部门签章确认）

8. 涉及车辆盗抢案件还需提供：
□机动车行驶证（原件） □出险地县级以上公安刑侦部门出具的盗抢案件立案证明 □已登报声明的证明
□车辆购置附加费凭证和收据（原件）或车辆购置税完税证明和代征车辆购置税缴税收据（原件）或免税证明（原件）
□机动车登记证明（原件） □车辆停驶手续证明 □机动车来历证明 □全套车钥匙

9. 被保险人索赔时，还须提供以下证件原件，经保险公司验证后留存复印件：
□保险车辆《机动车行驶证》 □肇事驾驶人员的《机动车驾驶证》

10. 被保险人领取赔款时，须提供以下材料和证件，经保险公司验证后留存复印件：
□领取赔款授权书 □被保险人身份证明 □领取赔款人员身份证明

11. 需要提供的其他索赔证明和单据：
（1）　　　　　　　　　　　　　　（2）
（3）　　　　　　　　　　　　　　（4）

敬请注意：为确保您能够获得更全面、合理的保险赔偿，我公司在理赔过程中，可能需要您进一步提供上述所列单证以外的其他证明材料。届时，我公司将及时通知您。感谢您对我们工作的理解与支持！

被保险人：		保险公司：	
领到《索赔须知》日期： 年 月 日		交付《索赔须知》日期： 年 月 日	
确认签字：		经办人签字：	
提交索赔材料日期： 年 月 日		收到索赔材料日期： 年 月 日	
确认签字		经办人签字：	

一般来说，索赔申请书应包括如下内容：

（1）保险单证号码。

（2）被保险人名称、地址及电话号码。

（3）保险车辆的种类及厂牌型号、生产日期、第一次申领牌照日期、牌照号码、发动机号码等。

（4）驾驶员情况，包括姓名、住址、年龄、婚否、驾驶证号码、驾龄和与被保险人的关系等。

（5）出险时间、地点。

（6）出险原因及经过，包括事故形态，如正面碰撞、侧面碰撞、追尾碰撞、倾覆、火灾、失窃等；事故原因，如超速、逆向行车、倒车不当等；发生事故前车辆的动态，如行驶方向行驶、行驶速度、超车、转弯等；撞击部位，如车头、车中、车尾等。

（7）尤其涉及第三者的情况时，应将第三者的财产损失包括其姓名、住址、电话号码，以及第三者车辆损失情况（车牌号码、保险单号码、受损情形及承修场所）或其他财产损失情况写明。涉及第三者伤害的，包括伤亡者姓名、性别、受伤情形和所救治的医院名称、地址等。

（8）处理的交通管理部门名称、经办人姓名及电话号码等。

（9）被保险人签章与日期。

3. 报案时间要求

报案时间在保险合同签订时就有一个明确的约定，被保险人应当按照合同约定，及时履行通知义务。

（1）各家保险公司根据自身的实际情况，在保险合同签定时，对有条件报案的被保险人，都通过条款或者特别约定进行时间限制，被保险人应在合同约定的时间范围内及时报案。

（2）在保险车辆出险时，被保险人确实因为交通堵塞、通信中断、受伤等原因而无法在合同约定时间范围内报案的，保险公司可以在了解事实真相、确认事故真实性的基础上进行受理。

（二）单证查核

汽车保险理赔业务人员根据索赔申请书，尽快查抄出险车辆的保险单和批单。根据保险单上载明的被保险人情况、保险车辆情况、投保内容等进行查核。

查核的内容主要包括：

（1）核对保险单证、行车执照和驾驶执照的有效性等。

（2）查核承保内容。

（3）编制理赔案号。

（4）依保险条款初步判定是否应负赔偿责任，若事故原因不属于承保范围，应拒绝受理并以书面形式说明理由。如：① 汽车出险的时间不在保单承保的有效期限之内；② 出险时的驾驶员不是保单中约定的驾驶员；③ 道路交通事故的地点不在保单约定的行驶区域内；④ 道路交通事故不在保单承保范围内或投保种类内；⑤ 道路交通事故发生的结果不能构成要求理赔的条件等。

对于不符合保险合同条件的，应及时通知被保险人，并向其说明情况。

（三）立　案

（1）对于在承保范围且属于保险责任的理赔案件，业务人员应进行理赔登记，正式立案，并对其统一编号和管理。

（2）对于不在保险有效期或明显不属于承保责任的理赔案件，应在索赔申请书和立案登记簿上签注"因×××原因不予立案"的字样，并向报案人耐心解释。

（3）承保车辆在外地出险，需要代查勘的，应立即安排代查勘公司，并填制"代查勘委托书"一式两份，一份自留附案卷内，一份连同保险单底寄发被委托公司，并将其名称登载在立案登记簿上。

二、安排查勘与定损

受理案件结束后，由查勘定损人员进行现场查勘与定损。对于危险事故刚刚发生、危险尚未得到控制的，为了及时掌握现场情况，将损失控制在最小范围内，督促被保险人进行施救，受理案件、现场查勘工作可同步进行。

三、现场查勘与定损

现场查勘是查明交通事故真相的根本措施，是分析事故原因和认定事故责任的基本依据，可为事故损害赔偿提供依据，并为日后可能引发的相关诉讼案件提供有效证据。所以，现场查勘应公正、客观、严密地进行。

保险公司承保的车辆出险以后，需要查勘人员及时进行现场查勘，并依据查勘结果进行定损。查勘定损人员所采用的现场查勘技术是否科学、合理，是现场查勘工作成功与否的关键，直接关系到事故原因的分析与事故责任的认定。

在竞争日趋激烈的汽车保险市场中，事故理赔工作能否及时地完成，车辆估损能否让客户满意，已经成为各大保险公司的竞争焦点，也日益得到各大公司的极大关注。要使保险理赔工作做得周全和顺利，被保险人能及时获得应有的补偿，同时又能维护保险人的利益，做到公平合理，就应该对事故现场进行认真的查勘和复勘，以取得有效证据，保证保险人和被保险人的利益公平。有效的证据必须能够体现事故的真实性、客观性和合法性。可见，事故现场查勘对于降低保险公司的经营风险、维护客户利益、保证汽车保险市场的健康发展、创建和谐社会，具有十分重要的意义。

查勘人员接到保险公司的查勘通知后，应在规定的时限内到达检查现场后，及时向接案中心报告并在 48 小时内进行现场查勘或给予受理意见。受损车辆在外地的检查，可委托当地保险公司在 3 个工作日内完成。

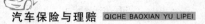

（一）现场查勘与异地出险代查勘

1. 现场查勘的主要内容

现场查勘工作必须由两位以上查勘定损人员参加，尽量查勘第一现场。如果第一现场已经清理，必须查勘第二现场，会同被保险人及有关部门调查了解有关情况。

（1）查明出险时间。确切查明出险时间是否在保险期范围内。对接近保险起止时间的案件应特别注意查实。为核实出险时间，应详细了解车辆启程及返回的时间、行驶路线、伤者住院治疗的时间，如果涉及车辆装载货物出险的，还要了解委托运输单位的装卸货物时间等。

（2）查明出险地点。要准确地查明出险地点。对出险第一现场变动的，要查明原因。

（3）查明报案人身份。确认报案人的身份，是否为被保险人或目击证人，为以后案件的进一步调查作准备。

（4）查明出险车辆情况。查明出险车辆的车型、牌照号码、发动机号码、车架号码、行驶证、是否年检、车身颜色并与保险单或批单核对是否相符，查实车辆的使用性质是否与保险单记载的一致，以及是否运载危险品、车辆结构有无改装或加装。如果与第三方车辆发生事故，应查明第三方车辆的基本情况。

（5）查清驾驶员情况。查清驾驶员姓名、驾驶证号码、准驾车型、初次领证时间等。注意检查驾驶证的有效性，是否为被保险人或其允许的驾驶员等。

（6）查明事故原因。查明事故原因是现场查勘的重点。要深入调查，根据现场查勘技术进行现场查勘，索取证明，搜集证据，全面分析。凡是与事故有关的重要情节，都要尽量收集以反映事故全貌。如发现是酒后驾车、驾驶证与所驾车型不符等嫌疑时，应立即协同公安交通管理部门获取相应证人证言和检验证明等。

对于重大复杂或有疑问的理赔案件，要走访有关现场见证人或知情人，了解事故真相，做出询问记录，载明询问日期和被询问人地址并由被询问人确认签字。

对于造成重大损失的保险事故，如果事故原因存在疑点难以断定的，应要求被保险人、造成事故的驾驶员、受损方对现场查勘记录内容确认并签字。

（7）施救和清理受损财产。① 现场查勘人员到达事故现场后，如果险情尚未控制，应立即会同保险人及其有关部门共同研究，确定施救方案，采取合理的措施施救，以防损失进一步扩大。② 保险车辆受损后，如果当地的修理价格合理，应安排就地修理，不得带故障行驶。如果当地修理费用过高需要拖回本地修理的，应采取防护措施，以防再次发生事故。另外，车回本地后修理价格可由当地业务人员根据当地价格再次核算确定。如果无法修复的，应妥善处理出险车辆的残值部分。

（8）核实损失情况。查清受损车辆、承运货物和其他财产的损失情况及人员伤亡情况。查清事故各方所承担的事故责任比例，确定损失程度。

（9）拍摄事故现场。拍摄事故现场和受损标的照片存档，以便进一步核实或以后复查。

（10）绘制事故现场查勘草图。现场查勘结束后，查勘人员应按照上述内容及要求认真填写现场查勘记录。如果可能，应力争让被保险人或驾驶员确认签字，勘查人员应立即将勘查情况反馈给接案中心。

2. 异地出险代查勘

代查勘限于本保险公司各分支机构所承保的机动车在异地出险的情形，出险当地的保险分支机构均有代查勘并提供各种协助的义务。具体程序如下：

（1）出险地保险公司业务人员接到外地保险车辆在本地出险的通知以后，应查验保险证或保险单。确认是本公司承保的车辆后，询问并记录报案日期、报案人、保险单号、保险类别、被保险人、承保公司、出险时间、地点、原因、牌照号码等。同时，指导被保险人填写索赔申请书，督促其按期交回。

（2）应立即安排现场查勘，并尽快通知承保公司。

（3）查勘人员到达事故现场以后，应视同本公司的赔案处理，认真开展现场查勘工作，按照要求填写查勘记录并由代查勘的公司领导签章。

（4）业务人员应将该案登录代查勘登记簿，并按照规定开具代查勘收据一式两联。一联连同索赔申请书、查勘记录及现场照片、草图、询问记录及有关证明材料等发送承保公司；一联连同索赔申请书、查勘记录等材料在代查勘公司留存备查。

此外，如果承保公司同意并委托进行代定损，应按照规定的定损程序处理。处理完毕后，应将全部案件材料移交承保公司并在代查勘登记簿上注明移交时间。

（二）车辆定损核损

出险车辆的定损核损包括车辆定损、人员伤亡费用的确定、施救费用的确定、其他财产的损失确定和残值处理等内容。

1. 车辆定损

保险人应会同保险人和第三者车损方一起进行车辆定损。车辆定损的基本程序包括：

（1）保险人必须指派两名定损员一起参与定损。定损时，根据现场勘察记录，详细核对本次事故造成的损失部位、损失项目、损失程度，并进行登记，对投保新车出厂时车辆标准配置以外新增加的设备进行区分，并分别确定损失项目和金额。

（2）车辆修理费的核定。车辆修理费由配件费、维修工时费、管理费组成。损失确认时应在明确当次事故损失部位或范围的基础上贯彻"以修复为主"的原则，确定车辆的修复价格。第三者车辆的修理费以保险车辆的第三者责任限额为限。对更换的零部件属于本级公司询价、报价范围的，要将换件项目清单交报价员进行审核，报价员应根据标准价或参考价核定所更换的配件价格；对于估损金额超过本级处理权限的，应及时报上级公司并协助定损。

（3）定损员接到核准后的报价单后，再与被保险人和第三者车损方协商修理、换件项目和费用。协商一致后，三方共同签订并打印出《机动车辆保险车辆损失确认书》。

（4）受损车辆原则上应一次定损。定损完毕后，由被保险人自选修理厂修理或到保险人推荐的修理厂修理。保险车辆修复后，保险人可根据被保险人的委托直接与修理厂结算修理费用，明确区分由被保险人自己负担的部分费用，并在《机动车辆保险车辆损失确认书》上注明，由被保险人、保险人和修理厂签字认可。

近年来，很多保险公司为了适应形势的发展，通过严格审查与筛选，在本地区修理行业确定了许多保险定点修理单位。保险车辆发生事故受损后，必须到这类定点修理单位修理才能定损，否则不予受理，这在一定程度上避免了理赔员与维修公司小修大报的情况。在这种情况下，修理的部位、工时与换件的费用有承修方和保险人协商确定。定损时，按照双方的约定核实。

2. 车辆定损应注意的问题

（1）应注意本次事故造成的损失和非本次事故造成的损失、正常维护与事故损失的界限，对确定的事故损失应首先坚持尽量修复的原则。例如，能更换零件的，绝不换总成等。

（2）受损车辆解体后，如发现尚有因本次事故损失的部位没有定损的，经定损员核实后，可追加修理项目和费用。

（3）受损车辆未经保险人同意而由被保险人自行送修的，保险人有权重新核定修理费用或拒绝赔偿。在重新核定时，应对照现场查勘记录，逐项核对修理费用。

（4）换件残值应合理作价，如果被保险人接受，则在定损金额中扣除；如果被保险人不愿意接受，保险人拥有处理权。

3. 伤亡费用的确定

涉及第三者责任险和车上人员责任险的人员伤亡费用，应根据保险合同的约定和有关法律法规的规定处理。

（1）事故结案前，所有费用均由被保险人先行支付，待结案后，业务人员应及时审核被保险人提供的事故责任认定书、事故调解书、伤残证明及各种有关费用单据，填写费用清单，最后结算。在确定伤亡费用时，应根据道路交通事故处理的有关规定向被保险人说明费用承担的标准。凡是被保险人自行承诺或支付的费用，业务人员应重新核定，对不合理的部分应予以剔除。

按照现行的《道路交通事故处理办法》规定，保险可以负责的合理费用包括：医疗费（限公费医疗的药品范畴）、误工费、护理费（住院护理人员不超过两人）、就医交通费、住院伙食补助费、残疾生活补助费、残疾用具费、丧葬费、死亡补偿费、被抚养人生活费以及伤亡者直系亲属或合法代理人参加事故调解处理的误工费、交通费、住宿费。对于伤者需要转院赴外地治疗的，须由所在医院出具证明并经事故处理部门同意，保险人方可负责；伤残鉴定费需要经保险人同意，方可负责赔付。

不符合保险赔偿范围的费用包括：受害人的精神损失补偿费、困难补助费、被保险人处理事故时的生活补助费和招待费、事故处理部门扣车后的看护费、各种罚款、其他超过规定的费用等。

（2）对车上及第三方人员伤亡的情况应进行实际调查，重点调查被抚养人的情况及生活费、医疗费、伤残鉴定证明等的真实性、合法性和合理性。

承担费用的标准，应该依照现行道路交通事故处理的有关法律法规的规定。

4. 其他财产损失的确定

（1）施救费用的确定。当保险车辆或其所涉及的财务或人员在遭遇保险责任范围内的车祸时，被保险人采取措施进行抢救，所发生的直接的、必要的、合理的施救费用在保险范围之内。施救费用的确定应严格按照保险条款的有关规定进行，应按照规定扣减相应的免赔率。

（2）货物损失的核定。货物损失包括本车货物和第三者车载货物。在对货物损失进行核定时，要逐项清理，确定损失数量、损失程度、损失金额。损失金额的确定应以货物的实际成本价核定。保险车辆的车上货物赔偿限额以保险金额为限；第三者货物损失和第三者其他损失的总和以保险车辆的第三者责任险限额为限。

（3）牲畜损失的核定。牲畜受伤的，按照实际的治疗费用核定；牲畜死亡或无法继续使用的，按照事故发生地的市场价格核定，但必须按照实际情况扣减残值。其和第三者其他损失的总和不得超过保险车辆的第三者责任险限额。

（4）其他财产的核定。其他财产包括第三者随身的衣物及携带和使用的有现金价值的其他物品。可以根据实际，通过协商，采取修复、更换、现金赔偿的方式处理，但必须征得保险公司同意。

5. 残值处理

车辆及部件残值应协商作价折旧给被保险人，如被保险人不要，保险人可自行处理。

四、核定赔款

核赔是在授权范围内独立负责理赔质量的人员，按照保险条款及保险公司内部有关规章制度对赔案进行审核工作。这是保险公司控制业务风险的最后关口，因此具有十分重要的意义。

核赔的主要工作包括审核单证、核定保险责任、审核赔款计算、核定车辆损失及赔偿、核定人员伤亡及赔偿、核定其他财产损失及赔偿、核定施救费用等。其意义在于对整个赔案处理过程进行控制。核赔对理赔质量的控制体现在：核赔师对赔案的处理过程，一是及时了解保险标的出险原因、损失情况，对重大案件应参与现场查勘；二是审核、确定保险责任；三是核定损失；四是审核赔款计算。核赔的操作流程如图 7.3 所示。

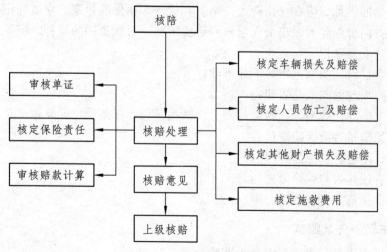

图 7.3 核定赔款流程图

核定赔款的主要内容包括：

1．审核单证

（1）审核被保险人提供的单证、证明及相关材料是否齐全、有效，有无涂改、伪造等。

（2）审核经办人员是否规范填写有关单证，必备的单证是否齐全等。

（3）审核相关签章是否齐全。

2．核定保险责任

审定保险责任是理赔过程中一项十分谨慎的工作，关系到被保险人的切身利益和保险人的信誉。所以，在审定保险责任时，业务人员应根据现场查勘记录、事故证明、事故调解书等有关材料，结合机动车辆保险条款及其解释等有关文件，全面分析事故的主客观原因。

审定保险责任应注意以下事项：

（1）业务部门对于现场查勘记录及其相关材料应进行初审，按照规定的核赔权限，召集相关人员会议，听取查勘定损人员的详细汇报及其分析意见，研究审定保险责任。

（2）审定保险责任一定要以机动车辆保险条款及其解释为依据，领会条款精神，尊重客观事实，掌握案情的关键。尤其对不属于保险责任的案件，要认真讨论，反复推敲。对于属于责任范围的，应进一步确定被保险人对事故承担的责任和有无代位追偿的问题。认为是责任免除范畴应拒赔的案件，要有充分的、有说服力的依据和理由。拒赔前，应向被保险人耐心解释，倾听意见。

（3）当赔偿责任确定后，对被保险人所报的损失清单及其费用单证，应根据现场查勘的实际损失记录，逐项进行审核，确定赔偿项目和赔付范围。

（4）应妥善处理疑难案件。对于责任界限不明，难以掌握的疑难案件和拒赔后可能引起诉讼的或经反复研究仍无法定论的理赔案件，应将《拒赔案件报告书》连同有关材料报上级公司审定。经上级公司批准后，应填具《拒赔通知书》送交被保险人并进行耐心解释。

对符合保险赔偿的案件，业务人员应立案登记，正式确立，并对其统一编号和管理。对不符合保险赔偿的案件，应在《出险通知书》和机动车辆保险报案、立案登记簿上签注不予立案的原因，并向被保险人做出书面通知和必要解释。对代查勘的案件，应将代查勘公司的名称登录报案、立案登记。

核定保险责任时，应重点审核下述事项：

（1）被保险人与索赔人是否相符；

（2）出险车辆的厂牌型号、牌照号码、发动机号码、车架号与保险单证是否相符；

（3）出险原因是否为保险责任；

（4）出险日期是否在保险期限内；

（5）赔偿责任是否与保险险别相符；

（6）事故责任划分是否准确合理。

3．核定车辆损失及赔款

（1）车辆损失项目、损失程度是否准确合理；

（2）更换的零部件是否按照规定进行了询报价，定损项目与报价项目是否一致；

（3）换件部分拟赔款金额是否与报价金额相符。

4. 核定人身伤亡损失与赔款

核赔人员根据现场查勘记录、调查证明和被保险人提供的《事故责任认定书》《事故调解书》和伤残证明等材料，按照相关规定审核人员伤亡损失与赔款是否合理。应重点核定以下内容：

（1）伤亡人员数、伤残程度是否与调查情况和证明相符；

（2）人员伤亡费用是否合理；

（3）被抚养人口、年龄是否属实，生活费计算是否合理。

5. 核定其他财产损失

核定其他财产损失时，应根据照片和被保险人提供的有关货物、财产发票、有关单证，核实所确定的财产损失和损失物资残值等是否合理。

6. 核定施救费用

根据案情和对施救费用的有关规定，对涉及施救费用的有关单证和赔付金额进行审核。

7. 审核赔付计算

审核赔付计算是否准确，免赔率使用是否正确，残值是否扣除等。

属于本公司核赔权限的，审核完成后核赔人员签字并报领导审批。属于上级公司核赔的，核赔人员提出核赔意见，经领导签字后报上级公司核赔。在完成各种核赔和审批手续后，转入赔付结案程序。

五、赔付结案

1. 结案登记与单据清分

（1）业务人员根据核赔的审批金额填发《赔款通知书》及赔款收据，被保险人在收到《赔款通知书》后在赔款收据上签章，财会部门即可支付赔款。在被保险人领取赔款时，业务人员应在保险单正、副本上加盖"××××年××月××日出险，赔款已付"字样的印章。

（2）赔付结案时，应进行理赔单据的清分。一联赔款收据交被保险人；一联赔款收据连同一联赔款计算书送会计部门作付款凭证；一联赔款收据和一联赔款计算书或赔案审批表连同全案的其他材料作为赔案案卷。

（3）被保险人领取赔款后，业务人员按照赔案编号，输录《保险车辆赔案结案登记》，同时在报案、立案登记簿备注栏中注明赔案编号与日期，作为续保时是否给付无赔款优待的依据。

2. 理赔案卷管理

理赔案卷要按照一案一卷整理、装订、登记、保管。赔款案卷应单证齐全，编排有序，目录清楚，装订整齐，照片与原始单证应粘贴整齐并附必要的说明。一般的理赔案卷单证包括赔款计算书、赔案审批表、出险通知书、汽车保险单及批单的抄件、事故责任认定书、事故调解书、判决书或其他出险证明文件、现场查勘报告、保险车辆定损协议书及其财产损失清单、询报价单、第三者及车上人员伤亡的费用清单、照片、有关原始单据、权益转让书以及其他有关的证明与材料等。

案卷单证目录如下：

（1）机动车辆保险赔案审批表。

（2）机动车辆保险赔款计算书。

（3）机动车辆保险结案报告书。

（4）机动车辆保险出险报案表。

（5）机动车辆保险报案记录（代抄单）。

（6）机动车辆保险索赔申请书。

（7）事故责任认定书、事故调解书、判决书或出险证明文件。

（8）机动车辆保险事故现场查勘记录。

（9）机动车辆保险事故现场查勘草图。

（10）机动车辆保险事故现场查勘询问笔录及附页。

（11）机动车辆保险车辆损失情况确认书（包括零部件更换项目清单及清单附页、修理项目清单及清单附页）。

（12）保险车辆增加修理项目申请单。

（13）机动车辆保险财产损失确认书。

（14）机动车辆保险人员伤亡费用清单。

（15）机动车辆保险伤残人员费用管理表。

（16）误工证明及收入情况证明。

（17）机动车辆保险赔案票据粘贴用纸（有关原始单据）。

（18）机动车辆保险赔案照片粘贴用纸（照片）。

（19）机动车行驶证复印件、机动车驾驶照复印件。

（20）机动车辆保险简易案件赔款协议书。

（21）机动车辆保险权益转让书。

（22）机动车辆保险领取赔款通知书。

（23）机动车辆保险赔款统计明细书。

（24）机动车辆保险拒赔通知书。

（25）机动车辆保险拒赔案件报告书。

（26）机动车辆保险代位追偿案件登记簿。

（27）机动车辆保险诉讼、仲裁案件审批表。

（28）机动车辆保险结案催告、注销通知书。

（29）机动车辆救助调度记录清单。

（30）机动车辆特约救助书。

（31）机动车辆救助特约条款赔款结算书。

（32）机动车辆保险预付赔款申请表。

（33）机动车辆保险预付赔款审批表。

（34）机动车辆保险拒赔通知书。

（35）机动车辆保险拒赔案件报告书。

（36）机动车辆保险损余物资回收处理单。

（37）机动车辆保险异地出险联系函。

（38）机动车辆保险受理查勘、定损复函。

（39）机动车辆保险赔案流转时限卡。

六、典型的专项案件处理程序

（一）简易赔案

实际工作中，很多案件案情简单，出险原因清楚，保险责任明确，事故金额低，可在场确定损失。为简化手续，方便客户，加快理赔速度，根据实际情况可对这些案件实行简易处理，这称为简易赔案。

1. 简易赔案必须同时具备的条件

（1）不涉及第三者，只是保险人单方车辆损失的案件。

（2）车辆损失为保险条款列明的自然灾害和被保险人或其允许的合格驾驶员或约定驾驶员导致的损失。

（3）案情简单，出险原因清楚，保险责任明确，损失容易确定。

（4）车损部位可以一次核定，且事故损失金额在 5 000 元以下。

（5）受损的零部件按照公司询报价系统可准确定价。

简易赔案的处理流程如图 7.4 所示：

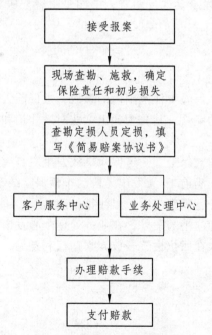

图 7.4　简易赔案的处理流程

2. 处理程序

（1）接到报案后，查勘定损人员双人赶赴第一现场查勘、拍照、定损；

（2）逐项确定损失费用和金额，填写《简易赔案协议书》，并由被保险人签字；

（3）经核赔人员审核后交领导审批签字；

（4）开具《赔款通知书》交财会部门及时支付赔款；

（5）将《简易赔案协议书》相关内容录入计算机，进行结案登记。

3. 赔付结案必备的单证

简易赔案案件在赔付结案时，必备的单证包括保险单抄件、出险通知书、简易赔案协议书及其定损清单、现场查勘报告、事故现场与车损照片、赔款收据及其他有关单证。

（二）疑难案件

疑难案件分争议案件和疑点案件两种。

争议案件指保险人和被保险人对条款理解有异议或责任认定有争议的案件。对于这种案件，在实际操作中应采用集体讨论、聘请专家论证和向上级公司请示等方式解决，保证案件圆满处理。

疑点案件指赔案要素不完全、定损过程中存在疑点或与客户协商不能达成一致的赔案。疑难案件调查采取四种形式：第一是由查勘定损人员对在查勘定损过程中发现有疑点的案件，通过认真询问当事人和见证人并做好笔录等方式进行调查，对疑点问题必须调查落实；第二是由客户服务中心综合岗对在赔案制作和审批过程中发现有疑点的案件，通过熟悉案情、拟订调查方案、实施调查等步骤进行调查；第三是由纪检监察部门或专门人员对群众举报的骗赔、错赔案件和虚假赔案进行调查；第四是由客户服务中心综合岗对重大伤人案件进行调查。

（三）注销案件

注销案件指保险车辆发生保险责任范围内的事故，被保险人报案、立案后未行使保险金请求权，致使案件失效注销的案件。其分为超出索赔时效注销和主动声明放弃索赔权利注销两种情况。

对超出索赔时效注销，即被保险人知道保险事故发生之日起2年内未提出索赔申请的案件，由业务处理中心在2年期满前10天发出《机动车辆保险结案催告、注销通知书》。被保险人仍未索赔的，案件报业务管理部门后予以注销处理。

对主动声明放弃索赔权利注销的案件，在业务处理中心发出《机动车辆保险结案催告、注销通知书》后，由被保险人在回执栏签署放弃索赔权利意见。案件报业务管理部门后予以注销处理。

（四）拒赔案件

对有些案件，根据《中华人民共和国保险法》《机动车辆保险条款》等有关规定不属于赔偿范围的，保险公司应予以拒赔。拒赔的案件必须具有确凿的证据和充分的理由。拒赔前，应向被保险人明确说明原因，认真听取意见并向被保险人做好解释工作。拒赔分立案前拒赔和立案后拒赔。

立案前拒赔是指受理报案时，根据查阅的底单信息，对于超出保险期限、未投保险种出险等明显不属于保险责任的情形，明确告知报案人拒赔理由。

立案后拒赔是指案件确立后，由客户服务中心查勘定损人员经查勘后发现不属于保险责任，或由业务处理中心在赔款理算过程中发现不属于理赔责任，并经业务管理部门最终审批确定应拒赔的案件，给予拒赔处理。

（五）预付案件

预付案件是指某些特殊案件需要预付部分赔款。常见预付案件包括两种情况：可确定最低金额预付案件和重大赔案预付案件。

可确定最低金额预付案件是指根据《中华人民共和国保险法》的规定，保险人自收到赔偿或者给付保险金的请求和有关证明、资料之日起 60 日内，对其赔偿或者给付保险金的数额不能确定的，应当根据已有证明和资料可以确定的最低数额先予支付；待保险人最终确定赔偿或者给付保险金的数额后，再支付相应的差额部分。

重大赔案预付案件是指伤亡惨重、社会影响面大，被保险人无力承担损失的重大案件，经审核确定为保险责任，但赔款金额暂不能确定的，可在估计赔偿金额的一定比例范围内先行预付，最终确定赔偿金额后，支付相应差额。

（六）代位追偿案件

代位追偿案件是指在汽车保险中，由于第三者过错致使保险标的发生保险责任范围内的损失，保险人按照保险合同给付了保险金后，依法取得向对损失负有责任的第三者进行追偿权利的案件。

1. 处理原则

（1）只有车辆损失险适合于代位追偿；

（2）代位追偿必须是发生在保险责任范围内的事故；

（3）代位追偿是法定的保险人应履行的责任，根据权利义务对等的原则，代位追偿的金额应在保险金额范围内，根据实际情况接受被保险人全部或部分权益转让；

（4）履行代位追偿以后，追偿工作必须注意债权债务的法律实效问题。

2. 处理程序

对涉及第三方责任的车辆损失险赔付案件，被保险人在索赔过程中，如遇第三方不予支付，应向人民法院提起诉讼。经人民法院立案后，被保险人书面请求保险人先予赔偿的，同时应向保险人提供人民法院的立案证明。保险人可按保险条款有关规定和保险合同载明的条件先行赔付。具体处理程序如下：

（1）被保险人需要出具法院的立案证明和权益转让书以及各种有效证据，保险人受理代位追偿案件；

（2）保险人按照保险合同和有关规定理算赔款；

（3）业务部门缮制赔款计算书和赔款通知书，履行赔付结案手续；

（4）赔偿后，在结案登记时注明"代位追偿"的字样，并要求被保险人积极配合追偿工作；

（5）对代位追偿的案件数和赔偿金额进行统计，已经追回的追偿款应冲减赔款。

（七）损余物资处理

损余物资处理是指对车损换件、全损残值和盗抢追回车辆等的处理。损余物资处理流程见图7.5（以盗抢追回为例）。

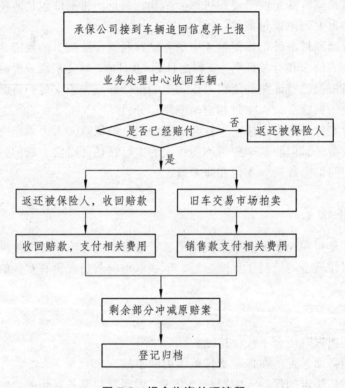

图7.5 损余物资处理流程

（八）汽车保险理赔

汽车保险理赔是从保险公司角度而言的，而索赔是从被保险人角度而言的。当出现保险事故后，被保险人可就自己的事故损失向保险人提出索赔请求，这是被保险人的权利。那么，车险索赔到底有哪些程序，应注意哪些问题呢?

1. 车险索赔程序

汽车保险索赔流程如图7.6所示。

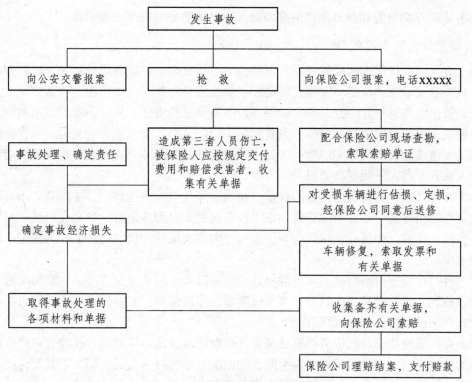

图 7.6　汽车保险索赔流程

被保险机动车出险后，被保险人向保险公司索赔时应按如下程序进行：出险通知—配合查勘—提出索赔—领取赔款—权益转让。

（1）出险通知。汽车出险后，被保险人应及时通知保险公司，否则，造成损失无法确定或扩大的部分保险公司将不予赔偿。报案有上门、电话、传真等方式。其中，电话报案快捷方便，使用最多，人保、太保、平保等大公司的全国统一报案电话分别为"95518""95500""95512"。可接受报案的部门有理赔部门、客服中心等。报案时需说明的内容包括保单号码、被保险人姓名、车型、牌照号码、出险时间、出险地点、出险原因、事故类型、受损情况、报案人姓名、联系电话、驾驶员姓名等，如涉及第三者，还需说明第三方车辆的车型、牌照号码等信息。

（2）配合查勘。接案后，保险公司会派人到现场查勘，并通过拍照、记录等手段来掌握第一手材料，这些材料是判断事故是否属于保险责任以及计算、确定赔偿金额的重要依据。如果上述材料不准确，会给判断事故是否属于保险责任和计算、确定赔偿金额造成困难。因此，被保险人应积极协助查勘。

（3）提出索赔。被保险人向保险公司索赔时，应向保险公司提供与确认事故的性质、原因、损失程度等有关的证明和资料作为索赔证据。

（4）领取赔款。当保险公司确定了赔偿金额后，会通知被保险人领取赔款。被保险人应提供身份证明（原件）。找他人代领的，需被保险人签署《领取赔款授权书》和代领人身份证明（原件）。

（5）出具权益转让书。事故由第三方引起的，保险公司可先向被保险人赔偿，但被保人需将向第三方索赔的权利转让给保险公司，再由保险公司向第三方追偿。

2. 被保险人的索赔权益

（1）有及时获得损失赔偿的权益。保险公司进行查勘后，应将审查结果及时通知被保险人。若认为有关证明和资料不完整，应通知被保险人及时补充。如保险公司认定事故属于保险责任，被保险人有权获得及时赔偿。如事故不属于保险责任，保险公司应以书面形式通知拒赔。赔款获取的时间根据《中华人民共和国保险法》第二十三条有关规定，应在保险公司与被保险人达成赔偿协议后 10 日内支付；若超过 10 日，保险公司除支付赔款外，应当赔偿被保险人或者受益人因此受到的损失。

（2）有及时获得相关费用赔偿的权益。在确定事故损失的过程中，被保险人不可避免地会产生一些费用开支，如：为取得有关证明和资料而支出的鉴定费，以及在牵扯第三者的事故中发生的诉讼费、仲裁费、律师费等，根据《中华人民共和国保险法》有关规定，应由保险公司承担。

（3）有对保险公司赔偿提出异议的权益。被保险人如果认为保险公司的赔偿决定与自己的预期不相符，有权对其提出异议，要求保险公司予以解释，必要时可以向仲裁机关或向人民法院起诉来保护自己的合法权益。

（4）有获取保险公司代位追偿超过其支付赔款的多余部分的权益。保险公司代位追偿的金额以其向被保险人支付赔款的金额为限，如保险公司代位追偿的金额大于其支付的赔款，则超过部分应还给被保险人，保险公司不能自留下来。

（5）可就自己实际损失与保险公司赔偿的差额部分向第三方继续请求赔偿的权益。如果被保险人因事故的损失大于保险公司的赔款，即使向保险公司转让了代位追偿权，也不影响被保险人就保险公司赔偿不足部分向第三方继续请求赔偿的权利。

3. 汽车保险索赔注意事项

（1）及时报案。出了交通事故，除了向交管部门报案外，车主千万记住还要及时向承保车辆的保险公司报案（一般保险公司要求在车辆出险后 48 小时内报案），如实陈述事故发生经过，并提供相关单据。

（2）积极施救。按照《保险法》规定，车辆发生险情时，车主有责任采取必要的措施，防止或者减少损失。另外，汽车保险公司一般只承担车主为防止或减少车辆损失所支付的必要的、合理的费用。所以，车辆出险后，车主应努力减少事故造成的损失，如积极开展自救。如果放任、故意扩大保险事故的损失，经证实，保险公司可以不负赔偿责任。

（3）收集资料。向汽车保险公司报案后，不要忘了收集与保险事故的性质、原因、损失程度等相关的证明和材料，这些资料对以后的理赔非常关键。同时，应该积极协助保险公司对车辆进行查勘、照相、定损。

（4）及时沟通。车主在找救援公司拖车、修理厂修车时，关于价格要与汽车保险公司及时沟通，以免对方开的价与汽车保险公司的赔偿额相差太远。

（5）见好就收。一些新车主往往在索赔过程出现两个误区，一是"怕麻烦"。觉得向保险公司报案索赔耽误时间，所以就自行私了，结果双方发生争执再寻求保险公司的赔偿已经不可能了。二是"吝啬"。刮蹭一下油漆要赔，碰了下车灯也要赔，最后可能导致自己车辆续保时的费率被调高。其实，小的车损司机自己承担，在保险公司的记录中你的出险率低，就会享受低费率的优惠。

（6）注重协商。在当地买的车险，在外地出了事故，该如何处理？据业内人士介绍，这种情况主要由车主和汽车保险公司协商解决，因此客户注意和保险公司做好协商处理也是非常重要的。

（7）车辆合格。对于未年检和驾驶员没有年审的情况，所开车辆在法律上视为不合格车辆。在这种情况下，车辆出险时保险公司按合同是拒赔的。不过，如果特别约定，对必须先保险后核发牌号的新车，汽车保险公司可赔偿车损险和第三者责任险。但如果在此期间车辆被盗，保险公司则不负责赔偿。

（8）免赔情形。以下几种可能导致汽车保险公司不予赔偿：驾车撞了自家人；收费停车场中丢车、损毁；二手车保险未过户；车内物品碰伤车辆不赔。

4．保险索赔实践中遭拒绝的常见情况

买了保险，不等于任何损失保险公司都赔，一些情况下的索赔可能会遭到保险公司的拒绝。

发生车险后保险公司拒赔的几种理由和情形如下：

（1）酒后驾车。几乎所有保险公司车险保单条款中均经明确提示，保险公司不负责因驾驶员饮酒造成的损失或经济赔偿责任。我国《保险法》也规定，被保险人在保险标的危险程度增加的情况下未履行告知义务，保险公司不承担因此发生的事故赔偿责任，酒后驾车就属于这种情况。

多数司机都知道，酒后开车是违法的，一经发现就会被交管部门严肃处理。但并不是所有的人都知晓酒后驾车无法获得赔偿的。据相关规定，酒后驾车一般分为两种情况：一种是喝醉，明知酒后驾车危险，还开车；一种是只喝了一点酒，发生事故主要是因为过失引起的。对酒后驾车，商业三者险是明确不赔的，但交强险则规定可以由保险公司先垫付抢救费用。而根据国家质量监督检验检疫局 2004 年 5 月 31 日发布的《车辆驾驶人员血液、呼气酒精含量阈值与检验》中规定，驾驶人员血液中的酒精含量大于或等于每 100 毫升 20 毫克，并小于每 100 毫升 80 毫克为酒后驾车；血液中酒精含量大于或等于每 100 毫升 80 毫克为醉酒驾车。

我们应该谨记：喝酒莫开车，开车勿喝酒。

（2）无牌照车出险。新车保险单上均有特别规定："本保单项下全车盗抢责任险责任自车辆上牌之日起生效"，因为自己的车牌尚未领到，所以保险公司不负赔偿责任。据业内人士介绍，新车投保车损险、第三者责任险和其他附加险可以用发动机号、车架号办理登记手续，出险后也可以据此认定。而全车盗抢险就不同了，只有正式的牌照才能表明车辆的身份，没有车牌号码没有办法为车辆登记。一旦车辆被盗抢，无法证实车辆身份，对保险公司来说风险很大，所以目前各大保险公司都要求只有在机动车辆上牌后，才正式开始承担保险责任。

车辆在出险时，保险车辆理赔必须具备两个条件：一是保险车辆须有公安交通管理部门核发的行驶证或号牌；二是在规定期间内经公安交通管理部门检验合格。因此，在新车上牌之前，切记一定要保护好自己的车不要被盗和被撞。

（3）未年检车辆出险。根据保险合同，保险只对合格车辆生效，对于未年检的车辆只能视为不合格车辆。在这种情况下，上了保险合同也是无效的。

车主一定要按时年检，一天也不能晚。否则，罚款事小，拒赔事大。丢车不赔，车损不赔，即使发生交通事故造成第三者损失，三者险也不生效，所有赔偿将由被保险人自己承担。

（4）驾驶人未年审。保险条款上已写明，如果驾驶人未年审或没有驾照，保险公司不负责赔偿。因为没有年审或者没有驾照，就无法证明你有驾车资格，国家根本就不允许无照驾车上路。保险公司自然不会为这种"不合格"买单。

现在多数小车驾驶证不用年审了，改为6年一换证，那更要对换证时间铭记在心。否则，罚款事小，拒赔事大。

（5）驾车撞了四种人不赔。第三者责任险中的第三者是指除保险人与被保险人之外的，保险车辆发生意外事故，保险车辆下的人员或财产遭受损害的受害人。也就是说，第三者就是排除4种人：保险人、被保险人、本车发生事故时的驾驶员及其家庭成员。不仅在车险中，在其他责任险中也有相关规定。

（6）在收费停车场中丢车、刮蹭。按照大多数保险公司保险条款的规定，凡是车辆在收费停车场或营业性修理厂中被盗，保险公司一概不负责赔偿。因为上述场所对车辆有保管的责任，在保管期间，因保管人保管不善造成车辆损毁、丢失的，保管人应承担责任，保险公司不负责赔偿。因此，无论是车丢了，还是被刮了，保险公司一概不管。

因此，出现这种情况只能去找停车场索赔损失。因此，驾驶人一定要注意每次停车时收好停车费收据以保存证据。尽管很多收费停车场的相关规定中写着"丢失不管"，但根据我国合同法中关于格式合同的规定，这属于单方面免除己方主要合同责任，依法应属无效。

（7）对方全责而不追偿。被保险人必须先向第三方索赔，才有可能获得保险公司的赔偿。一旦放弃了向第三方追偿的权利，也就放弃了向保险公司要求赔偿的权利。

一旦出险且责任在对方，一定要先找对方索赔，有证据证明向对方索赔未果后才可以理直气壮地向保险公司索赔。

（8）未及时报案或擅自修复车辆。由于未及时报案，导致保险公司对事故的保险责任或损失无法认定，根据保险合同，保险人有权对此次事故的损失拒绝赔偿。

另外，未经保险公司核损，擅自对车辆进行修复，保险公司也是会拒赔的。

多数保险合同均有如下约定：保险车辆因保险事故受损，应当尽量修复。车辆修理前被保险人须会同保险人检验，确定修理项目、方式和费用，否则，保险人有权重新核定或拒绝赔偿。发生保险事故后未经保险公司核定损失，被保险人不得擅自对车辆进行修复。否则，保险公司有权重新核定，直至拒绝赔偿。

因此，特别提示车主：在发生保险责任范围内的事故后，应采取合理的保护、施救措施，并立即向公安交通管理部门报案，同时要在48小时内向保险公司报案。不要擅自对车辆进行修理，要等保险公司或者有资质的中介评估公司定损后再进行修理，以免发生索赔受阻。

（9）地震不赔。遵循大部分财产保险都不保地震责任的惯例，如果车主的车遭遇地震等不可抗力的破坏，保险公司将拒绝赔偿损失。由于缺少数据和经验，保险监管部门也不鼓励保险公司承保。

（10）精神损失不赔。大部分保险条款会有类似的规定："因保险事故引起的任何有关精神赔偿视为责任免除。"

（11）修车期间的损失不赔。修理厂有责任妥善保管维修车辆，因此，如果车辆在送修期间发生了任何碰撞、被盗等损失，保险公司都会拒赔。

（12）发动机进水后导致的发动机损坏不赔。保险公司认为该损失是由于操作不当造成的，当车辆行驶到水深处时，发动机熄火后，驾驶员又强行打火才造成损坏。这一条款是在2005年北京夏天暴雨过后逐步确立的。

（13）爆胎不赔。未发生车辆其他部位的损坏，只是车轮单独损坏的情况不赔。当然，由于轮胎爆裂而引起的碰撞、翻车等事故，造成车辆其他部位的损失，保险公司应负责赔偿。

（14）被车上物品撞坏不赔。如果车辆被车厢内或车顶装载的物品击伤，保险公司不负责赔偿。

（15）轮胎丢了、音响被盗不赔。如果不是全车被盗，只是零部件如轮胎、音响设备等被盗，保险公司不负责赔偿。

（16）拖着没保险的车撞车不赔。如果因为开车拖带一辆没有投保第三者责任险的车辆上路，与其他车辆相撞并负全责，保险公司不会对此做任何赔偿。

（17）车灯或倒车镜单独破碎不赔。这条免责条款是为了对付某些修理厂将以前换下来的破损车灯装到车型相同的其他车上，骗取赔款的骗保行为。

（18）自己加装的设备不赔。车主自己加装的音响、电台、冰箱、尾翼、行李架等，若无对此单独投保，一旦撞了造成损失，保险公司不会对此赔偿。

第三节　现场查勘的程序与方法

现场查勘是指用科学的方法和现代技术手段，对交通事故现场进行实地验证和查询，将所得的结果完整而准确地记录下来的工作过程。

在保险理赔业务中，保险事故现场主要是指道路交通事故，所有事故都有出险的现场。对汽车事故现场查勘就是对道路交通事故现场进行查勘，它是道路交通事故处理的一项法定程序，同时也是汽车保险理赔工作过程的一项法定程序。

一、道路交通事故及出险现场分类

现场查勘的工作性质就是调查取证，有效的证据必须能够体现事故的真实性、客观性和合法性，以便对保险事故进行定性、定责和定损。

（一）道路交通事故

所谓道路交通事故，是指车辆在道路上因过错或意外造成人身伤亡或财产损失的事件。构成交通事故应具备以下要素：

（1）必须在道路上发生，道路是指公路、城市街道、胡同以及公共广场、公共停车场等供行人、车辆通行的地方。

（2）必须有车辆参加，即有机动车辆或非机动车辆参与。

（3）车辆在行驶或停车过程中发生的意外事故。

（4）发生有碰撞、碾压、刮擦、翻车、坠车、爆炸、失火等其中一种及以上现象。如未

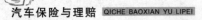

发生上述事态，则不属于交通事故。

（5）如因地震、台风、山崩、泥石流、雪崩等人力无法抗拒的自然原因而产生的事故，以及利用交通工具自杀都不属于交通事故。

（6）有人、畜伤亡或车物损坏的后果，没有后果也不算事故。

以上 6 个因素和一定的违章行为可作为鉴别是否属于交通事故的依据。

（二）道路交通事故出险现场分类

道路交通事故的出险现场，一般可分为三类：原始现场、变动现场和恢复现场。

1. 原始现场

原始现场也称第一现场，是指事故现场的车辆、物体以及痕迹等，仍保持着事故发生后的原始状态，没有任何改变或破坏的现场。这种现场保留了事故的原貌，可为事故原因的分析与认定提供直接证据，这是最理想的查勘现场。

2. 变动现场

变动现场也称移动现场，是指由于自然因素或人为原因，致使出险现场的原始状态发生改变的事故现场。包括正常变动现场、伪造现场和逃逸现场等。

（1）正常变动现场。导致出险现场正常变动的主要原因有：① 为抢救伤者而移动车辆，致使现场的车辆、物体或人员位置发生了变化。② 因保护不善，导致事故现场被过往车辆、行人破坏。③ 由于风吹、雨淋、日晒和下雪等自然因素，导致事故现场被破坏。④ 由于事故车辆另有特殊任务，比如消防车、工程救险车等在执行任务过程中出险后，需驶离现场，致使出险现场发生了变化。⑤ 在一些主要交通干道或城市繁华地段发生的交通事故，为疏导交通而导致出险现场变化。⑥ 其他原因导致事故现场变化，如车辆发生事故后，当事人没有察觉而离开现场。

（2）伪造现场。这是指事故当事人为逃避责任或嫁祸于人，有意改变现场遗留物原始状态的现场。

（3）逃逸现场。这是指事故当事人为逃避责任而驾车逃逸，导致事故现场原貌被改变的现场。

3. 恢复现场

恢复现场是指事故现场撤离后，为分析事故或复查案件，需根据现场调查记录资料重新布置、恢复的现场。为了与前述原始现场相区别，这种现场一般称为恢复现场。

二、现场查勘程序

现场查堪的目标，一是要快速查勘、准确掌握事故起因；二是要列明损失项目、估损金额。为了达到这些目标，应该遵循科学的查勘流程。典型的现场查勘流程如图 7.7 所示。在现场查勘流程中，应该把握好如下几个关键控制点：

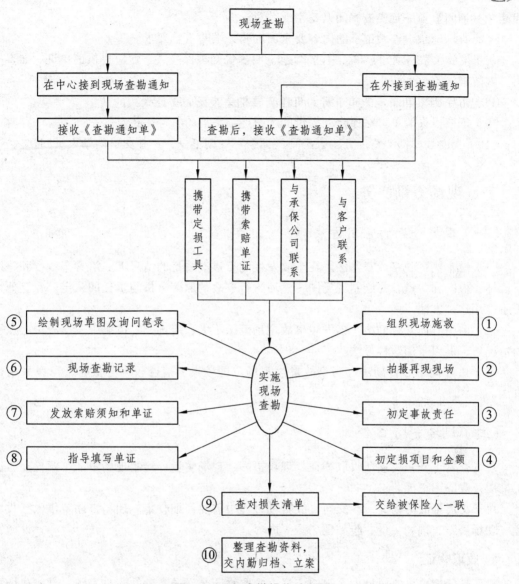

图 7.7 现场查勘操作流程图

（1）组织现场施救。如果车辆仍处于危险中，应立即协助客户采取有效的施救、保护措施以避免损失的扩大。

（2）拍摄现场照片。拍摄现场照片不仅要拍摄事故的全景，而且还要有保险车辆受损和反映局部受损程度的照片，对车辆损坏的项目要逐一拍照，散落的零件要放在车头一起拍照。照片还应尽可能地反映出灾害源，如起火点。

（3）初定事故责任。根据查勘情况，初定是否属保险责任。在任何情况下，尚未了解事故真相之前，查勘人员切忌主观武断，轻易表态，以免给理赔工作造成被动。

（4）初定损失项目及损失金额。对受损程度及类型分别点清，估计受损物件数量及残值，要求被保险人提供《财产损失清单》，并要求被保险人签章。

（5）绘制现场草图与询问笔录。重大赔案要绘制现场平面图，并走访相关人员，做好询问笔录，询问笔录一定要被询问人签字或盖章。

（6）查勘记录。查勘记录的内容要全面准确，书写符合要求。

（7）发放《索赔须知》和《索赔单证》。明确告知被保险人索赔应提供的单证，如事故证明、事故报告等。

（8）指导填写单证。要求详细、准确填写并要求签字或盖章。

（9）审核损失清单。对保险人提供的《财产损失清单》逐一核对。

（10）交内勤归档。整理查勘收集到的证据、查勘笔录，一并交给内勤人员归档。

三、现场查勘实务

（一）现场查勘的常用方法

（1）沿车辆行驶路线查勘法。在事故发生地点痕迹清楚的情况下，沿着车辆行驶路线进行取证、摄影和丈量，并绘制现场图，然后进行事故的原因分析与责任的认定。在其他情况下不能用这种方法。

（2）由中心向外查勘法。当发生事故现场范围不大，痕迹、物体集中，事故中心点明确的情况下，可以采用这种方法。

（3）由外向中心查勘法。当事故发生现场范围较大、痕迹较为分散时，可以采用这种方法。

（二）现场查勘工作

现场查勘工作主要包括收取物证、现场摄影、现场丈量、绘制现场图、车辆检查、道路查勘以及收取书证等。

对于交通事故的物证，在交通事故查勘过程中需要仔细收集。现场查勘工作包括收取物证、现场摄影、现场丈量、绘制现场图等内容。

1. 收取物证

物证是分析事故原因最为客观的依据，收取物证是现场查勘的核心工作。事故现场物证的类型有散落物、附着物和痕迹。

（1）散落物。散落物可分为车体散落物、人体散落物及他体散落物三类。车体散落物主要包括零件、部件、钢片、木片、漆片、玻璃、胶条等；人体散落主要包括事故受伤人员的穿戴品、携带品、器官或组织的分离品；他体散落物主要包括事故现场人和车之外的物证，如树皮、断枝、水泥、石块等。

（2）附着物。附着物可分为喷洒或粘附物、创痕物与搁置物三类。喷洒或粘附物主要包括血液、毛发、纤维、油脂等；创痕物主要包括油漆微粒、橡胶颗粒、热熔塑料涂膜、反光膜等；搁置物主要包括织物或粗糙面上的玻璃颗粒等。

（3）痕迹。不同的痕迹，各有其形状、颜色和尺寸，往往是事故过程某些侧面的反映，因此也是事故现场物证收集的重点。痕迹可分为车辆行走痕迹、车辆碰撞痕迹及涂污与喷溅痕迹三类。车辆行走痕迹主要包括轮胎拖印、压印和擦印等；车辆碰撞痕迹主要包括车与车之间的碰撞痕迹、车与地面之间的撞砸与擦刮痕迹、车与其他物体间碰撞与擦刮痕迹。车与车之间的碰撞痕迹包括车辆正面与正面、正面与侧面、追尾等的碰撞痕迹；车与地面之间的碰撞与擦刮痕迹常见于车辆倾覆或坠落的事故；车与其他物体间碰撞与擦刮痕迹主要由车与路旁建筑物、道路设施、电杆、树木等的接触产生。涂污与喷溅痕迹主要包括油污、泥浆、血液、汗液、组织液等的涂污与喷溅。

鉴于物证的重要性，查勘人员要做好物证的收取，要在认识和发现物证的同时，利用科学的方法和手段取得物证。

2. 现场摄影

现场摄影技术自 20 世纪 40 年代开始应用于交通事故分析。由于摄影照片能够迅速而完整地记录事故现场的各种信息，可以提高现场勘测速度，减少占道时间，提高道路通行能力，因此，国内外对摄影技术在事故再现中的应用进行了广泛研究。

摄影技术在事故再现中主要应用于三个方面：① 利用摄影照片测量事故现场；② 利用摄影照片测量车辆变形；③ 利用摄影照片进行智能识别。

利用事故现场摄影照片提取现场空间位置信息的方法主要有二维方法和三维方法两类。

二维方法使用俯视摄影，由于是通过平面二维摄影照片来反映事故的三维空间信息，在没有其他信息的情况下，无法直接根据一幅摄影照片图像上的二维坐标信息恢复三维空间坐标信息。因此，必须设置 4 个以上空间位置的标定参考点，才能实现照片图像的二维重建，标定参考点可以使用在已知道路条件下周围环境的特殊位置点，也可以人为设置。

三维方法又分为单目照片法和多目照片法。单目照片法实际上是反投影法，在摄像机反投影法中，要求根据照片（或幻灯片）回到原现场，用适当的观察设备，找出原照片在现场中的视点和方位，从而在交通事故现场达到三维再现的目的。也可以使用计算机反投影法，根据线性变换求出摄像机的视点和方位，实现现场的重现。

多目照片法是在不同方位拍摄多张事故现场的照片，这些照片上有同一点，可根据该点在多张照片上的位置求出在实际空间中的三维坐标位置，从而反映事故现场的空间信息。

现场的拍摄一般步骤是，首先拍摄现场的方位，其次拍摄现场概貌，再拍摄现场重点部位，最后拍摄现场的细节。现场拍摄的原则是，先拍原始，后拍变动；先拍重点，后拍一般；先拍容易的，后拍困难的；先拍易消失和被破坏的，后拍不易消失和不易被破坏的。在实际拍摄过程中，要根据现场情况灵活掌握，注意现场照片的彼此联系，使之相互印证。

3. 现场丈量

现场丈量必须准确，必要的尺寸不能缺少。现场丈量前，要认定与事故有关的物体和痕迹，选定事故现场附近一个永久性的固定点，作为现场的基准点。然后逐项进行并做好相应的记录。

（1）确定事故现场方位。事故现场的方位用道路中心线与指北方向的夹角来表示。如果事故路段为弯道，用进入弯道的直线与指北方向的夹角和转弯半径表示。

（2）事故现场定位。事故现场的定位方法有三点定位法、垂直定位法、极坐标法等。三

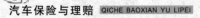

种定位方法首先都需要选定一个固定现场的基准点，基准点必须具有永久的固定性，比如可选有标号的里程碑或电线杆。

三点定位法是用基准点、事故车辆某一点以及基准点向道路中心线作垂线的三个交点所形成的三角形来固定现场位置的方法。此时只需要量取三角形各边的距离即可。

垂直定位法是用经过基准点且平行于道路边线的直线与经过事故车辆某一个点且垂直于道路边线的直线相交所形成的两个线段来固定事故现场的方法。运用该方法时只需要量取基准点与交点、交点与事故车辆某一点两条线段的距离即可。

极坐标法是用基准点与事故车辆某一点连接形成线段的距离以及线段与道路边线垂直方向的夹角来固定事故现场的方法。运用该方法时只需量取线段长度和夹角度数即可。

（3）道路丈量。道路的路面宽度、路肩宽度以及边沟的深度等参数一般需要丈量。

（4）车辆位置丈量。事故车辆位置用车辆的四个轮胎外缘与地面接触中心点到道路边缘的垂直距离来确定，所以只需量取四个距离即可。车辆行驶方向可根据现场遗留的痕迹判断，如从车上滴落油、水，一般其尖端的方向为车辆的行驶方向，等等。

（5）制动印痕丈量。直线形的制动印痕的拖印距离直接测量即可。弧形制动印痕的拖印距离量取，一般是先四等分弧形印痕，分别丈量等分点至道路一边的垂直距离，再量出制动印痕的长度即可。

（6）事故接触部位丈量。事故接触部位的丈量，最关键的是先准确判定事故接触部位。事故接触部位是形成事故的作用点，是事故车辆的变形损坏点。因此，可根据物体的运动、受力、损坏形状以及散落距离等因素科学判断事故接触部位。对其丈量时，一般应测量车与车、车与人，或者车与其他物体接触部位距地面的高度、接触部位的形状大小等。

（7）其他的丈量。如果事故现场还有毛发、血皮、纤维、车身漆皮、玻璃碎片、脱落的车辆零部件、泥土、物资等遗留物，并且它们对事故认定起着重要作用，则一并需要丈量它们散落的距离或黏附的高度等。

4. 绘制现场草图

现场查勘草图是根据现场查勘程序，在出险现场边绘制边标注，当场完成的出险现场示意图。它是现场查勘的主要记录资料，是正式现场查勘图的绘制依据，实际上是保险车辆事故发生地点和周围环境的小范围地形图。现场草图一般包括事故位置和周围环境以及遗留有相关的痕迹、物证的地点、运动的关系、事故的情况等。在现场绘制的草图可以不太工整，但是内容必须完整，尺寸、数字要准确，物体的位置、形状、尺寸、距离的大小应基本成比例，根据需要绘制立体图、剖面图和局部放大图。同时，要与现场查勘的笔录吻合。图 7.8 为某一交通事故的现场查勘草图。

5. 车辆检查

车辆的技术状况及乘员载重状况，与交通事故有直接关系，必须认真地进行检查和鉴定。检查的内容包括转向、制动、档位、轮胎、喇叭、灯光、后视镜、刮水器等，以及车辆的乘员和载重情况。因在现场勘查时条件所限，在事故车辆允许的情况下，一般进行路试检查。如果必须进行台架试检查，可由国家承认的车辆性能鉴定机构进行鉴定检查。

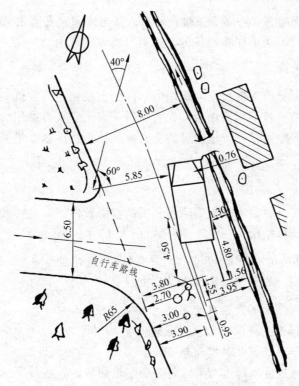

图 7.8　某一交通事故的现场查勘草图

第四节　赔款理算

一、交强险的赔款理算

在赔偿顺序上，交强险是第一顺序，商业机动车保险是第二顺序。因此，交强险的赔款理算，将影响到商业机动车保险的赔款理算。

由于交强险对死亡伤残、医疗费用、财产损失三类分别设定了赔偿限额，同时又设定了无责任赔偿限额，而无责任赔偿限额又分死亡伤残、医疗费用、财产损失三类，所以其赔款理算比较烦琐。

交强险赔偿的责任承担方式与商业车险不同。在商业车险中，按事故责任比例来计算赔偿额度，交强险则不然。交强险的责任承担方式，是由交强险保护社会公众和受害人利益的主旨决定的，是交强险与传统商业车险的主要区别之一。

1. 赔偿原则

保险人在交强险责任范围内负责赔偿被保险机动车因交通事故造成的对受害人的损害赔偿责任。

2. 赔偿时限

保险公司自收到被保险人提供的证明和资料之日起 5 日内，对是否属于保险责任作出核定，并将结果通知被保险人；对属于保险责任的，在与被保险人达成赔偿保险金的协议后 10 日内，赔偿保险金。对不属于保险责任的，应当书面说明理由。

3. 抢救费用支付

因抢救受害人需要保险人支付抢救费用的，保险人在接到公安机关交通管理部门的书面通知和医疗机构出具的抢救费用清单后，先行支付受害人的抢救费用。

交通事故不属于保险责任或者应由道路交通事故社会救助基金垫付的抢救费用，保险人不予以支付。

4. 赔款计算

（1）基本计算公式。保险人在交强险各分项赔偿限额内，对受害人死亡伤残费用、医疗费用、财产损失分别计算赔偿：

总赔款=∑各分项损失赔款=死亡伤残费用赔款+医疗费用赔款+财产损失赔款

各分项损失赔款=各分项核定损失承担金额

即　　死亡伤残费用赔款=死亡伤残费用核定承担金额

医疗费用赔款=医疗费用核定承担金额

财产损失赔款=财产损失核定承担金额

各分项核定损失承担金额超过交强险各分项赔偿限额的，各分项损失赔款等于交强险各分项赔偿限额。

注："受害人"为被保险机动车的受害人，不包括被保险机动车本车车上人员、被保险人，下同。

（2）当保险事故涉及多个受害人时，基本计算公式中的相应项目表示为：

各分项损失赔款=∑各受害人各分项核定损失承担金额

即　　死亡伤残费用赔款=∑各受害人死亡伤残费用核定承担金额

医疗费用赔款=∑各受害人医疗费用核定承担金额

财产损失赔款=∑各受害人财产损失核定承担金额

各受害人各分项核定损失承担金额之和超过被保险机动车交强险相应分项赔偿限额的，各分项损失赔款等于交强险各分项赔偿限额。

各受害人各分项核定损失承担金额之和超过被保险机动车交强险相应分项赔偿限额的，各受害人在被保险机动车交强险分项赔偿限额内应得到的赔偿为：

被保险机动车交强险对某一受害人分项损失的赔偿金额=交强险分项赔偿限额×[事故中某一受害人的分项核定损失承担金额/（∑各受害人分项核定损失承担金额）]

（3）当保险事故涉及多辆肇事机动车时，各被保险机动车的保险人分别在各自的交强险各分项赔偿限额内，对受害人的分项损失计算赔偿。

各方机动车按其适用的交强险分项赔偿限额占总分项赔偿限额的比例，对受害人的各分项损失进行分摊。

某分项核定损失承担金额=该分项损失金额×[适用的交强险该分项赔偿限额/（∑各致害方交强险该分项赔偿限额）]

注：① 肇事机动车中的无责任车辆，不参与对其他无责车辆和车外财产损失的赔偿计算，仅参与对有责方车辆损失或车外人员伤亡损失的赔偿计算。

② 无责方车辆对有责方车辆损失应承担的赔偿金额，由有责方在本方交强险无责任财产损失赔偿限额项下代赔。

一方全责，一方无责的，无责方对全责方车辆损失应承担的赔偿金额为全责方车辆损失，以交强险无责任财产损失赔偿限额为限。

一方全责，多方无责的，无责方对全责方车辆损失应承担的赔偿金额为全责方车辆损失，以各无责方交强险无责任财产损失赔偿限额之和为限。

多方有责，一方无责的，无责方对各有责方车辆损失应承担的赔偿金额以交强险无责任财产损失赔偿限额为限，在各有责方车辆之间平均分配。

多方有责，多方无责的，无责方对各有责方车辆损失应承担的赔偿金额以各无责方交强险无责任财产损失赔偿限额之和为限，在各有责方车辆之间平均分配。

③ 肇事机动车中应投保而未投保交强险的车辆，视同投保机动车参与计算。

④ 对于相关部门最终未进行责任认定的事故，统一适用有责任限额计算。

肇事机动车均有责任且适用同一限额的，简化为各方机动车对受害人的各分项损失进行平均分摊：

① 对于受害人的机动车、机动车上人员、机动车上财产损失：

$$某分项核定损失承担金额 = 受害人的该分项损失金额 \div (N-1)$$

② 对于受害人的非机动车、非机动车上人员、行人、机动车外财产损失：

$$某分项核定损失承担金额 = 受害人的该分项损失金额 \div N$$

注：① N 为事故中所有肇事机动车的辆数。

② 肇事机动车中应投保而未投保交强险的车辆，视同投保机动车参与计算。

初次计算后，如果有肇事方交强险限额未赔足，同时有受害方损失没有得到充分补偿，则对受害方的损失在交强险剩余限额内再次进行分配，在交强险限额内补足。对于待分配的各项损失合计没有超过剩余赔偿限额的，按分配结果赔付各方；超过剩余赔偿限额的，则按每项分配金额占各项分配金额总和的比例乘以剩余赔偿限额分摊；直至受损各方均得到足额赔偿或应赔付方交强险无剩余限额。

（4）受害人财产损失需要施救的，财产损失赔款与施救费累计不超过财产损失赔偿限额。

（5）主车和挂车在连接使用时发生交通事故，主车与挂车的交强险保险人分别在各自的责任限额内承担赔偿责任。

若交通管理部门未确定主车、挂车应承担的赔偿责任，主车、挂车的保险人对各受害人的各分项损失平均分摊，并在对应的分项赔偿限额内计算赔偿。

主车与挂车由不同被保险人投保的，在连接使用时发生交通事故，按互为三者的原则处理。

（6）被保险机动车投保一份以上交强险的，保险期间起期在前的保险合同承担赔偿责任，起期在后的不承担赔偿责任。

（7）对被保险人依照法院判决或者调解承担的精神损害抚慰金，原则上在其他赔偿项目足额赔偿后，在死亡伤残赔偿限额内赔偿。

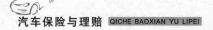

（8）死亡伤残费用和医疗费用的核定标准。按照《最高人民法院〈关于审理人身损害赔偿案件适用法律若干问题的解释〉》规定的赔偿范围、项目和标准，公安部颁布的《道路交通事故受伤人员伤残评定》（GB18667-2002），以及交通事故人员创伤临床诊疗指南和交通事故发生地的基本医疗标准核定人身伤亡的赔偿金额。

例1：A、B两机动车发生交通事故，两车均有责任。A、B两车车损分别为2 000元、5 000元，B车车上人员医疗费用7 000元，死亡伤残费用6万元，另造成路产损失1 000元。设两车适用的交强险财产损失赔偿限额为2 000元，医疗费用赔偿限额为1万元，死亡伤残赔偿限额为11万元，则

A车交强险赔偿计算：

> A车交强险赔偿金额=受害人死亡伤残费用赔款+受害人医疗费用赔款+受害人财产
> 损失赔款
> =B车车上人员死亡伤残费用核定承担金额+B车车上人员医疗
> 费用核定承担金额+财产损失核定承担金额

① B车车上人员死亡伤残费用核定承担金额=60 000÷（2－1）=60 000元。

② B车车上人员医疗费用核定承担金额=7 000÷（2－1）=7 000元。

③ 财产损失核定承担金额=路产损失核定承担金额+B车损核定承担金额=1 000÷2+5 000÷（2－1）=5 500元，超过财产损失赔偿限额，按限额赔偿，赔偿金额为2 000元。

其中，A车交强险对B车损的赔款=财产损失赔偿限额×B车损核定承担金额÷（路产损失核定承担金额+B车损核定承担金额）=2 000×[5 000÷（1 000÷2+5 000）]=1 818.18元。

其中，A车交强险对路产损失的赔款=财产损失赔偿限额×路产损失核定承担金额÷（路产损失核定承担金额+B车损核定承担金额）=2 000×[（1 000÷2）÷（1 000÷2+5 000）]=181.82元。

④ A车交强险赔偿金额=60 000+7 000+2 000=69 000元。

B车交强险赔偿计算：

B车交强险赔偿金额=路产损失核定承担金额+A车损核定承担金额=1 000÷2+2 000÷（2－1）=2 500元，超过财产损失赔偿限额，按限额赔偿，赔偿金额为2 000元。

例2：A、B两机动车发生交通事故，A车全责，B车无责，A、B两车车损分别为2 000元、5 000元，另造成路产损失1 000元。设A车适用的交强险财产损失赔偿限额为2 000元，B车适用的交强险无责任财产损失限额为100元，则

A车交强险赔偿计算：

A车交强险赔偿金额=B车损失核定承担金额+路产损失核定承担金额=5 000+1 000=6 000元，超过财产损失赔偿限额，按限额赔偿，赔偿金额为2 000元。

B车交强险赔偿计算：

B车交强险赔偿金额=A车损核定承担金额=2 000元，超过无责任财产损失赔偿限额，按限额赔偿，赔偿金额为100元。

B车对A车损失应承担的100元赔偿金额，由A车保险人在交强险无责财产损失赔偿限额项下代赔。

二、汽车交强险理赔典型问题及赔款理算举例

2006年7月1日机动车交通事故责任强制保险出台后，就机动车强制保险的赔偿方式、受害人索赔等问题，存在一些理解差异，直接影响机动车保险理赔，传统的赔款理算方式也因为要区分强制保险理算和商业保险理算而发生巨大变化。为此，结合《道路交通安全法》和《机动车交通事故责任强制保险条例》（以下简称《条例》），就强制保险实施后有关理赔的典型问题和赔款理算，以期明确相关事宜。

（一）汽车交强险理赔须明确的疑难问题

机动车交通事故责任强制保险出台后，在强制保险和过渡时期商业保险的理赔方面，存在几个争议较大的问题。为了统一认识，明确相关操作规程，现分析如下：

（1）强制保险赔偿的责任承担方式。机动车交通事故责任强制保险究竟是按责赔偿，还是无责赔偿？是否实行商业险所通用的责任比例原则？

按照《道路交通安全法》第七十六条的规定，强制保险实行的是无过错赔偿，即强制保险的赔偿不建立在被保险人过错责任的基础上，只要发生事故，强制保险即在责任限额内予以赔偿。而按照《条例》，交通事故的责任分为一般事故赔偿限额与无责任赔偿限额，从这种区分来看，似乎又是按责赔偿。因此，需要对此有一个明确的认识。

其实，《道路交通安全法》和《条例》的规定是不矛盾的，结合两者的规定，可以理解为机动车强制保险突破了以往的比例责任，实行了简单的责任二分法，即将强制责任险项下的责任仅区分为有责任和无责任两种情况，不再细分主要责任、同等责任和次要责任，按照具体的责任比例来计算赔偿，而是只要有责任，即按照损失与一般责任限额的对比来确定赔偿。对于无责任的，则按无责任限额进行赔偿。举例说明如下：

例3：甲、乙两车互撞，甲车承担70%的责任，车损3 000元，乙车承担30%的责任，车损5 000元。则甲、乙两车强制责任险的赔款分别为：

甲车赔偿：5 000元>2 000元，故赔款2 000元。

而不是5 000元×70%=3 500元>2 000元，故赔款2 000元。

乙车赔偿：3 000元>2 000元，故赔款2 000元。

而不是3 000×30%=900元，故赔款900元。

强制保险这种责任承担方式，是由强制保险保护社会公众和受害人利益的主旨决定的，它可以避免因为事故责任不均而使受害人赔偿受到影响的情况，符合"不因被保险人过错程度差异而影响受害人赔偿"的强制保险基本原则，是强制保险与传统商业车险的主要区别之一。

（2）强制保险中"受害人索赔"的处理。在强制险中，受害人可否直接向保险人索赔？如果受害人向保险人索赔，尤其是案件存在多个受害人时，保险人应如何处理？

《条例》第二十八条规定："被保险机动车发生道路交通事故的，由被保险人向保险人申请赔偿保险金。"因此，在一般情况下，强制保险应由被保险人向保险公司索赔，而受害人不享有直接索赔权。但是，按照保险行业协会发布的强制保险理赔规程要点，在下列情况下，发生人身伤亡的受害人可以直接索赔：被保险人死亡、失踪、逃逸、丧失索赔能力、书面放

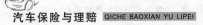

弃索赔权利或向受害人出具书面授权书；人民法院判决书或执行裁定书确定受害人可以直接索赔；法律规定受害人可以代位索赔等其他情形。

因此，对于强制保险的索赔，一般情况下应由被保险人进行，受害人只有满足《规程》所列的特定条件时，方可直接向保险人索赔。对于受害人不满足相应条件而提出索赔的，应不予受理，并告知《条例》第二十八条的规定，要求其督促被保险人索赔。

受害人直接索赔，须提供以下特别材料：受害人有效身份证明；法院判决文书或执行文书或交警的事故认定书和调解书等；证明被保险人死亡、失踪、逃逸、丧失索赔能力等的文件；被保险人放弃索赔权利或授权受害人索赔的文书。

事故涉及多个受害人，被保险人委托其中一个受害人索赔，可能损害其他受害人利益的，公司不予受理。已经受理的，不得将全部赔偿支付受委托的受害人，仅对其支付该受害人应得赔偿。

多个受害人并存时，受害人直接索赔的，应在所有受害人均提出索赔申请，且各受害人所有材料全部提交后，才可以进行赔款理算。赔款理算时，多个受害人的损失超过分项责任限额的，各受害人按照损失比例受偿。

当前，普遍存在一个误解，认为一般案件受害人均可以直接向保险人索赔，其依据主要是《条例》第二十七条和三十一条。第二十七条规定："被保险机动车发生交通事故，被保险人或者受害人通知保险公司的，保险公司应当立即给予答复，告知被保险人或受害人具体的赔偿程序等有关事项。"第三十一条规定："保险公司可以向被保险人赔偿保险金，也可以直接向受害人赔偿保险金。"其实，这两个条文并未授予受害人直接索赔的权利。仔细分析可知，第二十七条是关于报案处理的规定，强调的是被保险人和受害人报案时，保险公司有指引和告知的义务。实际上，凡是知道保险事故的人，都可以报案；报案后，保险公司都应该受理。只是一般人员的报案，保险人无须进行指引和告知，只须记录报案信息以便下一步工作而已；而对被保险人和受害人的报案，在受理的同时，需要进行一定的理赔指导，因为他们是理赔的利害关系人。而第三十一条则是关于赔偿支付的规定，强调的是保险公司决定赔偿并且明确了具体的赔偿金额后，可以选择被保险人或受害人作为赔款支付对象，但没有要求保险公司一定要向受害人支付赔款，更没有明确受害人可以直接向保险人索赔。

（3）强制保险中抢救费用的支付与垫付。《条例》对于抢救费用有两方面的规定：一是抢救费用的支付，一是抢救费用的垫付。此二者的联系与区别，有必要加以明确。

抢救费用的支付，指的是对属于强制险责任的事故，保险人在正常理赔结案前，向受害人就治医院提前支付抢救费用，以便受害人得到及时抢救；抢救费用的垫付，则是指对不属于强制险责任的交通事故，在满足特定条件的情况下，由承保强制险的保险公司先行代为垫付抢救费用，以保障受害人得到及时救治，再向事故致害人进行追偿的制度安排。

两者的联系在于：两者都在强制险中发生的，都是为了保护交通事故受害人能够得到及时救治而支付的费用；都是按照交通事故人员创伤临床诊疗指南和抢救地的国家基本医疗保险的标准进行审核，最高限额都是强制保险医疗费用赔偿限额或无责任医疗费用赔偿限额；在程序上都由交警部门通知，并提供医疗机构抢救费用清单供审核。

两者的区别在于：抢救费用支付的前提是事故本身属于强制险保险责任，抢救费用垫付则是在事故本身不属于强制险保险责任的情况下发生的；支付的抢救费用不存在进行追偿的问题，而垫付的抢救费则可以向致害人（一般情况下是被保险人）追偿；两者的前提条件不同，抢救费用的垫付有着更为严格的条件，即仅在发生《条例》规定的4种特殊情况，即无证驾驶、醉酒、盗抢期间肇事或被保险人故意等情况时适用；从公司的处理流程来说，抢救费用的支付走的是预赔的程序，而抢救费用的垫付则将适用单独的垫付程序进行处理。

（二）汽车交强险理赔应遵循的基本原则

强制保险规定出台后，车险理赔按照下列原则进行：

（1）强制保险优先赔偿的原则。实行机动车交通事故责任强制保险后，交通事故损失应优先在强制保险项下赔偿，强制保险赔偿不足部分的损失，再纳入商业保险理赔。即使事故车辆没有投保强制保险，也应该按照该车投保强制保险的情况，拟算扣减强制险应付的赔款，剩余部分再纳入商业保险理赔。

（2）依照法律和保险合同理赔的原则。依照法律和合同理赔，主要体现为三方面的内容。一是依法依约确定理赔的项目和内容。机动车保险的理赔将主要按照国家有关法律法规和保险合同的约定进行，对于超出法律规定和保险合同约定的项目和内容，不纳入保险理赔的范围。对属于法律规定和保险合同约定的项目和内容，全部纳入保险理赔的范围。商业保险合同约定赔偿范围比法律规定范围严格的，按照合同约定处理。二是依法依规确定理赔的标准，人伤案件的医疗费用将依据国务院卫生主管部门制定的道路交通事故创伤人员临床诊疗规范和国家基本医疗保险标准进行，人身伤残核定将主要依据道路交通事故人身伤残评定准则等标准进行。三是依法依规确定理赔的时限和要求。强制险实施后，对于保险理赔、抢救费用的支付与垫付，国家都规定了明确的时限，保险理赔须在法定时限内进行，否则将受到严厉的处罚。

（3）根据损失情况分项理赔的原则。机动车辆保险的理算，应该按照保险事故的损失情况和投保险种情况，在对应险种范围内，将强制保险、商业第三者责任险和车损险等险种项下的财产损失、人身伤亡费用、医疗费用分别对应理算，避免项目的交叉、重复和缺漏。

（4）公平合理均衡利益的原则。机动车辆保险理赔要兼顾保险人与保险之间、保险人与被保险人之间、保险人与受害人之间、被保险人与被保险人之间、被保险人与受害人之间、受害人与受害人之间的多重利益关系，特别是同一事故的不同承保公司之间，同一事故的多个受害人之间，要特别注意保持理赔上的利益均衡，应本着公平合理的原则进行计付赔款，避免赔偿不均衡，引发其他事故。

（三）汽车交强险典型案件赔款理算举例

1. 不同责任承担方式下的理算

（1）确定责任比例情况下的理算。确定了责任比例的，按照各项损失分别对应的责任限额进行理算，不再考虑具体的责任比例。

例4：甲、乙两车互撞，甲车承担70%的责任，车损3 000元，乙车承担30%的责任，车损2 500元。则甲、乙两车强制责任险的赔款分别为：

甲车赔偿：2 500元＞2 000元，故赔款2 000元。

乙车赔偿：3 000元＞2 000元，故赔款2 000元。

其中，甲车在强制险中未获赔偿的损失 1 000 元，乙车未获赔偿的损失 500 元，纳入商业保险对应险种，按照责任比例，另行理算。

（2）不确定责任比例时的理算。处理事故时，未确定责任比例，或者仅确定强制保险之外的责任比例的，按照普通责任限额进行理算。

例 5：甲、乙两车互撞，甲车损失 3 000 元，乙车损失 5 000 元。则甲、乙两车强制责任险的赔偿分别为：

甲车赔偿：损失 5 000 元>限额 2 000 元，故赔偿 2 000 元。

乙车赔偿：损失 3 000 元>限额 2 000 元，故赔偿 2 000 元。

（3）无责任情况下的理算。

处理事故时，已确定一方无责任的，则无责方承保公司按无责任限额赔偿。

例 6：甲、乙两车互撞，甲车损失 3 000 元，乙车损失 5 000 元，交警认定甲车无责任，乙车承担 100%的责任。则甲、乙两车强制责任险的赔偿分别为：

甲车赔偿：损失 5 000 元>无责任限额 1 000 元，赔偿 1 000 元。

乙车赔偿：损失 3 000 元>限额 2 000 元，赔偿 2 000 元。

2. 不同损失种类中的理算

（1）财产损失理算。财产损失分为受害人车辆损失和其他财产损失。在强制险中，受害人车辆损失应在其他财产损失获得赔偿后再行赔偿。

例 7：甲、乙两车相撞，造成甲车损失 3 000 元，乙车损失 5 000 元。路产损失 3 000 元，责任未定。则甲、乙两车强制险赔偿分别为：

甲车赔偿：路产损失核定为 3 000÷2=1 500 元。赔偿为路产损失 1 500 元+乙车损 5 000 元>2 000 元，赔偿 2 000 元，其中乙车损赔偿仅为 500 元，另 4 500 元未在强制险中获得赔偿。

乙车赔偿：路产损失核定为 3 000÷2=1 500 元。赔偿为路产损失 1 500 元+甲车损 3 000 元>2 000 元，赔偿 2 000 元，其中甲车损赔偿仅为 500 元，另 2 500 元未在强制险中获得赔偿。

（2）人身损失理算。人身损害分死亡伤残赔偿、医疗费用赔偿。其中死亡伤残赔偿中，精神损失赔偿在其他各项损失获得足额赔偿后才能赔偿。

例 8：甲、乙两车相撞，造成甲车 1 人死亡，医疗费用 3 000 元，死亡赔偿各项费用 50 000 元，精神损失 10 000 元；乙车 1 人受伤，医疗费用 30 000 元，残废赔偿各项费用 48 000 元，精神损失 5 000 元。甲车主责，乙车次责。则甲、乙两车强制险赔偿分别为：

甲车赔偿：

医疗费用 30 000 元>限额 10 000 元，赔偿 10 000 元。

死亡伤残赔偿 48 000 元+5 000 元>50 000 元，赔偿 50 000 元，其中精神损害赔偿 2 000 元已纳入赔偿，3 000 元未纳入赔偿。

乙车赔偿：

医疗费用 3 000 元。

死亡伤残赔偿 50 000 元+10 000 元>50 000 元，赔偿 50 000 元，其中精神损害赔偿未在强制险中赔偿。

3. 不同事故车辆情况下的理算

（1）单车事故的理算。单车事故中，如果涉及多个受害人的损失，分项损失之和超过分项限额的，应该在受害人之间进行比例分摊。

例9：甲车撞自行车，造成自行车上乙、丙两人受伤，财物受损，其中乙医疗费用8 000元，死亡伤残费用40 000元，财物损失1 500元，丙医疗费用6 000元，死亡伤残费用30 000元，财物损失1 000元。甲车主要责任。则甲车在强制险中对乙、丙的赔偿分别为：

甲车对乙的赔偿：

医疗费用8 000/（8 000+6 000）×10 000=5 714.29元。

死亡伤残40 000/（40 000+30 000）×50 000=28 571.43元。

财产损失1 500/（1 500+1 000）×2 000=1 200元。

甲车对丙的赔偿：

医疗费用6000/（8 000+6 000）×10 000=4 285.71元。

死亡伤残费用30 000/（40 000+30 000）×50 000=21 428.57元。

财产损失1 000/（1 500+1 000）×2 000=800元。

实务中，由被保险人进行索赔的，对甲、乙的赔偿可以不进行区分，只按照相应项目损失与责任限额的对比进行赔偿。

（2）双方事故的理算。发生双方事故的，事故双方互为强制险的赔偿对象，分别分项按责任进行赔偿（未确定责任的按照不确定责任的方式赔偿）。

例10：甲、乙两车互撞，甲车70%的责任，车损3 000元，车上1人受伤，死亡伤残费用60 000元，医疗费用70 000元；乙车30%的责任，车损5 000元，车上1人死亡，死亡伤残费用80 000元，医疗费用8 000元，精神损害20 000元。则甲、乙两车强制险赔偿分别为：

甲车赔偿：

死亡伤残费用80 000+20 000>限额50 000元，赔偿50 000元，其中精神损害未获强制险赔偿，死亡伤残费用尚有50 000元未获强制险赔偿。

医疗费用8 000元。

财产损失5 000元>限额2 000元，赔偿2 000元。

乙车赔偿：

死亡伤残费用60 000元>限额50 000元，赔偿50 000元。

医疗费用70 000元>限额10 000元，赔偿10 000元。

财产损失3 000元>限额2 000元，赔偿2 000元。

（3）三方以上事故的理算。三车以上出现互撞的，各车均将除自身之外的其他车方作为赔偿对象，其损失按照责任进行分项分摊赔偿。

例11：甲、乙、丙三车互撞，甲车70%的责任，车损3 000元，车上1人受伤，死亡伤残费用60 000元，医疗费用70 000元；乙车30%的责任，车损5 000元，车上1人死亡，死亡伤残费用80 000元，医疗费用8 000元，精神损害赔偿20 000元；丙车无责任，车上1人死亡，死亡伤残费用80 000元，精神损害赔偿20 000元，医疗费用6 000元，车损8 000元。则甲、乙、丙三车在强制险项下赔偿分别为：

甲车赔偿：

① 对乙车赔偿：

死亡伤残赔偿80 000/（80 000+80 000）×50 000 =25 000元。因为死亡伤残费用超过50 000元，故精神损害赔偿没有得到赔偿。

医疗费用赔偿 8 000/（8 000+6 000）×10 000=5 714.29 元。

财产损失 5 000/（5 000+8 000）×2 000 =769.23 元。

② 对丙车赔偿：

死亡伤残赔偿 80 000/（80 000+80 000）×50 000 =25 000 元。因为死亡伤残费用超过 50 000 元，故精神损害赔偿没有得到赔偿。

医疗费用赔偿 6 000/（8 000+6 000）×10 000=4 285.71 元。

财产损失 8 000/（5 000+8 000）×2 000 =1 230.77 元。

乙车赔偿：

① 对甲车的赔偿：

死亡伤残赔偿 60 000/（60 000+80 000）×50 000 =21 428.57 元。

医疗费用赔偿 70 000/（70 000+6 000）×10 000=9 210.53 元。

财产损失赔偿 3 000/（3 000+8 000）×2 000=545.45 元

② 对丙车的赔偿：

死亡伤残赔偿 80 000/（60 000+80 000）×50 000 =28 571.43 元。由于死亡赔偿超过限额，故丙的精神损害未得到赔偿。

医疗费用赔偿 6 000/（70 000+6 000）×10 000=789.47 元。

财产损失赔偿 8 000/（3 000+8 000）×2 000=1 454.55 元。

丙车赔偿：

死亡伤残赔偿为 25 000 元，其中对甲车赔偿 60 000/（80 000+60 000）×25 000=10 714.29 元，对乙车赔偿 80 000/（80 000+60 000）×25 000=14 285.71 元。

医疗费用赔偿为 5 000 元，其中对甲车赔偿 70 000/（70 000+8 000）×5 000=4 487.18 元，对乙车赔偿 8 000/（70 000+8 000）×5 000=512.81 元。

财产损失赔偿为 1 000 元，其中对甲车赔偿 3 000/（3 000+5 000）×1 000=375 元，对乙车的赔偿 5 000/（3 000+5 000）×1 000=625 元。

三、商业车险赔款理算

根据被保险人提供的有关费用单证经审核无误后，对于不符合规定的项目和金额应予以剔除。理算人员对车辆损失险、第三者责任险、附加险及施救费用等分别计算赔偿金额。保险人应将核定计算结果及时通知被保险人，保险人在与被保险人达成赔偿协议后 10 日内支付赔款。

（一）车辆损失险的赔款计算

1. 按投保时保险车辆的新车购置价确定保险金额的计算

（1）全部损失。全部损失是指保险车辆在保险事故中发生整体损毁或受损严重已失去修复价值，即形成了实际全损或推定全损。

① 保险金额高于保险事故发生时保险车辆的实际价值时，则

赔款=（实际价值－残值－交强险赔偿金额）×事故责任比例×（1－免赔率之和）

注："免赔率之和"是指保险条款中约定的各项免赔率之和。

其中，保险事故发生时保险车辆的实际价值按保险事故发生时同种类型车辆市场新车购置价（含车辆购置附加费（税））减去该车已使用年限折旧后确定。免赔率之和包括：依据保险车辆驾驶员在事故中所负事故责任比例而由其自负的免赔率、非约定驾驶员驾驶保险车辆肇事后需要加扣的免赔率、同一保险年度内多次出险每次加扣的免赔率、违反安全装载规定而需要加扣的免赔率等。在确定事故责任比例时，一般按照交警部门判定的事故责任比例判定。如果经过核赔人员认真审核，认为某种赔偿比例更符合实际情况、更为合理，此处的事故责任比例可以用该赔偿比例代替。

② 保险金额等于或低于实际价值时，则

赔款＝（保险金额－残值－交强险赔偿金额）×事故责任比例×（1－免赔率之和）

如果保险金额低于实际价值，因总残余价值里有一部分是属保户自保的，所以在计算残值时应予以剔除，即残值应计算为：

残值＝总残余价值×（保险金额÷实际价值）

例 12：一辆新车购置价（含车辆购置税）为 20 万元的汽车全额投保了汽车损失保险，该车辆在保险期内发生第二次交通事故时，实际价值 12 万元，驾驶人员承担全部责任，依据该种车辆条款的规定承担 15%的免赔率，同时又由于是第二次出险，应增加 5%的免赔率。车辆全部损失，残值 2 000 元，暂不考虑交强险，计算车损险赔款。

由于保险金额高于实际价值，因此按以下公式计算：

赔款＝（实际价值－残值）×事故责任比例×（1－免赔率之和）
　　　＝（120 000－2 000）×100%×[1－（15%+5%）]=94 400 元

（2）部分损失。

赔款＝（实际修理费用－残值－交强险赔偿金额）×事故责任比例×（1－免赔率之和）

若赔款大于或等于实际价值，则按照实际价值赔付。

若赔款小于实际价值，则按照实际计算出的赔款赔付。

（3）施救费赔款计算，按下式计算：

施救费赔款＝实际施救费用×事故责任比例×（保险财产价值÷实际施救财产
　　　　　总价值）×（1－免赔率之和）

2. 按投保时保险车辆的实际价值确定保险金额或协商确定保险金额的计算

（1）全部损失。与"按投保时保险车辆的新车购置价确定保险金额的"全部损失的计算方法相同。即：

① 保险金额高于保险事故发生时保险车辆的实际价值时，则

赔款＝（实际价值－残值－交强险赔偿金额）×事故责任比例×（1－免赔率之和）

② 保险金额等于或低于实际价值时，则

赔款＝（实际价值－残值－交强险赔偿金额）×事故责任比例×（1－免赔率之和）

（2）部分损失。

$$赔款=（实际修理费用-残值-交强险赔偿金额）×事故责任比例×（保险金额÷$$
$$投保时保险车辆的新车购置价）×（1-免赔率之和）$$

若赔款大于或等于实际价值，则按照实际价值赔付，赔款即等于实际价值；若赔款小于实际价值，则按照实际计算出的赔款赔付。

3. 保险车辆部分损失后保险合同将终止的情况

保险人不退还机动车损失保险费及其附加险的保险费，保险金额低于投保时保险车辆的实际价值，一次赔款金额与免赔金额之和（不含施救费）达到保险金额的；按投保时保险车辆的实际价值确定保险金额或一次赔款金额与免赔金额之和（不含施救费）达到保险事故发生时保险车辆的实际价值的；保险金额高于投保时保险车辆的实际价值，一次赔款余额与免赔金额之和（不含施救费）达到保险金额的。

4. 保险车辆部分损失后保险合同继续有效的情况

保险金额高于投保时车辆的实际价值，一次赔款金额与免赔金额之和（不含施救费）达到保险事故发生时保险车辆的实际价值且未达到保险金额的，在保险车辆修复并经保险人验车同意后保险责任合同继续有效至保险合同终止日，但保险人不退还保险车辆修理期间的保险费。

（二）第三者责任险的赔款计算

第三者责任险的赔偿金额，按照《道路交通处理办法》规定的赔偿范围、项目和标准，以及保险合同中的约定进行确定和计算。

（1）当被保险人按事故责任比例应承担的赔偿金额超过责任限额时，则赔款 = 责任限额×（1 - 免赔率之和）。

（2）当被保险人按事故责任比例应承担的赔偿金额低于责任限额时，则赔款 = 应承担的赔偿金额×（1 - 免赔率之和）。

（3）诉讼仲裁费用计算。① 当被保险人应承担的诉讼仲裁费用超过保险单载明的责任限额的30%时，诉讼仲裁费用 = 责任限额×30%。② 当被保险人应承担的诉讼仲裁费用低于保险单载明的责任限额的30%时，诉讼仲裁费用 = 应承担的诉讼仲裁费用。

例13：一辆按照责任限额20万元投保机动车辆第三者责任险的汽车，在出险时给第三方造成30万元损失，诉讼仲裁费用为5 000元。该车负主要责任，承担70%的损失，依照条款规定应承担15%的免赔率。此次事故中，被保险人按照事故责任比例应承担的赔偿金额为300 000×70%=210 000（元），超过了20万元的责任限额。则：

$$赔款=责任限额×（1-免赔率之和）=200\,000×（1-15\%）=170\,000\,元$$

被保险人应承担的诉讼仲裁费用为5 000元，没有超过保险单载明的责任限额的30%，200 000×30%=60 000元，则：

$$诉讼仲裁费用=应承担的诉讼仲裁费用=5\,000\,元$$

保险人向被保险人支付赔款（包括诉讼仲裁费用）合计为170 000+5 000=175 000元

（三）车辆损失险、第三者责任险赔款计算应注意事项

（1）赔款计算依据交通管理部门出具的《道路交通事故责任认定书》以及据此做出的《道路交通事故损害赔偿调解书》。

当调解结果与责任认定书不一致时，对于调解结果中认定的超出被保险人责任范围内的金额，保险人不予赔偿；对于被保险人承担的赔偿金额低于其应按责赔偿的金额的，保险人只对被保险人实际赔偿的金额在限额内赔偿。

（2）对于不属于保险合同中规定的赔偿项目，但被保险人已自行承诺或支付的费用，保险人不予承担。

（3）法院判决被保险人应赔偿第三者的金额，如精神损失赔偿费等，保险人不予承担。

（4）保险人对第三者责任事故赔偿后，对受害第三者的任何赔偿费用的增加不再负责。

（5）车辆损失的残值确定，应以车辆损失部分的零部件残值计算。

（6）诉讼仲裁费用标准应按照最高人民法院下发的有关标准执行。车损险诉讼仲裁费用计入车损险施救费，第三者责任险诉讼仲裁费用必须经保险人事先书面同意，在第三者责任险责任限额的30%以内计算赔偿。

（四）附加险赔款计算

1. 全车盗抢险

（1）全部损失。

$$赔款=保险金额×（1-免赔率之和）$$

（2）部分损失。

$$赔款=实际修理费用-残值$$

赔款金额不得超过本险种保险金额。

2. 玻璃单独破碎险

$$赔款=实际修理费用$$

3. 火灾、爆炸、自燃损失险

（1）全部损失。

$$全部损失赔款=（保险金额-残值）×（1-20\%）$$

（2）部分损失。

$$赔款=（实际修理费用-残值）×（1-20\%）$$

赔款金额不得超过该险种保险金额。

（3）施救费用以不超过保险金额为限，其计算方法如下：

$$赔款=实际施救费用×（保险财产价值÷实际施救财产总价值）×（1-20\%）$$

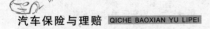

4. 车身划痕损失险

在保险金额（5 000 元）内按实际损失计算赔偿，并使用批单冲减保险金额，则赔款等于实际损失金额。如果在保险期限内，赔款累计达到本险种保险金额（5 000 元），本险种保险责任终止。

5. 车辆停驶损失险

（1）全部损失。

$$赔款=保险合同中约定的日赔偿金额×保险合同中约定的最高赔偿天数$$

（2）部分损失。在计算赔偿天数时，首先比较《机动车辆保险车辆损失情况确认书》中约定的修理天数和实际修理天数，两者以短者为准。即《机动车辆保险车辆损失情况确认书》中约定的修理天数大于或等于实际修理天数，以实际修理天数为计算基础；《机动车辆保险车辆损失情况确认书》中约定的修理天数小于实际修理天数，以《机动车辆保险车辆损失情况确认书》中约定的修理天数为计算基础。

① 赔偿天数未超过保险合同中约定的最高赔偿天数，则

$$赔款=保险合同中约定的日赔偿金额×赔偿天数$$

② 赔偿天数超过保险合同中约定的最高赔偿天数，则

$$赔款 = 保险合同中约定的日赔偿金额×保险合同中约定的最高赔偿天数$$

赔偿后，使用批单批改保险合同中约定的最高赔偿天数。在保险期限内，赔款金额累计达到保险单载明的保险金额，本附加险保险责任终止。保险期限内发生保险事故时，约定赔偿天数超出保险合同终止期限部分，仍应赔偿。

6. 车上人员责任险

车上人员责任险赔款按以下情况计算：

（1）当被保险人按事故责任比例应承担的每座车上人员伤亡赔偿金额未超过保险合同载明的每人责任限额时，则每人赔款等于应承担的赔偿金额。

（2）当被保险人按事故责任比例应承担的每座车上人员伤亡赔偿金额超过保险合同载明的每人责任限额时，则每人赔款等于责任限额。

（3）赔款等于每人赔款之和，则赔偿人数以投保座位数为限。

7. 车上货物责任险

车上货物责任险赔款按以下情况计算：

（1）当被保险人按事故责任比例应承担的车上货物损失金额未超过保险合同载明的责任限额时，则

$$赔款=应承担的赔偿金额×（1-20\%）$$

（2）当被保险人按事故责任比例应承担的车上货物损失金额超过保险合同载明的责任限额时，则

$$赔款=责任限额×（1-20\%）$$

8. 无过失责任险

（1）当无过失责任险损失金额未超过责任限额时，则

　　　　赔款=实际损失×（1－20%）

（2）当无过失责任损失金额超过责任限额时，则

　　　　赔款=责任限额×（1－20%）

《事故处理裁决书》载明保险车辆及驾驶员在事故中无过失，并按道路交通处理规定承担10%的赔偿费用的案件，其赔款应在第三者责任险中列支。

9. 不计免赔特约条款

　　　　赔款=一次赔款中已承保且出险的各险种免赔额之和

出现下列情况时被保险人自行承担的免赔额，保险人不负责赔偿：① 车辆损失保险中应当由第三方负责赔偿而确实无法找到第三方的；② 因违反安全装载规定加扣的；③ 同一保险年度内多次出险，每次加扣的；④ 附加盗抢险或附加火灾、爆炸、自燃损失险或附加自燃损失险中规定的；⑤ 对家庭自用车保险合同中约定驾驶人员的，保险事故发生时由非约定驾驶人员驾车而加扣的。

（五）免赔率的确定

免赔率按条款的明确规定确定。其中特别注意的是：

（1）全车盗抢险中被保险人索赔时未能提供《机动车行驶证》《机动车登记证书》以及机动车来历凭证、车辆购置税完税证明（车辆购置附加费缴费证明）或免税证明等原件，每缺少一项增加1%的免赔率。

（2）因自然灾害引起的不涉及第三者损害赔偿的单纯车损案件，不扣免赔。但对被保险人未尽到妥善保管或及时施救义务的案件除外。

（六）缮制赔款计算书

计算完赔款以后，要缮制赔款计算书。赔款计算书应该分险别、项目计算并列明计算公式。赔款计算应尽量用计算机出单，应做到项目齐全、计算准确。手工缮制的，应确保字迹工整、清晰，不得涂改。

业务负责人审核无误后，在赔款计算书上签署意见和日期，然后送交核赔人员。

思考与练习题

1. 如何理解汽车保险理赔的重要意义？
2. 汽车保险理赔的原则有哪些？
3. 汽车保险理赔工作人员应具备的条件是什么？
4. 现场查勘的主要内容有哪些？
5. 道路交通事故现场有哪些类型？道路交通事故现场变动的原因有哪些？

第八章 汽车消费贷款及其保险

第一节 汽车消费贷款

一、消费贷款及其类型

消费信贷是金融创新的产物，是商业银行陆续开办的用于自然人（非法人或组织）个人消费目的（非经营目的）的贷款。个人消费信贷的开办，是国有商业银行适应中国社会主义市场经济体制的建立与完善、适应金融体制改革、适应金融国际化发展趋势的一系列全方位变革的重要措施之一，它打破了传统的个人与银行单向融资的局限性，开创了个人与银行相互融资的全新的债权债务关系。

个人消费信贷处于起步阶段，种类还不是很多，主要有：

1. 短期信用贷款

短期信用贷款是贷款人为解决由本行办理代发工资业务的借款人临时性需要而发放的消费信贷，期限在一年以内，额度在 2 000 元至 2 万元且不超过借款人月均工资性收入 6 倍的，无须提供担保的人民币信用贷款。该贷款一般不能展期。

2. 综合消费贷款

综合消费贷款是贷款人向借款人发放的不限定具体消费用途，以贷款人认可的有效权利质押担保或能以合法有效房产作抵押担保，借款金额在 2 000 元至 50 万元，期限在六个月至三年的人民币贷款。

3. 旅游贷款

旅游贷款是贷款人向借款人发放的用于支付旅游费用，以贷款人认可的有效权利作质押担保或者由具有代偿能力的单位或个人作为偿还贷款本息并承担连带责任的保证人提供保证，借款金额在 2 000 元至 5 万元，期限在六个月至二年且提供不少于旅游项目实际报价 30%的首期付款的人民币贷款。

4. 国家助学贷款

国家助学贷款分为一般助学贷款和特困生贷款，是贷款人向全日制高等学校中经济困难的本专科在校学生发放的用于支付学费和生活费并由教育部门设立"助学贷款专户资金"给予贴息的人民币专项贷款。

5. 汽车贷款

汽车贷款是贷款人向在特约经销商处购买汽车的借款人发放的用于购买汽车，以贷款人认可的权利质押或者由具有代偿能力的单位或个人作为还贷本息并承担连带责任的保证人提供保证，在贷款银行存入首期车款，借款金额最高为车款的 70%、期限最长不超过 5 年的专项人民币贷款。

6. 消费信贷住房贷款

消费信贷住房贷款是贷款人向借款人发放的用于购买自用普通住房或者城镇居民修房、自建住房，以贷款人认可的抵押、质押或者保证，在银行存入首期房款，借款金额最高为房款的 70%，期限最高为 30 年的人民币专项贷款。个人住房贷款又分为自营性个人住房贷款、委托性个人住房贷款和个人住房组合贷款三种。

二、汽车消费贷款

汽车消费贷款是银行对在其特约经销商处购买汽车的购车者发放的人民币担保贷款的一种新的贷款方式。汽车消费贷款利率就是指银行向消费者也就是借款人发放的用于购买自用汽车（不以营利为目的的家用轿车或 7 座（含）以下商务车）的贷款数额与本金的比例。利率越高，那么消费者还款的金额就越大。

（一）汽车消费贷款的相关概念

汽车贷款是指贷款人向申请购买汽车的借款人发放的贷款，也叫汽车按揭。

贷款对象：借款人必须是贷款行所在地常住户口居民，具有完全民事行为能力者。

贷款条件：借款人具有稳定的职业和偿还贷款本息的能力，信用良好；能够提供可认可资产作为抵、质押，或有足够代偿能力的第三人作为偿还贷款本息并承担连带责任的保证人。

贷款额度：贷款金额最高一般不超过所购汽车售价的 80%。

贷款期限：汽车消费贷款期限一般为 1～3 年，最长不超过 5 年。

贷款利率：由中国人民银行统一规定。

还贷方式：可选择一次性还本付息法和分期归还法（等额本息、等额本金）。

汽车金融或担保公司就是文中的"有足够代偿能力的第三人作为偿还贷款本息并承担连带责任的保证人"。

（二）汽车消费贷款的申请条件

申请汽车消费贷款除了必须在银行所认可的特约经销商处购买限定范围内的汽车外，申请汽车消费贷款的购车者还须具备以下条件：

（1）购车者必须年满 18 周岁，并且是具有完全民事行为能力的中国公民。

（2）购车者必须有一份较稳定的职业和比较稳定的经济收入，或拥有易于变现的资产，这样才能按期偿还贷款本息。这里的易于变现的资产一般指有价证券和金银制品等。

（3）在申请贷款期间，购车者在经办银行储蓄专柜的账户内存入低于银行规定的购车首期款。

（4）向银行提供银行认可的担保。如果购车者的个人户口不在本地，还应提供连带责任保证，银行不接受购车者以贷款所购车辆设定的抵押。

（5）购车者愿意接受银行提出的认为必要的其他条件。如果申请人是具有法人资格的企事业单位，则应具备以下条件：① 具有偿还银行贷款的能力；② 在申请贷款期间有不低于银行规定的购车首期款并存入银行的会计部门；③ 向银行提供被认可的担保；④ 愿意接受银行提出的其他必要条件。

贷款中所指的特约经销商是指在汽车生产厂家推荐的基础上，由银行各级分行根据经销商的资金实力、市场占有率和信誉度进行初选，然后报到总行，经总行确认后，与各分行签订《汽车消费贷款合作协议书》的汽车经销商。

三、汽车消费贷款的管理办法

我国的《汽车消费贷款管理办法》由中国人民银行、中国银行业监督管理委员会公布施行。其具体内容如下：

第一章 总 则

第一条 为了规范汽车消费贷款管理，维护借贷双方的合法权益，根据《中华人民共和国商业银行法》《中华人民共和国担保法》制定本办法。

第二条 汽车消费贷款是指贷款人向申请购买汽车的借款人发放的人民币担保贷款。

第三条 汽车消费贷款的贷款人为经中国人民银行批准的商业银行，借款人为在中国境内有固定住所的中国公民及企业、事业法人单位。汽车消费贷款的借贷双方应签订书面贷款合同。

第四条 未经中国人民银行批准，其他任何单位和个人不得开办汽车消费贷款业务。

第二章 贷款条件

第五条 申请汽车消费贷款的借款人必须具备以下条件：

（一）个人

1. 具有完全民事行为能力；

2. 具有稳定的职业和偿还贷款本息的能力，信用良好；

3. 能够提供有效的抵押物或质物，或有足够代偿能力的个人或单位作为保证人；

4. 能够支付本办法规定限额的首期付款；

5. 贷款人规定的其他条件。

（二）具有法人资格的企业、事业单位

1. 具有偿还贷款的能力；

2. 在贷款人指定的银行存有不低于规定数额的首期购车款；

3. 有贷款人认可的担保；

4. 贷款人规定的其他条件。

第三章 贷款期限、利率和限额

第六条 汽车消费贷款期限最长不超过5年（含5年，下同）。

第七条 汽车消费贷款利率按照中国人民银行规定的同期贷款利率执行。

第八条 借款人的借款额应符合以下规定：

1. 以质押方式申请贷款的，或银行、保险公司提供连带责任保证的，首期付款额不得少于购车款的 20%，借款额最高不得超过购车款的 80%。

2. 以所购车辆或其他不动产抵押申请贷款的，首期付款额不得少于购车款的 30%，借款额最高不得超过购车款的 70%。

3. 以第三方保证方式申请贷款的（银行、保险公司除外），首期付款额不得少于购车款的 40%，借款额最高不得超过购车款的 60%。

第四章 贷款程序

第九条 借款人申请贷款时应当向贷款人提供以下资料：

（一）个人

1. 贷款申请书。

2. 有效身份证件。

3. 职业和收入证明以及家庭基本状况。

4. 购车协议或合同。

5. 担保所需的证明或文件。

6. 贷款人规定的其他条件。

（二）具有法人资格的企业、事业单位

1. 贷款申请书。

2. 企业法人营业执照或事业法人执照，法人代码证，法定代表人证明文件。

3. 人民银行颁发的《贷款证》。

4. 经会计（审计）师事务所审计的上一年度的财务报告及上一个月的资产负债表、损益表和现金流量表。

5. 与贷款人指定的经销商签订的购车合同或协议。

6. 抵押物、质物清单和有处分权同意抵押、质押的证明。抵押物还须提交所有权或使用权证书、估价、保险文件，质物还须提供权力证明文件、保证人同意保证的文件。

7. 贷款人规定的其他条件。

借款人应当对所提供材料的真实性和合法性负完全责任。

第十条 贷款人在收到贷款申请后，应对借款人和保证人的资信状况、偿还能力以及资料的真实性进行调查，并最迟在受理贷款申请之日起 15 日内对借款人给予答复。

第十一条 对于符合贷款条件的借款人，贷款人须履行告知义务。告知内容包括贷款额度、期限、利率、还款方式、逾期罚息、抵押物或质物的处理方式和其他有关事项。

第十二条 贷款人审查同意后，应按《贷款通则》的有关规定向借款人发放贷款。对于不符合贷款条件的借款人，应说明理由。

第十三条 贷款支用方式必须保证购车专用，并须经银行转账处理。借款人不得提取现金或挪作他用。

第十四条 在贷款有效期内，贷款人应对借款人和保证人的资信和收入状况以及抵押物保管状况进行监督。

第五章 汽车消费贷款担保

第十五条 借款人向贷款人申请汽车消费贷款，必须提供担保。借款人可以采取抵押、质押或以第三方保证等形式进行担保。担保当事人必须签定担保合同。

第十六条 以抵押形式申请汽车消费贷款的，借款人在获得贷款前，必须按照《中华人民

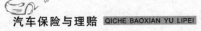
共和国担保法》第四十一、四十二条的规定办理抵押物登记。

借款人以所购汽车作为抵押物的，应以该车的价值全额抵押。

第十七条 借款人应当根据贷款人的要求办理所购车辆保险，保险期限不得短于贷款期限。在抵押期间，借款人不得以任何理由中断或撤销保险。在保险期内，如发生保险责任范围以外的损毁，借款人应及时通知贷款人，并提供其他担保，否则贷款人有权提前收回贷款。

第十八条 保证人失去保证能力、保证人破产或保证人分立的，借款人应及时通知贷款人，并重新提供担保，否则贷款人有权提前收回贷款。

第十九条 借款人在还款期限内死亡、失踪或丧失民事行为能力后无继承人或受遗赠人，或其法定继承人、受遗赠人拒绝履行借款合同的，贷款人有权依照《中华人民共和国担保法》的规定处分抵押物或质物。

第二十条 借款人有下列情形之一的，贷款人有权按中国人民银行《贷款通则》的有关规定，对借款人追究违约责任：

1. 借款人不按期归还贷款本息的；

2. 借款人提供虚假或隐瞒重要事实的文件或资料，已经或可能造成贷款损失的；

3. 未按合同规定使用贷款，挪用贷款的；

4. 套取贷款相互借贷牟取非法收入的；

5. 未经贷款人同意，借款人将设定抵押权或质押权财产或权益拆迁、出售、转让、赠与或重复抵押或质押的；

6. 借款人拒绝或阻挠贷款人监督检查贷款使用情况的；

7. 借款人用于抵押、质押的财产不足以偿还贷款本息，或保证人因意外情况不能偿还贷款本息，而借款人未按要求重新落实抵押、质押或保证的。

第二十一条 借款人偿还贷款本息后，借款合同自行终止。贷款人在借款合同终止30日内办理抵押或质押登记注销手续，并将物权或质权证明等凭证退还借款人。

第二十二条 抵押物、质物的评估、保险、登记、公证等费用由借款人承担。

第六章 附 则

第二十三条 贷款人可根据本办法制定实施细则，并报中国人民银行备案。

第二十四条 本办法由中国人民银行负责解释。

第二十五条 本办法自公布之日起施行。本办法施行前中国人民银行的有关规定与本办法有抵触的，以本办法为准。

四、汽车消费贷款的操作程序及注意事项

（一）操作程序

首先由客户向车商提出按揭申请，然后担保公司根据相关规定要求客户准备个人资料。这些资料包括：身份证、收入证明、婚姻证明、居住证明（户口或暂住证等）、房屋产权证、驾驶执照这六大证件的复印件。如果车主是国有企业职工，还需要准备工作证复印件。如果车主是个体私营户，还要出具营业执照、税务登记证、组织机构代码证等相关证件的复印件。当然，还需要一个有本市户口的担保人。资料准备齐全后，担保公司将会做一个上门调查，

在确认情况属实后上报银行。最后由银行与客户签订贷款合同。

客户和银行签订贷款合同后再向担保公司交担保费，担保费的多少取决于贷款金额和贷款年限，贷款年限一般在 5 年内，贷款一年，担保费用为贷款金额的 1.4% ~ 1.6%；贷款两年，担保费用为贷款金额的 1.8% ~ 2%；贷款三年，担保费用为贷款金额的 2.5%。

现阶段贷款买车的车主多数选择三年的贷款年限。

（二）注意事项

除了上述必备的资料外，还有一些需要注意的问题：如果客户的户口不在本市，则需派出所开出暂住证明；对于还没有房产的客户，需要一个有房产的人做担保；按揭买房的客户要出具购房合同和还款存折的复印件；有房产但产权证尚在办理中的客户，则需要由相关的房地产公司出具证明。

另外，如果客户还能出具学历证书、存款证明、水电气缴费凭证等，贷款申请就更容易通过。

贷款购车还涉及车险方面。在目前汽车保险的险种中，只有第三者责任险是强制险种。但是，如果通过担保公司按揭买车，除了必须买的第三者责任险外，还需要买全车盗抢险、车损险和不计免赔特约险。

第二节　汽车消费贷款保证保险

一、汽车消费贷款保证保险相关管理

随着汽车消费贷款业务的迅速增长及市场规模的扩大，贷款风险问题已成为商业银行日益重视的一个课题。为此，汽车消费贷款保证保险的推出，是帮助银行有效锁定风险，为保险公司创造新的效益增长点，使贷款购车居民方便借款，得以尽享金融便利服务的一件好事。

（一）汽车消费贷款保证保险条款的基本知识

1. 基本概念

（1）投保人。汽车消费贷款投保人指根据中国人民银行《汽车消费贷款管理办法》规定，与被保险人订立《汽车消费贷款合同》，以贷款购买汽车的中国公民、企业、事业单位法人。

（2）被保险人。汽车消费贷款被保险人指为投保人提供贷款的国有商业银行或经中国人民银行批准经营汽车消费贷款业务的其他金融机构。

（3）保险责任事故。投保人逾期未能按《汽车消费贷款合同》规定的期限偿还欠款满一个月的，视为保险责任事故发生。

保险责任事故发生后 6 个月，投保人不能履行规定的还款责任，保险人负责偿还投保人的欠款。但是下列几种情况可以免除相应责任：

（1）由于下列原因造成投保人不按期偿还欠款，导致被保险人的贷款损失时，保险人不负责赔偿：① 战争、军事行动、暴动、政府征用、核爆炸、核辐射或放射性污染；② 因投保人的违法行为、民事侵权行为或经济纠纷致使其车辆及其他财产被罚没、查封、扣押、抵债及车辆被转卖、转让；③ 因所购车辆的质量问题及车辆价格变动致使投保人拒付或拖欠车款。

（2）由于被保险人对投保人提供的材料审查不严或双方签定的《汽车消费贷款合同》及其附件内容进行修订而事先未征得保险人书面同意，导致被保险人不能按期收回贷款的损失。

（3）由于投保人不履行《汽车消费贷款合同》规定的还款义务而致的罚息、违约金，保险人不负责赔偿。

2. 保险期限和保险金额

（1）汽车消费贷款保险期限是从投保人获得贷款之日起，至付清最后一笔贷款之日止，但最长不得超过《汽车消费贷款合同》规定的最后还款日后的 1 个月。

（2）汽车消费贷款保险金额为投保人的贷款金额（不含利息、罚息及违约金）。

3. 相关方义务

（1）投保人义务。投保人必须在本合同生效前，履行以下义务：① 一次性缴清全部保费；② 必须依法办理抵押物登记；③ 必须按中国人民银行《汽车消费贷款管理办法》的规定为抵押车辆办理车辆损失险、第三者责任险、盗抢险、自燃险等保险，且保险期限至少比汽车消费贷款期限长 6 个月，不得中断或中途退保。

（2）被保险人义务：① 被保险人发放汽车消费贷款的对象必须为贷款购车的最终用户。② 被保险人应按中国人民银行《汽车消费贷款管理办法》严格审查投保人的资信情况，在确认其资信良好的情况下，方可同意向其贷款。

资信审查时应向投保人收取以下证明文件，并将其复印件提供给保险人：个人的身份证及户籍证明原件，工作单位人事及工资证明或居委会出具的长期居住证明；法人的营业执照、税务资信证明等。

（3）被保险人应严格遵守国家法律、法规，做好欠款的催收工作和催收记录。

（4）被保险人与投保人所签订的《汽车消费贷款合同》内容如有变动，须事先征得保险人的书面同意。

（5）被保险人在获得保险赔偿的同时，应将其有关追偿权益书面转让给保险人，并协助保险人向投保人追偿欠款。

（6）被保险人不履行上述规定的各项义务，保险人有权解除保险合同或不承担赔偿责任。

4. 赔偿处理

（1）当发生保险责任范围内事故时，被保险人应立即书面通知保险人，如属刑事案件，应同时向公安机关报案。

（2）被保险人索赔时应先行处分抵押物抵减欠款，抵减欠款不足部分由保险人按本条款赔偿办法予以赔偿。被保险人索赔时如不能处分抵押物，应向保险人依法转让抵押物的抵押权，并对投保人提起法律诉讼。

（3）被保险人索赔时，应向保险人提供以下有效单证：① 索赔申请书；② 汽车消费贷款保证保险和汽车保险保单正本；③《汽车消费贷款合同》（副本）；④《抵押合同》；⑤ 被保险人签发的《逾期款项催收通知书》；⑥ 未按期付款损失清单；⑦ 保险人根据案情要求提供的其他相关证明材料。

（4）在符合规定的赔偿金额内实行 20%的免赔率。

（5）关于抵押物的处分及价款的清偿顺序按《抵押合同》的规定处理。

5. 其他事项

（1）本保险合同生效后，不得中途退保。

（2）发生保险责任事故后，被保险人从通知保险人发生保险责任事故当日起 6 个月内不向保险人提交规定的单证，或者从保险人书面通知之日起 1 年内不领取应得的赔款，即作为自愿放弃权益。

（3）在汽车发生全损后，投保人获得的汽车保险赔偿金应优先用于偿还汽车消费贷款。

（4）保险人和被保险人因本保险项而发生纠纷和争议应协商解决。如协商不成，可向人民法院提起诉讼。除事先另有约定外，诉讼应在保险人所在地进行。

（5）费率规章：投保人所买保险的保险期限和费率如表 8.1 所示：

表 8.1 保险期限和费率表

保险期限	1 年	2 年	3 年	4 年	5 年
费率	1%	2%	3%	4%	5%

投保人所交保险费按下式计算：

$$保险费=保险金额×保险费率$$

其中，保险期限不足 6 个月，按 6 个月计算，费率为 0.5%；保险期限超过 6 个月不满 1 年，按 1 年计算，即费率为 1%。

例如：保险期限为 2002 年 4 月 1 日至 2003 年 7 月 1 日，保险期限为 1 年 3 个月，则保险期限按 1 年 6 个月计算，费率为 1%+0.5%，即 1.5%；保险期限为 2002 年 4 月 1 日至 2005 年 11 月 1 日，保险期限为 2 年 7 个月，则保险期限按 3 年整计算，费率为 2%+1%，即 3%。

（二）汽车分期付款售车信用保险条款的基本知识

分期付款售车是我国汽车销售行业采取的多种汽车销售方式之一，为确保汽车销售商开展的分期付款销售汽车业务的顺利进行，也为了让保险业适应当前国内汽车销售的新变化，寻找新的车险业务增长点，我国设立了汽车分期付款售车信用保险这一特别约定保险。中国人民保险公司于 1998 年颁布了现行的汽车分期付款售车信用保险条款试用条款。

1. 保险双方界定

（1）投标保人、被保险人：汽车分期付款售车信用保险的投标保人、被保险人是分期付款的售车人。

（2）担保人：汽车分期付款售车信用保险的担保人指按照被保险人的要求，接受分期付款购车人的请求，为分期付款购车人所欠债务承担连带责任者。

2. 保险责任与责任除外

（1）购车人在规定的还款期限到期3个月后未履行或仅部分履行规定的还款责任，保险人负责偿还该到期部分的欠款或其差额。

（2）如购车人连续两期未偿还到期欠款，保险代购车人向被保险人清偿第1期欠款后，于第2期还款期限到期3个月后，向被保险人清偿购车人所有的欠款。

（3）由于下列原因造成购车人不按期偿还欠款，导致被保险人的经济损失时，保险人不负责赔偿：① 战争、军事行动、核爆炸、核辐射或放射性污染；② 因购车人的违法犯罪行为以及经济纠纷致使其车辆及其他财产被罚没、查封、扣押、抵债；③ 因所购车辆的质量问题致使购车人拒付或拖欠车款；④ 因车辆价格变动致使购车人拒付或拖欠车款；⑤ 被保险人对购车人资信调查的材料不真实或售车手续不全；⑥ 被保险人在分期付款售车过程中存在故意和违法行为。

3. 保险期限和保险金额及相关费率

（1）保险期限。保险期限是从购车人支付规定的首期付款日起，至付清最后一笔欠款日止，或至该份购车合同规定的合同期满日为止，二者以先发生为准，但最长不超过3年。

（2）保险金额。保险金额为购车人首期付款（不低于售车单价的30%）后尚欠的购车款额（含资金使用费）。

$$保险费 = 保险金额 \times 保险费率$$

（3）保险费率。汽车分期付款售车信用保险的保险费率如表8.2所示：

表8.2 汽车分期付款售车信用保险费率

分期付款时间费率	6个月 0.06%	7～12个月 1%		
分期付款时间费率	1年为1%	1年3个月为1.25%	1年6个月为1.50%	1年9个月为1.75%
分期付款时间费率	2年为2%	2年3个月为2.25%	2年6个月为2.5%	2年9个月为2.75%
分期付款时间费率	3年为3%			

4. 赔偿处理

（1）当发生保险责任范围内事故时，被保险人应立即书面通知保险人。如属刑事案件，应同时向公安机关报案。

（2）被保险人索赔时应交回抵押车辆，由保险人按相关条款处分抵押物抵减欠款，抵减欠款不足部分由保险人按条款规定的其他赔偿办法予以赔偿。

（3）若被保险人无法收回抵押车辆，应向担保人追偿，若担保人拒绝承担连带责任时，被保险人可提起法律诉讼。

（4）被保险人索赔时，根据出险情况，提供以下有效证明文件：索赔申请书（应注明购车人未履行按期偿还余款和担保人未履行连带责任的原因、索赔金额及其计算方法）；分期付款购车合同；保单正本；被保险人签发的《逾期款项催收通知书》；未按期付款损失清单；代收款银行提供的代收款情况证明；向担保人发出的索赔文件；县及县以上公安机关出具的立案证明；法院受理证明；产品质量检验报告或裁决书；保险人要求提供的其他相关文件。

（5）在下列情况下，每车实行免赔。

在第 1 种保险责任情况下：

$$赔款金额 = 当期应付购车款或差额 \times （1 - 20\%）$$

在第 2 种保险责任情况下：

$$赔款金额 = 逾期款收回欠款金额 \times （1 - 20\%）$$

（6）被保险人在获得保险赔偿的同时，应将其有关追偿权益书面转让给保险人，并积极主动协助保险人向购车人或担保人追偿欠款。

5. 被保险人义务

（1）被保险人应要求购车人提供具有担保资格的担保人，并以所购汽车作为抵押。

（2）被保险人应严格遵守购销合同、抵押合同、质押合同等有关必备合同的规定。

（3）被保险人应严格审查购车人和担保人的资信情况，在确认其资信良好的情况下，方可按分期付款方式销售车辆。

资信审查时向购车和担保人收取以下证明文件，并予以登记：个人的身份证及户籍证明原件；工作单位人事及工资证明或居委会出具的长期居住证明；法人的营业执照税务登记证复印件，营业场所证明，法人代表身份证明，单位的开户行、户名及账号，银行及税务资信证明，等等。保险人有权要求被保险人提供上述证明文件。

（4）被保险人应按时向保险人交纳保险费。

（5）被保险人应严格遵守国家法律、法规及《分期付款购买汽车合同》中的责任和义务，经常检查分期付款合同的执行情况，做好欠款的催收工作和催收记录，对保险人提出的防损建议，应认真考虑并付诸实施。

（6）被保险人的《分期付款购买汽车合同》如有变动，须事先征得保险人的书面同意。被保险人改变经营方式如对购车人分期付款产生较大影响，应及时书面通知保险人。

（7）被保险人不履行本条款规定的各项义务，保险人有权终止保险合同或拒绝赔偿。

6. 追偿及抵押物处分

（1）保险人支付保险赔款之后，即取代被保险人的地位，行使对购车人的追偿权利，包括接管为被保险人债权而设计的任何抵押物。

（2）保险人有权按下列任意一种方式处分抵押物：拍卖、转让、兑现或其他合理的方式。

（3）抵押物经处分后，按下列顺序分配价款：① 支付处分费和税金；② 清偿被保险人应得款项；③ 清偿保险人应得的所有款项；④ 如上述款项仍有余额，该余额应归还购车人。如上述款项不足清偿欠款，被保险人应积极协助保险人向购车人追偿。

7. 其他事项

（1）对超出保险金额或保险期限的任何欠款，保险人不承担任何赔偿责任。

（2）保险人对购车人因未能按期履行主合同而引起的罚息和违约金不承担赔偿责任。

（3）发生保险责任事故后，被保险人从通知保险人发生保险责任事故当日起 3 个月内不向保险人提交规定的单证，或者从保险人书面通知之日起 1 年内不领取应得的赔款，即作为自愿放弃权益。

（4）保险人赔偿后，若发现是属于被保险人的欺骗等行为造成保险人错赔的，保险人有权追回赔款。

（5）本保险一经承保，投保人不得中途退保。

（6）保险人和被保险人应本着"实事求是、公平合理"的原则协商解决本条款项下发生的纠纷和争议。如协商不成，可提交工商行政管理部门进行调解、仲裁，或向法院提起诉讼。除事先另约定外，仲裁或诉讼应在保险人所在地进行。

二、汽车消费贷款保证保险业务程序

（一）汽车消费贷款保证保险的承保实务

1. 展　业

（1）展业准备：

① 学习掌握汽车消费贷款保证保险的基本知识。

② 进行市场调查并选择合适的保险对象。

A. 调查与分析本区域内银行、汽车生产商、销售商和社会大众对消费信贷的态度，合理预测市场发展前景。

B. 调查分析与预测个人和法人对汽车消费贷款的实际购买力、参与程度以及当地的汽车年销售量等情况。

C. 了解银行、销售商、购车人对保险的态度、需求及希望与保险公司合作的方式。

D. 调查分析实施消费贷款售车的车型、销售价格及变化趋势。

③ 同选定的银行、销售商、公证机关、公安交通管理部门等签订合作协议，明确合作方式、各方的职责、权利及义务。

④ 展业材料准备与培训。根据合作协议，向有关合作方及时提供汽车消费贷款保证保险的条款、费率规章、投保单及其他有关资料。对银行与销售商的相关业务人员进行培训，使他们掌握保证保险的有关规定，能够指导投保人正确填写投保单。

（2）展业宣传。备齐保险条款与相关资料以后，向银行、汽车生产商、销售商和贷款购车人做好宣传。重点宣传保证保险的特点、优势及本公司的网络优势、技术优势、实力水平、信用优势和服务优势。

2. 受理投保

（1）指导填写投保单：① 业务人员应依法履行告知义务，按照法律所要求的内容对条款及其含义进行告知，特别对条款中的责任免除事项、被保险人的义务，以及其他容易引起争议的部分，应予以解释和说明。② 业务人员应提示投保人履行如实告知义务，特别是对可能涉及保险人是否同意承保或承保时需要特别约定的情况应详细询问。③ 业务人员在投保人提出投保申请时，应要求其按照保证保险条款的规定提供必需的证明材料。

（2）收取投保单及其相关资信证明并初步审核。业务人员应对填写完整的投保单和所附的资信证明材料进行初步审查，必要时要调查核实；对于审核无误的投保单，由业务负责人签署"拟同意承保"意见后交投保人。如果合作协议有明确规定，可直接交给银行或销售商。

业务人员对投保单初步审查的内容包括：① 审核证明文件或材料是否齐全，是否符合银行指定的汽车消费贷款管理办法。② 在审核时，对于存在疑点或证明材料有涂改、伪造等痕迹的，应通过派出所、居委会或开户银行予以核实。必要时可以通过消费贷款保证保险问询表予以落实，并让消费贷款购车人确认后，附贴在投保单上。

3. 核　保

核保的内容包括：

（1）对受理投保单时初步审查的有关内容进行复核。

（2）审核投保单的保险金额是否符合条款规定，投保人购车的首付款是否符合规定。

（3）审核贷款合同和购车合同是否合法并真实有效，银行与销售商在办理消费贷款和购车手续时，是否按照规定严格把关。

（4）审核投保人是否按照条款的规定为消费贷款所购的车辆办理了规定内容的保险。

（5）审核贷款协议是否明确按月、按季分期偿还贷款，不得接受 1 年 1 次的还款方式。

（6）审核投保人是否按照与银行签订的抵押、质押或保证意向书，办理了有关抵押、质押或保证手续。

（7）审核投保人所购车辆的用途与还款来源。

对上述核保内容审核以后，应签署核保意见，明确是否同意承保，或是否需要补充材料以及是否需要特别约定等。

如果核保后同意承保，应将贷款合同、购车合同和相关证明材料复印一套留存。

4. 缮制保险单证

业务人员根据核保意见缮制保险单证：

（1）缮制汽车消费贷款保证保险保单，保险期限应长于贷款期限，保险金额不得低于贷款金额。

（2）根据贷款金额、贷款期限等正确选择费率并计算保险费。

（3）汽车消费贷款保证保险不单独出具保险证，但为明示需要，应在车辆基本险与附加险的保险证上标注"保证保险"字样。

（4）复核人员按照规定程序和内容，对保险单证进行复核并签章。

5. 收取保险费

财务人员按照保单核收保险费并出具保险费收据。投保人应一次交清保证保险的保险费。

6. 签发保险单证

保险费收取后，业务人员在保险单证上加盖公章，将保险单正本交被保险人。

7. 归档管理

保险单副本一联交投保人，一联交财务，剩下一联连同保费收据业务联、复印的贷款合同、购车合同及有关证明材料等资料整理归档。

（二）保险合同的变更、终止、解除

1. 合同变更

（1）变更事项：包括变更保险期限，变更购车人住址和电话或购车单位联系地址、银行账户及联系电话，变更其他不影响车辆还款和抵押物登记的事项。

（2）变更申请。购车人在保险期限内发生变更事项，应及时提出申请。

（3）办理批改。在办理批改时，应注意审核批改事项是否将产生意外风险，从而决定是否接受批改申请。

2. 合同终止

遇有下列情况之一，则汽车消费贷款保证保险的合同终止：

（1）贷款购车人提前偿还所欠贷款。

（2）贷款所购车辆因发生车辆损失险、盗抢险或自燃损失险等车辆保险责任范围内的全损事故获得保险赔偿，并且赔款足以偿还贷款的。

（3）因履行保证保险赔偿责任。

（4）保证保险期满。

3. 合同解除

下列情形之一发生时，保险合同将被解除：

（1）投保人违反《保险法》或《担保法》等法律法规，保险人可以发出书面通知解除合同。

（2）被保险人违反国家相关法律法规和消费贷款规定的，保险人有权解除合同。

（3）投保人根据国家相关的法律法规，提出解除合同。

（4）投保人未按期足额缴纳汽车保险保费，且被保险人未履行代缴义务的，保险人有权解除合同。

（5）法律法规规定的其他解除合同的事由。

4. 办理收退费

（1）经保险人同意延长保险期限的，根据延长后的实际期限选定费率，补收保险费。

（2）投保人提前清偿贷款，按照实际还贷时间按月计算保险费，多收部分退还给投保人。

（3）贷款所购车辆因发生车辆损失险、盗抢险或自燃损失险责任范围内的全损事故获得保险赔偿，并且已优先清偿贷款的，保证保险合同终止，并退还从清偿贷款之日至保证保险合同期满的全部保险费。

（三）保证保险的理赔

1. 接受报案

（1）报案人员在接到报案时，应按照要求，对报案人进行询问，并填写《报案记录》，通知业务人员。

（2）业务人员根据报案记录，尽快查阅承保记录，将符合理赔的案件登入《保证保险报案登记簿》。

（3）业务人员在接受报案的同时，需向被保险人提供《索赔申请书》和《索赔须知》，并指导其详细填写《索赔申请书》。同时，向被保险人收取下述原始单证：① 汽车消费信贷保证保险保单和汽车保险单正本；②《汽车消费贷款合同》（副本）；③《抵押合同》或《质押合同》或《保证合同》；④ 被保险人签发的《逾期款项催收通知书》；⑤ 未按期付款损失清单。

2. 查抄底单

业务人员根据出险通知，应尽快查抄出汽车消费贷款保证保险保单与批单、汽车保险的保险单与批单，并在所抄单证上注明抄单时间和出险内容。

3. 立　案

（1）业务人员应根据被保险人提供的有关资料进行初步分析，提出是否立案的意见与理由，报业务负责人。

（2）业务负责人接到报告后，应及时提出处理意见。

（3）业务人员根据负责人的意见办理立案或不立案的手续。立案的，应在汽车保险单上做出标记；不予立案的，应以书面形式通知被保险人。

4. 调　查

（1）调查要求。调查工作必须双人进行，应着重第一手材料的调查。所有调查结果应做出书面记录。

（2）调查方式与重点：① 对已经掌握的书面材料进行分析，确认被保险人提供的书面材料是否全面真实。② 向被保险人取证，了解投保人逾期未还款的具体原因，被保险人催收还款的工作情况。③ 向个人投保人的工作单位或所在居委会（村委会）调查，了解投保人收入变动情况，向法人投保人的上级单位或行政主管部门了解其经营情况。④ 向有关单位和个人调查抵押物的当前状况。⑤ 通过其他途径调查，并结合以上调查结果，明确是否存在条款所载明的责任免除事项，投保人、被保险人是否有违反条款规定义务的行为。

5. 制作调查报告

调查人员在调查结束后应写出调查报告，全面详细地记录调查结果并作出分析。

6. 确定保险责任

业务人员应根据调查报告和收集的有关材料，依照条款和有关规定，全面分析，确定是否属于保险责任。形成处理意见后，报地市级分公司车险部门审定，拒赔案件应逐级上报省级公司审定。

7. 抵押物处理

（1）保险事故发生后，保险人应及时通知被保险人做好抵押物处理的准备工作。

（2）保险人应与被保险人、投保人（抵押人）共同对抵押物进行估价，或共同委托第三人进行估价。所估价值由各方同意后，签订《估价协议书》。协议书所确定的金额为处理抵押物的最低金额。

（3）被保险人按照《估价协议书》规定处理抵押物，所得价款优先用于偿还欠款。

（4）被保险人不能处分抵押物的，应对投保人提起诉讼，抵押物的抵押权转归保险人，保险人应会同被保险人办理抵押权转移地各项手续。

8. 赔款理算

理赔人员根据前述条款的规定，依据调查报告、《索赔通知书》和《估价协议书》等有关材料进行赔款理算。具体计算如下：

（1）抵押物已由被保险人处理的：

$$赔款=（保险金额-已偿贷款-抵押物的处分金额）×80\%$$

（2）抵押物抵押权转归保险人的：

$$赔款=（保险金额-已偿贷款）×80\%$$

（3）抵押物灭失且不属于汽车保险赔款责任，且投保人未提供新的抵押物的，保险费也按照上式计算。

上述公式中的"已偿贷款"，不包括投保人已经偿还的贷款利息；"抵押物的处分金额"是指抵押物处分后，被保险人实际得到的金额，即扣除处分抵押物所需的费用及其他相关费用后的余额。

投保人以其所购车辆作为贷款抵押物，因逾期未还款车辆依抵押合同被处分后，投保人为其投保的汽车保险的保险责任即行终止，被保险人应按照保险合同的规定，为投保人办理汽车未了责任期保险费的退费手续。

贷款所购车辆发生车辆损失险、盗抢险，以及自燃损失险保险责任范围内的全损事故后，汽车保险的被保险人应得到的赔款，应优先用于偿还汽车消费贷款。此时，汽车保险的理赔人员，应书面通知贷款银行向保险公司提出"优先偿还贷款申请"，并书面通知汽车保险的被保险人，要按照合同的规定将赔款优先用于偿还贷款。优先偿还的范围仅限于所欠的贷款本金。优先偿还贷款后的赔款余额应交汽车保险的被保险人。赔款优先清偿贷款后，保证保险合同即行终止。保险人应按照实务规程中关于收退费的规定，为投保人办理保证保险未了责任期保险费的退费手续。

9. 缮制赔款计算书

计算完赔款以后，要缮制赔款计算书。赔款计算书应该分险别、项目计算，并列明计算公式。赔款计算应尽量用计算机出单，应做到项目齐全、计算准确。手工缮制的，应确保字迹工整、清晰，不得涂改。

业务负责人审核无误后，在赔款计算书上签署意见和日期，然后送交核赔人员。

10. 核 赔

核定赔款的主要内容包括：

（1）审核单证：① 审核被保险人提供的单证、证明及相关材料是否齐全、有效，有无涂改、伪造等。② 审核经办人员是否规范填写有关单证，必备的单证是否齐全等。③ 审核相关签章是否齐全。

（2）核定保险责任。主要审核是否属于保险责任。

（3）审核赔付计算。审核赔付计算是否准确。属于本公司核赔权限的，审核完成后，核赔人员签字并报领导审批；属于上级公司核赔的，核赔人员提出核赔意见，经领导签字后报上级公司核赔。在完成各种核赔和审批手续后，转入赔付结案程序。

11. 结案登记与清分

（1）业务人员根据核赔的审批金额填发《赔款通知书》及赔款收据。被保险人在收到《赔款通知书》后，在赔款收据上签章，财会部门即可支付赔款。在被保险人领取赔款时，业务人员应在保险单正、副本上加盖"××××年××月××日出险，赔款已付"字样的印章。

（2）赔付结案时，应进行理赔单据的清分：一联赔款收据交被保险人；一联赔款收据连同一联赔款计算书送会计部门作付款凭证；一联赔款收据和一联赔款计算书或赔案审批表，连同全案的其他材料作为赔案案卷。

（3）被保险人领取赔款后，业务人员按照赔案编号，输录《汽车消费信贷保证保险赔案结案登记》。

12. 理赔案卷管理

理赔案卷要按照一案一卷整理、装订、登记、保管。赔款案卷应单证齐全，编排有序，目录清楚，装订整齐。一般的保证保险的理赔案卷单证包括赔款计算书、赔案审批表、出险通知书、索赔申请书、汽车消费贷款保证保险的保险单及批单的抄件、抵押合同、调查报告、估价协议书、权益转让书，以及其他有关的证明与材料等。

（四）客户回访服务与统计分析

1. 客户回访

（1）消费贷款保证保险业务要指定专人负责，对客户应每半年回访一次，做好跟踪服务，及时掌握购车人（投保人）、被保险人的需求与动态。

（2）要建立客户回访、登记制度，实行一车一户管理制，及时记录还款情况。

（3）建立与银行保持定期联络制度，协助银行做好消费贷款还款跟踪服务。

（4）建立消费贷款购车人与所购车辆档案，内容包括购车人的基本资信情况、车辆使用情况、安全驾驶记录、保险赔款记录、还款记录等。

2. 统计分析

（1）对于汽车保险从业人员来说，要按期做好不同车型、不同车辆价格范围、不同职业与地域的购车人、不同销售商和银行等方面的专项量化分析，报上级公司。

（2）保险公司的各省级分公司对专项统计的业务报表和消费贷款保证保险的经营情况分析，应按照季度上报总公司，由总公司上报中国保监会。

三、汽车消费贷款保证保险探讨

1. 保证保险业务有着巨大的市场前景

据估计，2002 年全国汽车保险费达 420 亿元，比去年同比增长 13.5%。而到 2005 年，我国有购车能力的家庭估计达到 4 200 万户左右。这对于开办汽车消费贷款的金融机构来说，无疑潜伏着巨大的市场份额。因此，汽车消费贷款保证保险业务，存在着巨大的增长空间。

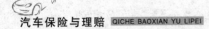
2. 目前保证保险业务面临着高风险

汽车消费贷款保险在给保险公司带来收益的同时，也使保险公司面临着高风险的冲击。一来我国的个人信用制度尚未建立，而保险公司根本就无力负载一个庞大的资信评估部门，所以保险公司无法掌握和控制个人的资信，且其目前的资信调查质量也大打折扣。二来目前的风险模式本身存在着缺陷，由保险公司承担了主要的甚至是全部的责任。此外，保险公司在汽车保证保险业务管理工作中，对贷前（个人资信水平调查与评价）、贷中（个人信用状况监控）、贷后（个人信用风险处置）管理普遍存在不足。再者，汽车不断降价，一跌则是好几万的幅度，对汽车消费贷款保险产生了深远的影响。因为贷款人与其以多于新车的费用去还贷，还不如恶意欠贷。加上贷款人提前还贷，付给汽车经销商的手续费不能退还，还得退还保费。

3. 保险公司应面对现实采取相应措施

（1）须建立独立的资信审查机构，对投保人的资信直接审批。

（2）可以采取多种渠道与银行合作，以提高银行方面控制贷款风险的积极性。

（3）提高服务质量，树立汽车消费贷款保证保险优质形象。

第三节　汽车分期付款售车信用保险

一、信用保险

信用保险（Credit Insurance）是指权利人向保险人投保债务人的信用风险的一种保险，是一项企业用于风险管理的保险产品。其主要功能是保障企业应收账款的安全。其原理是把债务人的保证责任转移给保险人，当债务人不能履行其义务时，由保险人承担赔偿责任。

通常情况下，信用保险会在投保企业的欠款遭到延付的情况下，按照事先与企业约定好的赔付比例赔款给企业。引发这种拖延欠款的行为可能是政治风险（包括债务人所在国发生汇兑限制、征收、战争及暴乱等）或者商业风险（包括拖欠、拒收货物、无力偿付债务、破产等）。

信用是商品买卖中的延期付款或货币的借贷行为。这种借贷行为表现为以偿还为条件的商品和货币的让渡形式，即债权人用这种形式赊销商品或贷出货币，债务人则按规定日期支付欠款或偿还贷款，并支付利息。信用保险是在这种借贷活动中，商品赊销方（卖方）赊销商品后不能得到相应的偿付，即赊购方（买方）出现信誉危机后产生的。商品运动过程中使用价值的让渡和价值实现的分离是信用危机产生的必要条件，商品生产的盲目性则是信用危机产生的充分条件。信用危机的出现，在客观上要求建立一种经济补偿机制以弥补债权人所遭受的损失，从而能够充分发挥信用制度对商品生产的促进作用。可见，信用保险正是随着信用制度的发展应运而生的。

信用保险分为以下三种：

1. 商业保险

商业信用保险主要是针对企业在商品交易过程中所产生的风险。

在商品交换过程中，交易的一方以信用关系规定的将来偿还的方式获得另一方财物或服务，但不能履行给付承诺而给对方造成损失的可能性随时存在。比如买方拖欠卖方货款，对卖方来说就是应收款项可能面临的坏账损失。有些人会认为提取坏账准备金已经是一种自行保险了，参加这种商业保险不仅要支付保费、增加企业的成本费用，而且保险公司参与监督企业的经营活动会损害公司管理的独立性，然而情况并非如此。对于小公司来说，可用于周转的资金量较小，一笔应收款项成为坏账就可能使整个企业陷入瘫痪状态，所提取的坏账准备于事无补，发生这类情况的例子举不胜举。对于规模较大的公司来说，一般不会因少数几笔坏账就出现资金周转困难，但从我国这些年发生的"三角债"压垮企业的众多事例中，可以看出信用保险是一项能避免信用风险、维持企业正常经营的有效措施。

（1）贷款信用保险：是保险人对银行或其他金融机构与企业之间的借贷合同进行担保并承保其信用风险的保险。在市场经济的条件下，贷款风险是客观存在的，究其原因，既有企业经营管理不善或决策失误的因素，又有灾害和意外事故的冲击等。这些因素都可能造成贷款不能安全回流，对此必然要建立起相应的贷款信用保险制度来予以保证。

（2）赊销信用保险：是为国内商业贸易的延期付款或分期付款行为提供信用担保的一种信用保险业务。在这种业务中，投保人是制造商或供应商，保险人承保的是买方（即义务人）的信用风险，目的在于保证被保险人（即权利人）能按期收回赊销货款，保障商业贸易的顺利进行。

（3）预付信用保险：是指以金融机构对自然人进行贷款时，以由于债务人不履行贷款合同而导致金融机构遭受经济损失为保险对象的信用保险。它是国外保险人面向个人承保的较特别的业务。由于个人的情况千差万别，且居住分散，风险不一，保险人要开办这种业务，必须对贷款人贷款的用途、经营情况、日常信誉、私有财产物资等做全面的调查了解，必要时还要求贷款人提供反担保，否则不能轻率承保。

2. 出口保险

出口信用保险（Export Credit Insurance），也叫出口信贷保险，是各国政府为提高本国产品的国际竞争力，推动本国的出口贸易，保障出口商的收汇安全和银行的信贷安全，促进经济发展，以国家财政为后盾，为企业在出口贸易、对外投资和对外工程承包等经济活动中提供风险保障的一项政策性支持措施。其属于非营利性的保险业务，是政府对市场经济的一种间接调控手段和补充，是世界贸易组织（WTO）补贴和反补贴协议原则上允许的支持出口的政策手段。

（1）中国出口信用保险。信用保险是国际通行的贸易促进手段，但在我国起步较晚。中国信保自成立以来，一面快速学习国际同业先进经验；一面结合国情，"摸着石头过河"，使我国信用保险业呈现超常规、跨越式增长态势。10年间，中国信保积极推进产品服务创新。中国信保成立之初，我国信用保险产品单一，只有短期出口信用保险、中长期出口信用保险和海外投资保险三种产品。为适应我国出口、投资和消费需求的发展变化，中国信保不断创新完善保险产品，改进保险服务，已经拥有由 43 种产品、26 种承保模式组成的项目险、贸易险等业务板块以及包括资信评估、应收账款管理在内的完整的信用风险管理服务体系，建立了与客户无缝对接的"信保通"客户服务系统。中国信保专业、完善的产品服务体系，能够为我国进出口贸易、海外投资、国内贸易等经济活动提供完整的信用风险保障。

（2）短期出口信用保险。保单规定，凡是在中华人民共和国境内注册的，有外贸经营权的经济实体，采用付款交单（D/P）、承兑交单（D/A）、赊账（OA）等一切以商业信用付款条件产品全部或部分在中国制造（军品除外），信用期不超过180天的出口，均可投保短期出口信用保险。经保险公司书面同意，也可以是适用于下述合同：规定以银行或其他金融机构开具的信用证付款的合同；由中国转口的在中国以外地区生产或制造但已向中国政府申报进口的货物的合同；信用期限超过180天的合同；信用证方式改为非信用证方式，付款交单（D/P）方式改为承兑交单（D/A）方式或赊账（OA）方式的合同；延展付款期限超过60天的合同。短期出口信用的投保范围不包括出口货物的性质或数量或付款条件或付款货币未定的合同。

3. 投资保险

投资保险又称政治风险保险，承保投资者的投资和已赚取的收益因承保的政治风险而遭受的损失。

投资保险的投保人和被保险人是海外投资者。

开展投资保险的主要目的是为了鼓励资本输出。作为一种新型保险业务，投资保险于20世纪60年代在欧美国家出现以来，现已成为海外投资者进行投资活动的前提条件。

二、汽车分期付款售车信用保险条款

为适应当前国内汽车销售的新变化，寻找新的车险业务增长点，相关保险公司制定开发了《机动车辆分期付款售车信用保险条款》，并于1998年9月16日获得中国人民银行保险司批准备案。汽车分期付款售车信用保险受其规范。

机动车辆分期付款售车信用保险条款
（试行）
总则

第一条　本保险为机动车辆保险的一种特别约定保险。

第二条　本保险条款的投标保人、被保险人是分期付款的售车人。

第三条　本保险条款中提及的担保人指按照被保险人的要求，接受分期付款购车人的请求，为分期付款购车人所欠债务承担连带责任者。

保险责任

第四条　如购车人在规定的还款期限到期三个月后未履行或仅部分履行规定的还款责任，保险人负责偿还该到期部分的欠款或其差额。

第五条　如购车人连续两期未偿还到期欠款，保险代购车人向被保险人清偿第一期欠款后，于第二期还款期限到期三个月后，向被保险人清偿购车人的所有欠款。

除外责任

第六条　由于下列原因造成购车人不按期偿还欠款，导致被保险人的经济损失时，保险人不负责赔偿：

（一）战争、军事行动、核爆炸、核辐射或放射性污染；

（二）因购车人的违法犯罪行为以及经济纠纷致使其车辆及其他财产被罚没、查封、扣押、抵债；

（三）因所购车辆的质量问题致使购车人拒付或拖欠车款；

（四）因车辆价格变动致使购车人拒付或拖欠车款；

（五）被保险人对购车人资信调查的材料不真实或售车手续不全；

（六）被保险人在分期付款售车过程中的故意和违法行为。

保险期限和保险金额

第七条　保险的保险期限是从购车人支付规定的首期付款日起，至付清最后一笔欠款日止，或至该份购车合同规定的合同期满日为止，二者以先发生为准，但最长不超过3年。

第八条　保险金额为购车人首期付款（不低于售车单价的30%）后尚欠的购车款额（含资金使用费）。

保险费＝保险金额×保险费率

赔偿处理

第九条　当发生保险责任范围内事故时，被保险人应立即书面通知保险人；如属刑事案件，应同时向公安机关报案。

第十条　被保险人索赔时应交回抵押车辆，由保险人按本条款第二十三条和第二十四条办法处分抵押物抵减欠款，抵减欠款不足部分由保险人按本条款赔偿办法予以赔偿。

第十一条　若被保险人无法收回抵押车辆，应向担保人追偿；若担保人拒绝承担连带责任时，被保险人可提起法律诉讼。

第十二条　被保险人索赔时，根据出险情况，提供以下有效证明文件：

（一）索赔申请书（应注明购车人未履行按期偿还余款和担保人未履行连带责任的原因、索赔金额及其计算方法）；

（二）分期付款购车合同；

（三）保单正本；

（四）被保险人签发的《逾期款项催收通知书》；

（五）未按期付款损失清单；

（六）代收款银行提供的代收款情况证明；

（七）向担保人发出的索赔文件；

（八）县及县以上公安机关出具的立案证明；

（九）法院受理证明；

（十）产品质量检验报告或裁决书；

（十一）保险人要求提供的其他相关文件。

第十三条　本条款每车实行20%的免赔率。

在第四条的情况下，

赔款金额＝当期应付购车款或差额×（1－20%）

在第五条的情况下，

赔款金额＝逾期款收回欠款金额×（1－20%）

第十四条　被保险人在获得保险赔偿的同时，应将其有关追偿权益书面转让给保险人，并积极主动协助保险人向购车人或担保人追偿欠款。

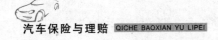

被保险人义务

第十五条　被保险人应要求购车人提供具有担保资格的担保人，并以所购汽车作为抵押。

第十六条　被保险人应严格遵守购销合同、抵押合同、质押合同等有关必备合同的规定。

第十七条　被保险人应严格审查购车人和担保人的资信情况，在确认其资信良好的情况下，方可按分期付款方式销售车辆。

资信审查时向购车和担保人收取以下证明文件，并予以登记：个人的身份证及户籍证明原件；工作单位人事及工资证明或居委会出具的长期居住证明；法人的营业执照税务登记证复印件，营业场所证明，法人代表身份证明，单位的开户行、户名及账号，银行及税务资信证明，等等。保险人有权要求被保险人提供上述证明文件。

第十八条　被保险人应按时向保险人交纳保险费。

第十九条　被保险人应严格遵守国家法律、法规及《分期付款购买汽车合同》中的责任和义务，经常检查分期付款合同的执行情况，做好欠款的催收工作和催收记录，对保险人提出的防损建议，应认真考虑并付诸实施。

第二十条　被保险人的《分期付款购买汽车合同》如有变动，须事先征得保险人的书面同意。被保险人改变经营方式如对购车人分期付款产生较大影响，应及时书面通知保险人。

第二十一条　被保险人不履行本条款规定的各项义务，保险人有权终止保险合同或拒绝赔偿。

追偿及处分抵押物

第二十二条　保险人支付保险赔款之后，即取代被保险人的地位，行使对购车人的追偿权利，包括接管为被保险人债权而设立的任何抵押物。

第二十三条　保险人有权按下列任意一种方式处分抵押物：

（一）拍卖；

（二）转让、兑现；

（三）其他合理的方式。

第二十四条　抵押物经处分后，按下列顺序分配价款：

（一）支付处分费和税金；

（二）清偿被保险人应得款项；

（三）清偿保险人应得的所有款项。

如上述款项仍有余额，该余额应归还购车人。如上述款项不足清偿欠款，被保险人应积极协助保险人向购车人追偿。

其他事项

第二十五条　对超出保险金额或保险期限的任何欠款，保险人不承担任何赔偿责任。

第二十六条　保险人对购车人因未能按期履行主合同而引起的罚息和违约金不承担赔偿责任。

第二十七条　发生保险责任事故后，被保险人从通知保险人发生保险责任事故当日起三个月内不向保险人提交规定的单证，或者从保险人书面通知之日起一年内不领取应得的赔款，即作为自愿放弃权益。

第二十八条　保险人赔偿后，若发现属于被保险人的欺骗等行为造成保险人错赔的，保险人有权追回赔款。

第二十九条 本保险一经承保，投保人不得中途退保。

第三十条 保险人和被保险人应本着"实事求是、公平合理"的原则协商解决本条款项下发生的纠纷和争议。如协商不成，可提交工商行政管理部门进行调解、仲裁，或向法院提起诉讼。除事先另约定外，仲裁或诉讼应在保险人所在地进行。

思考与练习题

1. 什么是汽车消费贷款？

2. 简述汽车消费贷款保证保险的业务程序。

3. 什么是信用保险？汽车分期付款售车信用保险的除外责任都有哪些？

第九章　汽车保险欺诈风险控制

第一节　初步认知汽车保险欺诈

一、汽车保险欺诈的概念

汽车保险欺诈是指在汽车保险交易中发生的各种类型保险欺诈行为。

狭义的汽车保险欺诈，是指投保人、被保险人不遵守诚信原则，故意隐瞒有关保险车辆的真实情况，或歪曲、掩盖真实情况，夸大损失程度，或故意制造、捏造保险事故造成保险标的损害，以谋取保险赔偿金的行为。

二、汽车保险欺诈的分类

（1）按保险标的不同，可分为汽车损失保险中的欺诈、汽车责任保险中的欺诈和汽车消费信贷保证中的欺诈。

（2）按欺诈发生的环节不同，保险欺诈可分为理赔欺诈和承保欺诈。

（3）按实施主体不同，保险欺诈又可分为投保人（含被保险人）实施的欺诈、保险人实施的和第三人（主要是保险中介机构或其他人）实施的欺诈。

（4）按实施主体数量不同，保险欺诈可分为单一主体欺诈和集团欺诈。

（5）按实施主体隶属关系的不同，保险欺诈可分为外部人欺诈和内部人欺诈。

（6）按保险欺诈发生是否存在事先策划，可分为有计划的欺诈和机会主义的欺诈。

（7）按欺诈的具体对象不同，可分为保费欺诈和赔付欺诈。

三、汽车保险欺诈的特征

（1）极强的隐蔽性。表现在以下几个方面：① 车险业务本身具有信息严重不对称的特性，信息上的严重不对称为投保人采取提供虚假信息、隐瞒真实情况、压制事实真相等手段实施欺诈提供了便利。② 车险业务的经营主要是以合同形式和各类投保、索赔单据为载体的，在有计划的欺诈、内部人欺诈集团欺诈等形式下，上述各书面文件一般不存在明显瑕疵。③ 在保险人、保险代理人、经纪人实施欺诈的形式下，他们所持有的身份标志尽管可能存在虚假，但作为消费者的投保人是很难识别的。

（2）实施主体的多样性。与保险业经营有关的所有主体包括代理人、经纪人、公估人、理算人、独立调查人等都有可能实施欺诈，与保险合同没有直接关系的汽车修理厂、医疗机构、律师、警察等也可能实施保险欺诈。

（3）欺诈形态的多样性、复杂性。车险欺诈涉及的主体繁多、手段复杂、方式多样，而且随着社会的进步和车险业的发展，车险欺诈的形态也日趋多样和复杂。

（4）非法性。车险欺诈至少具有合同法、侵权法、竞争法和刑法四个维度，车险欺诈是上述四法所禁止的行为，具有非法性。

（5）可控性。面对保险欺诈，保险公司、保险监管部门、保险行业协会、消费者等联合起来，依靠《保险法》《合同法》《侵权法》和《竞争法》以及保险公司完善的理赔管理制度，采取有效措施，遏制和减少车险欺诈是完全有可能的。

四、汽车保险欺诈的成因

导致汽车保险诈骗形成的原因是多方面的，既有投保人个人的因素，也有保险公司本身的原因，还有社会环境方面的因素。

（1）利益驱动是汽车保险诈骗形成的首要原因。首先，从投保人来看，无论是何种形式的诈骗，都是为了获取尽可能多的保险赔偿收入，或者尽可能多地减少个人支出，从而编造各种证据证明相应的过失，这实际上是利益驱动导致的诈骗。其次，从参与诈骗的主体来看，事故的另一方等主体之所以帮助投保人提供相应的证据，实际上是因为提供证据后能够减少自身的资金支出，降低自身的责任，甚至个别主体是在收受投保人相应的"好处"后提供相应证明的。

（2）保险公司本身的原因。首先，从保险公司业务人员来看，部分业务员整体素质并不高，在应对保险诈骗的过程中无法有效地进行信息甄别，难以通过现场发现诈骗者行骗的证据。甚至个别职业道德素养不高的业务员为获取"长远"的客户，置公司利益不顾，放弃对信息的甄别，或者参与帮助客户完善交通事故的"证据"，从而使得保险诈骗事件更容易发生。其次，从保险诈骗事件处理本身来看，保险公司接到相应的报案后，可能难以及时派出相应的人员进行现场取证，从而给予诈骗人以足够的时间对事故进行处理，导致最后出现取证难而只能按照诈骗人的意愿进行赔偿。

（3）社会环境因素的影响。首先，从法治环境来看，虽然《刑法》《保险法》对保险诈骗行为处罚进行了明确，国家也加大了执法的力度，但从保险公司的视角来看，考虑到诉诸法律需要搜集证据、需要派出专门的人员进行处理，如果诈骗金额不大，这种处理可能使得保险公司短期"入不敷出"，因而更多地采取合同违约等方式甚至私下处理的方式进行处置，没有依照法律办事，纵容了诈骗案件的发生。其次，从社会信用环境来看，当前我国尚未建立完善的个人信用体系，诈骗者个人诚信缺失也不会带来过于重大的社会影响，从而在一定程度上容许了这种诈骗行为。

五、汽车保险欺诈的表现形式及特征

保险欺诈的表现形式同其他民事欺诈案件相比，保险欺诈具有极强的隐蔽性和严重的社会危害性两个显著特点。其表现形式多种多样，依据其具体情况，可将其归纳为以下几种：

（1）伪造出险日期。这类欺诈案件的典型特点是：出险时间与保险起保日或终止日十分接近，且该保的险种一般均保全保足。主要是通过关系，由有关单位出具假证明；伪造、变

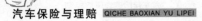

造事故证明；单车事故肇事后保留现场，暂不报案，待投保后方按正常程序向保险人报案索赔。保险人即使去现场查勘，若不深入调查了解则很难察觉。涉及人员伤亡，则通过涂改病历、发票及医疗证明的日期，以达到欺诈的目的。此种手法较为低劣，易为保险人识破，故高明的欺诈者很少采用。

（2）套用保险车辆号牌。当未投保车辆肇事后，换上已投保车辆号牌，再向交警部门和保险人报案。第三者人员伤亡事故，往往因保险人不去现场查勘，仅依照事故处理机关的证明及发票赔付，投保人则会串通事故处理机关偷梁换柱，提供伪证。

（3）第三者人员伤亡案件普通伤亡者冒充保险事故伤亡者。将伤、亡、病、残的治疗费用，一并记在第三者伤亡者名下，然后持医疗发票向保险人索赔。伤残鉴定时，被鉴定人采取故意伪装，骗取鉴定人的信任，或将被鉴定人冒名顶替，致使伤残等级鉴定结果偏高，以骗取更多的保险赔款。

（4）除外责任变责任事故。如无证或酒后驾车人员，由他人顶替报案；未投保自燃险的车辆发生火灾后伪造火灾起因；车辆撞伤家庭成员则虚报为非家庭成员等。

（5）伪造假案，制造损失。一是超额投保。以高于车辆实际价值的金额投保，在保险事故发生时，获取高于保险车辆实际价值的赔款。如旧车超额投保后将车坠毁或纵火焚烧，故意毁灭车辆，以图诈赔。二是虚构事实。伪造有关证明、死亡鉴定书，利用假医疗发票、假诊断证明等向保险人索赔；或将保险车辆私下转卖后谎称被盗，诈取保险赔款。

（6）一次事故，多次诈赔。一次事故向一个保险人和向多个保险人多次索赔。一些欺诈者弄虚作假，伪造事故证明或涂改有关单据复印后不定期地向保险人索赔。同时，一次事故多险索赔的现象也时有发生。如车辆造成货损后，投保人可在车上货物责任险和货物运输险项下同时索赔。因保险公司之间信息沟通不畅，投保人向多个保险人分别订立保险合同，并有意对各保险人隐瞒其重复保险的情况。当保险事故发生后，持各保险人签发的保险单分别索赔，以获取多重赔款。因欺诈者都是蓄谋已久，各保险公司对投保人有关资料视为绝对机密，故保险人对重复保险的情况很难发现，欺诈的成功率较高。

（7）夸大损失，超损索赔。涉及致第三者死亡伤残案件的索赔金额一般较大。一些欺诈者挖空心思，篡改死伤者年龄或通过关系出具虚假的被抚养人年龄、人数及家庭成员的证明，以达到提高索赔金额目的。有的投保人平时不注重保养车辆，待车辆出事后一并修理，通过勾结定损人员或修理厂家，擅自扩大修理范围，将不属于保险事故的修理费用纳入保险损失。

（8）不法汽车修理厂制造假案（近年来居多），一些4S店及不法汽车修理厂，以为客户维修、保养、代索赔为机会，制造假事故，编造假案骗取保险公司赔款。

六、防范汽车保险欺诈的方法

汽车保险欺诈的防范是一项系统工程，需要有关方面共同努力，提高认识，密切配合。

1. 加强风险评估，提高承保质量

加强风险评估，提高承保质量，是防止汽车保险欺诈发生的第一道防线，也是保险公司比在其他任何时候都有利于分辨真伪的机会。因此，当投保人提出投保申请后，保险人应严格审查申请书中所填写的各项内容和与保险标的有关的各种证明材料。必要时，应对保险标

的进行详细的调查，以避免保险欺诈的发生。

2. 完善保险条款，剔除欺诈责任

通过制定保单除外责任条款或限制承保范围条款，进行责任限制，以减少或剔除可能会有道德危险卷入的部分，进行风险控制。但是，目前我国的许多保险条款均没有列明保险欺诈是除外责任，仅仅是在除外责任中笼统地规定按保险人的故意行为造成的损失保险人不负赔偿责任。显然，这样的规定没有包含保险欺诈的全部内容。在保险实务中，有时欺诈行为的实施并不是投保人、被保险人或受益人，而纯粹是第三者。例如，在货物运输保险中因船东欺诈导致的货损，依我国保险条款，仍属保险责任。尽管保险人支付赔偿金后，可取得向船东的代位求偿权，但对船东欺诈的代位求偿权，通常都是无法行使的。在大多数情况下，选择一个合格的船东是投保人的义务。因此，将船东欺诈所产生的风险一概由保险人承担，也是有失公平的。因此，为了更好地防止保险欺诈行为的发生，应将保险欺诈作为除外责任在保险条款中列明。

3. 建立科学的理赔程序，提高理赔人员素质

理赔是保险经营中的重要环节，搞好理赔有助于保险公司的健康发展。确立科学的理赔程序，提高理赔人员的素质，对防止汽车保险欺诈的发生有着举足轻重的作用。搞好理赔，须做到以下几点：

（1）承保和理赔相分离，建立专门的、高水平的理赔队伍。条件具备的，还可以借助专业代理公司和求助专家理赔小组。经验表明，专业代理公司和专家理赔小组更有利于提高承保和理赔质量，提高工作效率，降低相关成本。因它们与保险公司相比，有充足的时间、充足的资金、丰富的资料和相应记录，与罪案检查机构有良好的关系，可以进行更为深入的调查。

有资料显示，实行保险经营专业化是十分有效的。例如，美国一个以年薪 50 万美元聘用了保险欺诈专家小组的保险公司，粗略地计算了一下，每年节省开支近 400 万美元。

（2）现场查勘，严格审查。保险公司在接到投保人、被保险人或受益人关于保险事故发生的通知后，应尽快尽可能地进行现场查勘，弄清保险事故发生的原因和损失情况，对保险金请求人所提交的有关单证，要仔细审查是否齐全、属实。

在有损失查勘中，最有用的帮助是列一张"欺诈标志"明细表，它会对各类业务作出勾勒，为检查保险欺诈是否在策划或实施过程中，也可以早些提供线索。明细内容一般可以包括以下几个方面：

索赔金额与保险金额的比率：一张投保了 3 万元的家庭财产险的保单，一个因摩托车被"盗"而提出 2 万元的赔偿就不足为信。

索赔时间的选择：发生在被保险物品贬值或滞销时期的火灾或盗窃尤其应引起注意。

是否有犯罪记录：对于警方或公估人"似乎熟悉"的人，可能为欺诈案件提供线索。

财务及经营状况：对于陷入债务危机或糟糕市场销售形势而出现商品积压情况下的火灾，并就此提出赔偿要求，就值得怀疑。

损失前后的行为：在欺诈案件中，损失前后保户都会有不同程度的可疑行为，如长期拖欠保费的突然交付，令人怀疑的早期索赔、声称文字资料全部损失、拒绝与警方或保险公司

积极合作等。

（3）建立核赔制度，实行理赔监督。保险公司的各级理赔人员必须严格依照规定的程序和权限进行理赔，每一起理赔都必须经过主管领导或上级公司的审批，必要时还要经过专家论证。同时，要实行责任追究制度，一旦发现问题，不仅要追究当事人之责任，还要追求有关领导的责任，切实做到有法必依、有章必循、从严治理。

4. 提高员工素质，加强内部监控

保险公司要对所有员工加强思想教育，增强风险意识，把防范和化解风险作为公司生存和发展的根本所在。首先，应进一步端正领导人员的指导思想，转变经营观念，增强风险意识，努力提高认识、分析风险的能力，自觉克服"重业务承保、转风险防范、重速度发展、轻质量管理"的不良作风。其次，要加强监督队伍建设，强化纪检监察、稽核审计工作的职能。最后，要搞好业务培训，使全体员工尤其广大营销员都能知法、懂法、守法，并把个人利益同公司的整体利益联系起来，从基本上规范市场行为。

5. 建立资料基地，发挥信息职能

信息管理是现代企业管理的一个重要特征。保险信息是保险企业的一个重要特征。实践证明，将与保险有关的资料进行收集整理，建立保险资料基地，对防止欺诈案件的发生有着不可忽视的作用。现代信息技术为保险信息的管理和保险人之间的资源共享提供了条件。保险资料基地的建立，不仅有助于个体保险公司了解他们顾客的历史，也有助于保险公司之间加强业务联系，提供相应服务，这对防止保险欺诈案件的发生无疑是很有帮助的。

6. 健全法律体系，发挥法制作用

在我国现行的《保险法》中，对保险欺诈有不少具体规定，它们是预防和打击保险欺诈的重要武器。保险公司一方面要积极宣传《保险法》，增强保户的法律观念，树立守法意识，提高保户执行《保险法》的自觉性；另一方面，保险公司要充分运用法律所赋予的权利，与保险欺诈行为作斗争，决不能怕失去保户而姑息迁就，甚至明知是保险欺诈，还搞通融赔付。

7. 加强行业监管，规范市场行为

首先各保险公司应充分加强行业自律，树立良好的行业形象。但是，防范保险欺诈，仅靠保险公司单方面的努力是不够的，还需要社会各界通力合作。一方面，法律部门要加强立法，从严执法，这是遏制保险欺诈的有力保证；另一方面，保险监管部门要加强规范化管理，加大监管和打击力度，坚决制止并惩治不正当行为。

第二节　主要汽车保险欺诈的风险控制

一、汽车盗抢险欺诈及其防范

（一）汽车盗抢险欺诈的形式

汽车盗抢险欺诈一般采取如下形式：

（1）由车主向保险公司报告发生盗抢事故，实际上被盗抢车辆已经被转卖给他人，或经过改造、伪装再行转卖甚至出口到境外。

（2）车主将汽车拆卸，所得的零配件向国内的二手车零配件市场销售；有些车主甚至采用纵火烧毁、深埋等方式，彻底销毁车辆。

（二）汽车盗抢险欺诈的特征

汽车盗抢险欺诈具有以下特征：

（1）具有一定的团伙性。盗抢险欺诈涉及的保险车辆最终都要经过转卖、改造、拆卸等手段"消失"，仅凭车主一人的力量往往难以实现，需要与汽修厂、二手车贩卖团伙，甚至汽车走私商等进行合作，这使得盗抢险欺诈在一定程度上可能与犯罪团伙有关。

（2）单个车主实施的盗抢险欺诈往往与其经济承受能力有关。对消费者来说，拥有一辆汽车既可以为其带来很多的便利，也要付出诸如贷款本息、保险、养护、维修、停放等车辆保有费用。一旦车辆保有费用超过车主的经济承受能力，车主就有可能实施盗抢险欺诈。

车辆保有费用超过车主经济承受能力的情形大体包括两类：① 保有新车的费用太高。有的车主是贷款购车，可能因失去工作等原因导致收入锐减，难以承受新车的每月按揭，于是采用转卖、改造等手段将新车处理掉，再向保险公司索赔。② 旧车的维修费用太高。旧车出现故障，车主难以修理，或者用于修理，或者维护车辆所付的费用要大于汽车本身的价值时，车主往往选择抛弃车辆，向保险公司索赔的办法实施欺诈。

（3）具有一定的国际性。盗抢险欺诈往往涉及非法出口和走私，这使得这类欺诈带有一定的国际性色彩。如美国的盗抢车大多流向墨西哥等拉美国家，日本的盗抢车则流向英国、南非、澳大利亚等方向盘靠右的国家。随着我国汽车工业的发展，未来我国的盗抢车辆将会进一步流向周边的欠发达国家，保险公司和有关部门对此应当予以足够的重视。

（三）汽车盗抢险欺诈的防范措施

可针对汽车盗抢险欺诈采取如下防范措施。

（1）提高保险公司的员工素质，增强反欺诈的识别能力。如接到被盗车险案件后，要从当事人的证言、有关证人的证言、现场勘查的情况等方面认真审查，看是否存在自相矛盾的地方。如果有矛盾，要注意分析，寻找突破点，排除矛盾，以使案件早日真相大白。

（2）加强内部管理，建立和健全各项规章制度。保险公司要强化内控机制，措施严密。从投保做起，提高承保质量，实行专人审核和领导审批制度，强化责任，对错案进行责任追究。在理赔环节实行相应的制约机制，分散理赔权限，防止个别人滥用职权。

（3）加强同政法部门的合作，发挥法律的威慑作用。借助公安机关的调查取证的侦察技术手段，通过法律手段来为经济保驾护航，对犯罪活动进行遏制和严惩。

（4）加大保险宣传力度。保险公司根据目前保险诈骗发案率高、涉及金额大、参与人员广、内外勾结等特点，利用典型案件进行多渠道宣传。政法部门不仅要严厉打击犯罪分子，同时要在经济上对损失险欺诈严惩，以警戒企图犯罪的人员。

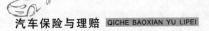

二、汽车损失险欺诈的形式及其防范

（一）汽车损失险欺诈的形式

汽车损失险是典型的财产保险，财产险中惯用的欺诈方式在汽车损失险中也广为存在。其方式包括：虚构保险标的；冒充保险标的（如两年一牌的套牌骗保现象）；重复保险或超额保险；受损后保险；编造保险事故；制造保险事故；编造虚假的事故原因；故意扩大财产损失程度；故意夸大财产损失程度等。

现阶段我国汽车损失保险欺诈出现了一些新的形式，主要形式如下。

1. 利用虚假材料（信息）实施的欺诈

由于汽车消费的日益社会化，车险欺诈的实施方可以从多种渠道获得虚假材料。同时，投保人还可以采用向保险人提供虚假信息的形式实施欺诈，这使得利用虚假材料（信息）成为我国当前车损险欺诈的主要形式。进行车损险欺诈在承保、理赔环节所需的材料（信息）是不同的。就承保环节来说，车辆购置发票是确定保险价值的重要依据，也是最主要的承保资料；有关车辆使用性质（营运、非营运）、驾驶人的驾驶记录、性别/汽车品牌和有无气囊、电子防盗设备等（与盗窃有关）以及行驶里程等方面的信息是保险人决定是否承保或以什么条件承保的主要依据。理赔环节所需的材料包括《道路交通事故责任认定书》《道路交通事故损害赔偿调解书》以及汽车维修发票、证人发言、有关车辆损害的照片资料、车辆 VIN 拓片、驾驶人员的驾驶证、车辆行驶证等。投保人往往通过提供虚假的车辆购置发票，有关车辆、驾驶人方面的虚假信息实施骗保；出险后，索赔方往往通过购买假发票，虚开发票，伪造、变造、更改索赔材料等方式实施骗赔。

2. 单方事故中的欺诈

单方事故发生时只有驾驶人一方在交通事故现场，因为缺乏目击证人，特别具有隐蔽性，这类事故往往成为投保人实施车险欺诈较为理想的形式。

（1）投保人利用单方事故实施欺诈的手法主要有如下几种：

① 出险后投保。在发生单方事故后，车主往往将事故车隐藏起来，再设法投保，骗取保险金。有的人甚至在事故现场不顾危险打电话投保。

② 谎报案情。单方事故发生有可能是驾驶人没有合法的驾驶证件，或驾驶人属保单除外人员，或车辆在非保险区域行驶等，如果车主如实向保险人报告案情，可能得不到赔偿，因而采取谎报案情的方法实施保险欺诈。在某些情况下，有些人还伪造情节，如人为损害车辆的某些部件，故意制造一些损害等方法，以使谎报的案情更为"真实"。

③ 编造损失。单方事故的车主往往与汽车修理厂、交通警察，甚至保险公司内部人员相互勾结，通过人为夸大、虚构损失等办法来实施保险欺诈。在某些极端的情况下，甚至整个事故都是编造的，这种情况也就是发达国家常说的纸面损失。

（2）汽车维修厂实施的车损险欺诈。随着汽车消费社会化的发展，汽车维修厂不仅为车主提供了优质、快递、高速的汽车维修服务，而且还兼有代客办理索赔的职能，甚至有些地方的汽车维修厂还代理保险公司进行受损车辆的定损工作。汽车维修厂在汽车维修方面所具有的信息优势和集修理、索赔为一身的特殊功能使其成为从事车损险欺诈的一个重要角色。

汽车维修厂采取的骗保方法主要有以下几种：

①　欺瞒车主，"偷梁换柱"。为了图省事，委托维修厂代为向保险公司索赔修理费用，维修厂接到客户的受损车辆后，用较低档的材料为客户修理，以高档材料的价格向保险公司索赔，这样不同档次的材料费用差价被维修厂"吃掉"。

②　子虚乌有，"瞒天过海"。某人的车到修理厂进行正常保养，维修厂将汽车换上旧配件后，故意损坏向保险公司索赔，更有维修厂"移花接木"，更换牌照后，用某人的身份证向保险公司索赔。

③　二次撞击，"暗渡陈仓"。张先生的车门不小心撞凹，他把车送到汽车维修厂，张先生签好索赔委托书后离去。第二天，张先生出外办事回单位时正好经过该厂，却发现他的车的引擎盖已被人砸得破烂不堪。后来他向保险公司查询，原来该维修厂向保险公司索赔了高达数千元的保险赔款。

④　重复索赔，"以一当十"。李先生的车出险后，代理人分别多次将李先生的车开到保险公司不同支公司进行定损理赔。最终李先生拿走了赔款，代理人利用李先生的车骗取了不少赔款。

⑤　与客户勾结，联手进行车损险欺诈。汽车维修厂与客户的合作主要是在提供虚假的维修发票、修理和制造虚假事故三个方面。为客户提供虚假的维修发票是一种最为简单的合作，一般在一些中小型汽车维修厂时有发生。在修理方面的合作，通常是客户车辆受损程度较轻，可能处于绝对免赔额以下。在这种情况下，汽车维修厂通常可以帮助客户先将有关的零配件卸下来，换上旧的零配件，再进行人为碰撞，再将原零配件换上去，这样下来汽车修理费就可以大幅上升，在帮客户获得巨额保险赔付后，汽车维修厂也可以获得一笔不小的"好处费"。汽车维修厂可以通过派人、派车、自编自导等多种方式帮助客户制造事故。

（二）汽车损失险欺诈的防范措施

应对汽车损失险欺诈骗赔应从以下几个方面着手。

（1）加强防腐力度，维护保险秩序。关键是要做到司法公正，使保险活动法制化。

（2）强化防范意识，提高自控能力。注意各个环节的质量，使保险活动健康有序。

（3）全面收集信息，严格细致地查勘现场。有效运用多种手段，为理赔查勘提供有效资料。

（4）讲究调查艺术，策略获取证据。调查时要大智若愚，寻找突破点正面交锋，突破伪证。

（5）周密审查单证，科学鉴别案情。

三、汽车焚烧欺诈的形式及其防范

（一）汽车焚烧欺诈的形式

1. 放火致汽车焚烧的欺诈方式

（1）从车厢内放火。多数放火者以车厢内作为主要放火目标，因为车厢内可燃物较多。

常将易燃液体泼洒在座位上或驾驶台的仪表上。

（2）在车头发动机部分放火。

（3）将易燃液体泼洒在蓄电池、空气滤清器、气缸、分电器盒等易燃的部位上，容易被认为火灾是由这些部位自燃形成，因此具有误导性、蒙蔽性、欺骗性。

（4）在汽车油箱部位放火。在汽车放火案件中，油箱部位放火较少，多数在车厢内、车头发动机、轮胎等部位放火。如果针对油箱放火，可能会出现下面几种情况：

① 油箱盖子被打开。这种情况一般油箱不会发生爆炸，但油箱内汽油会烧光，同时会听到轻微的爆鸣声，还会将靠近油箱的可燃物引燃。

② 油箱盖子被拧松动，但未拿开。这种情况有可能因受高温燃烧的作用，油箱内压力大，产生较大冲击力，将油箱盖子冲出很远。在勘查现场时，可在不远处找到油箱盖子。提取油箱口内壁附着烟尘时可检出汽油及汽油燃烧残物成分。

③ 油箱盖子紧锁。因火烧高温作用，油箱内汽油膨胀会发生很大的爆鸣声，会将油箱盖子炸飞或油箱局部出现裂口。

2. 以车辆撞损事故导致汽车焚烧的欺诈方式

为了达到烧毁汽车获得理赔款的目的，有的车主故意制造汽车撞损的表象，之后点燃汽车。用这种撞损导致的汽车燃烧假象，来骗取汽车自燃保险理赔款。

（二）焚烧机动车辆欺诈的防范策略

预防和揭露焚车骗赔案件，应从承保、出勤、查勘、鉴定、审核等环节入手，查明情况，理清思路，发现、提取、固定证据，揭穿保险欺诈骗局。要从以下方面着手：严格实行验车承保，正确合理设计保险单；详细查询出险经过，及时掌握案情的来龙去脉；认真进行现场勘查，及时获取痕迹证物；全面审查理赔卷宗，及时发现骗赔线索；灵活运用各种技术，及时鉴别案情真伪。

思考与复习题

1. 什么是汽车保险欺诈？

2. 汽车保险欺诈的成因是什么？

3. 如何防范汽车保险欺诈的发生？

4. 如何规避来自汽车维修厂的保险欺诈？

5. 哪些现象需要查勘人员密切注意是否存在汽车火灾的道德风险？

第十章　汽车保险法律法规

第一节　保险法律法规

一、保险法

保险法有广义和狭义之分。广义的保险法包括专门的保险立法和其他法律中有关保险的法律规定；狭义的保险法指保险法典或在民法商法中专门的保险立法，通常包括保险企业法、保险合同法和保险特别法等内容。另外，国家将标准保险条款也视为保险法的一部分内容。我们通常说的保险法指狭义的保险法，它一方面通过保险企业法调整政府与保险人、保险中介人之间的关系，另一方面通过保险合同法调整各保险主体之间的关系。

在中国，保险法还有形式意义和实质意义之分。形式意义指以保险法命名的法律法规，即专指保险的法律和法规；实质意义指一切调整保险关系的法律法规。

新中国成立前，中国曾进行过一些保险的立法工作，由于政局不稳，没有相应的执行措施，所以大部分没有真正实施。

新中国成立后，保险立法工作很曲折，十一届三中全会后，保险立法工作才有了很大进展，中国先后颁布了一些单项的保险法规。这些法规有些属于保险合同法的范畴，有些属于保险业法的范畴，有些属于保险特别法的范畴。

1992 年 11 月 7 日，第七届全国人民代表大会常务委员会第二十八次会议通过了《中华人民共和国海商法》，第一次以法律的形式对海上保险做了明确规定。

1995 年 6 月 30 日，第八届全国人民代表大会常务委员会第十四次会议通过了《保险法》，这是新中国成立以来中国的第一次保险基本法。采用了国际上一些国家和地区集保险业法和保险合同法为一体的立法体例，是一部较为完整、系统的保险法律。

2002 年，根据中国加入世贸组织的承诺，根据 2002 年 10 月 28 日第九届全国人民代表大会常务委员会第三十次会议《关于修改〈中华人民共和国保险法〉的决定》，对《保险法》做了首次修改，并于 2003 年 1 月 1 日起实施。

最新的《保险法》是中华人民共和国第十一届全国人民代表大会常务委员会第七次会议于 2009 年 2 月 28 日修订通过的。现摘录部分内容如下：

第一章　总　则

第一条　为了规范保险活动，保护保险活动当事人的合法权益，加强对保险业的监督管理，维护社会经济秩序和社会公共利益，促进保险事业的健康发展，制定本法。

第二条　本法所称保险，是指投保人根据合同约定，向保险人支付保险费，保险人对于合同约定的可能发生的事故因其发生所造成的财产损失承担赔偿保险金责任，或者当被保险人死亡、伤残、疾病或者达到合同约定的年龄、期限等条件时承担给付保险金责任的商业保险行为。

第三条　在中华人民共和国境内从事保险活动，适用本法。

第四条　从事保险活动必须遵守法律、行政法规，尊重社会公德，不得损害社会公共利益。

第五条　保险活动当事人行使权利、履行义务应当遵循诚实信用原则。

第六条　保险业务由依照本法设立的保险公司以及法律、行政法规规定的其他保险组织经营，其他单位和个人不得经营保险业务。

第七条　在中华人民共和国境内的法人和其他组织需要办理境内保险的，应当向中华人民共和国境内的保险公司投保。

第八条　保险业和银行业、证券业、信托业实行分业经营、分业管理，保险公司与银行、证券、信托业务机构分别设立。国家另有规定的除外。

第九条　国务院保险监督管理机构依法对保险业实施监督管理。

国务院保险监督管理机构根据履行职责的需要设立派出机构。派出机构按照国务院保险监督管理机构的授权履行监督管理职责。

保险法具体可分为以下四种：

1. 保险业法

保险业法又叫保险业监督法，是调整国家和保险机构的关系的法律规范。凡规范保险机构设立、经营、管理和解散等的有关法律均属于保险业法。

2. 保险合同法

保险合同法又叫保险契约法，是调整保险合同双方当事人关系的法律规范。保险方及投保方的保险关系是通过保险合同确定的有关保险合同的签订、变更、终止以及当事人权利义务的法律，均属保险合同法。

3. 保险特别法

保险特别法，是专门规范特定的保险种类的保险关系的法律规范。对某些有特别要求或对国计民生具有特别意义的保险，国家专门为之制定法律实施，如英国的海上保险法、日本的人身保险法。这种保险特别法往往既调整该险种的保险合同关系，也调整国家对该险种的管理监督关系。

4. 社会保险法

社会保险法是国家就社会保障所颁发的法令总称。

二、机动车交通事故责任强制保险条例

总　则

第一条　为了保障机动车道路交通事故受害人依法得到赔偿，促进道路交通安全，根据《中华人民共和国道路交通安全法》《中华人民共和国保险法》，制定本条例。

第二条　在中华人民共和国境内道路上行驶的机动车的所有人或者管理人，应当依照《中

华人民共和国道路交通安全法》的规定投保机动车交通事故责任强制保险。

机动车交通事故责任强制保险的投保、赔偿和监督管理，适用本条例。

第三条　本条例所称机动车交通事故责任强制保险，是指由保险公司对被保险机动车发生道路交通事故造成本车人员、被保险人以外的受害人的人身伤亡、财产损失，在责任限额内予以赔偿的强制性责任保险。

第四条　国务院保险监督管理机构（以下称保监会）依法对保险公司的机动车交通事故责任强制保险业务实施监督管理。

公安机关交通管理部门、农业（农业机械）主管部门（以下统称机动车管理部门）应当依法对机动车参加机动车交通事故责任强制保险的情况实施监督检查。对未参加机动车交通事故责任强制保险的机动车，机动车管理部门不得予以登记，机动车安全技术检验机构不得予以检验。

公安机关交通管理部门及其交通警察在调查处理道路交通安全违法行为和道路交通事故时，应当依法检查机动车交通事故责任强制保险的保险标志。

投　　保

第五条　中资保险公司（以下称保险公司）经保监会批准，可以从事机动车交通事故责任强制保险业务。

为了保证机动车交通事故责任强制保险制度的实行，保监会有权要求保险公司从事机动车交通事故责任强制保险业务。

未经保监会批准，任何单位或者个人不得从事机动车交通事故责任强制保险业务。

第六条　机动车交通事故责任强制保险实行统一的保险条款和基础保险费率。保监会按照机动车交通事故责任强制保险业务总体上不营利不亏损的原则审批保险费率。

保监会在审批保险费率时，可以聘请有关专业机构进行评估，可以举行听证会听取公众意见。

第七条　保险公司的机动车交通事故责任强制保险业务，应当与其他保险业务分开管理，单独核算。

保监会应当每年对保险公司的机动车交通事故责任强制保险业务情况进行核查，并向社会公布；根据保险公司机动车交通事故责任强制保险业务的总体营利或者亏损情况，可以要求或者允许保险公司相应调整保险费率。

调整保险费率的幅度较大的，保监会应当进行听证。

第八条　被保险机动车没有发生道路交通安全违法行为和道路交通事故的，保险公司应当在下一年度降低其保险费率。在此后的年度内，被保险机动车仍然没有发生道路交通安全违法行为和道路交通事故的，保险公司应当继续降低其保险费率，直至最低标准。被保险机动车发生道路交通安全违法行为或者道路交通事故的，保险公司应当在下一年度提高其保险费率。多次发生道路交通安全违法行为、道路交通事故，或者发生重大道路交通事故的，保险公司应当加大提高其保险费率的幅度。在道路交通事故中被保险人没有过错的，不提高其保险费率。降低或者提高保险费率的标准，由保监会会同国务院公安部门制定。

第九条　保监会、国务院公安部门、国务院农业主管部门以及其他有关部门应当逐步建立有关机动车交通事故责任强制保险、道路交通安全违法行为和道路交通事故的信息共享机制。

第十条　投保人在投保时应当选择具备从事机动车交通事故责任强制保险业务资格的保险公司，被选择的保险公司不得拒绝或者拖延承保。

保监会应当将具备从事机动车交通事故责任强制保险业务资格的保险公司向社会公示。

第十一条　投保人投保时，应当向保险公司如实告知重要事项。

重要事项包括机动车的种类、厂牌型号、识别代码、牌照号码、使用性质和机动车所有人或者管理人的姓名（名称）、性别、年龄、住所、身份证或者驾驶证号码（组织机构代码）、续保前该机动车发生事故的情况以及保监会规定的其他事项。

第十二条　签订机动车交通事故责任强制保险合同时，投保人应当一次支付全部保险费，保险公司应当向投保人签发保险单、保险标志。保险单、保险标志应当注明保险单号码、车牌号码、保险期限、保险公司的名称和地址以及理赔电话号码。

被保险人应当在被保险机动车上放置保险标志。

保险标志式样全国统一。保险单、保险标志由保监会监制。任何单位或者个人不得伪造、变造或者使用伪造、变造的保险单、保险标志。

第十三条　签订机动车交通事故责任强制保险合同时，投保人不得在保险条款和保险费率之外，向保险公司提出附加其他条件的要求。

签订机动车交通事故责任强制保险合同时，保险公司不得强制投保人订立商业保险合同以及提出附加其他条件的要求。

第十四条　保险公司不得解除机动车交通事故责任强制保险合同，但是，投保人对重要事项未履行如实告知义务的除外。

投保人对重要事项未履行如实告知义务，保险公司解除合同前，应当书面通知投保人，投保人应当自收到通知之日起5日内履行如实告知义务；投保人在上述期限内履行如实告知义务的，保险公司不得解除合同。

第十五条　保险公司解除机动车交通事故责任强制保险合同的，应当收回保险单和保险标志，并书面通知机动车管理部门。

第十六条　投保人不得解除机动车交通事故责任强制保险合同，但有下列情形之一的除外：

（1）被保险机动车被依法注销登记的；

（2）被保险机动车办理停驶的；

（3）被保险机动车经公安机关证实丢失的。

第十七条　机动车交通事故责任强制保险合同解除前，保险公司应当按照合同承担保险责任。

合同解除时，保险公司可以收取自保险责任开始之日起至合同解除之日止的保险费，剩余部分的保险费退还投保人。

第十八条　被保险机动车所有权转移的，应当办理机动车交通事故责任强制保险合同变更手续。

第十九条　机动车交通事故责任强制保险合同期满，投保人应当及时续保，并提供上一年度的保险单。

第二十条　机动车交通事故责任强制保险的保险期间为1年，但有下列情形之一的，投保人可以投保短期机动车交通事故责任强制保险：

（1）境外机动车临时入境的；

（2）机动车临时上道路行驶的；

（3）机动车距规定的报废期限不足1年的；

（4）保监会规定的其他情形。

赔　偿

第二十一条　被保险机动车发生道路交通事故造成本车人员、被保险人以外的受害人人身伤亡、财产损失的，由保险公司依法在机动车交通事故责任强制保险责任限额范围内予以赔偿。

道路交通事故的损失是由受害人故意造成的，保险公司不予赔偿。

第二十二条　有下列情形之一的，保险公司在机动车交通事故责任强制保险责任限额范围内垫付抢救费用，并有权向致害人追偿：

（1）驾驶人未取得驾驶资格或者醉酒的；

（2）被保险机动车被盗抢期间肇事的；

（3）被保险人故意制造道路交通事故的。

有前款所列情形之一，发生道路交通事故的，造成受害人的财产损失，保险公司不承担赔偿责任。

第二十三条　机动车交通事故责任强制保险在全国范围内实行统一的责任限额。责任限额分为死亡伤残赔偿限额、医疗费用赔偿限额、财产损失赔偿限额以及被保险人在道路交通事故中无责任的赔偿限额。

机动车交通事故责任强制保险责任限额由保监会会同国务院公安部门、国务院卫生主管部门、国务院农业主管部门规定。

第二十四条　国家设立道路交通事故社会救助基金（以下简称救助基金）。有下列情形之一时，道路交通事故中受害人人身伤亡的丧葬费用、部分或者全部抢救费用，由救助基金先行垫付，救助基金管理机构有权向道路交通事故责任人追偿：

（1）抢救费用超过机动车交通事故责任强制保险责任限额的；

（2）肇事机动车未参加机动车交通事故责任强制保险的；

（3）机动车肇事后逃逸的。

第二十五条　救助基金的来源包括：

（1）按照机动车交通事故责任强制保险的保险费的一定比例提取的资金；

（2）对未按照规定投保机动车交通事故责任强制保险的机动车的所有人、管理人的罚款；

（3）救助基金管理机构依法向道路交通事故责任人追偿的资金；

（4）救助基金孳息；

（5）其他资金。

第二十六条　救助基金的具体管理办法，由国务院财政部门会同保监会、国务院公安部门、国务院卫生主管部门、国务院农业主管部门制定实行。

第二十七条　被保险机动车发生道路交通事故，被保险人或者受害人通知保险公司的，保险公司应当立即给予答复，告知被保险人或者受害人具体的赔偿程序等有关事项。

第二十八条　被保险机动车发生道路交通事故的，由被保险人向保险公司申请赔偿保险金。保险公司应当自收到赔偿申请之日起1日内，书面告知被保险人需要向保险公司提供与赔偿有关的证明和资料。

第二十九条　保险公司应当自收到被保险人提供的证明和资料之日起 5 日内，对是否属于保险责任作出核定，并将结果通知被保险人。对不属于保险责任的，应当书面说明理由；对属于保险责任的，在与被保险人达成赔偿保险金的协议后 10 日内，赔偿保险金。

第三十条　被保险人与保险公司对赔偿有争议的，可以依法申请仲裁或者向人民法院提起诉讼。

第三十一条　保险公司可以向被保险人赔偿保险金，也可以直接向受害人赔偿保险金。但是，因抢救受伤人员需要保险公司支付或者垫付抢救费用的，保险公司在接到公安机关交通管理部门通知后，经核对应当及时向医疗机构支付或者垫付抢救费用。

因抢救受伤人员需要救助基金管理机构垫付抢救费用的，救助基金管理机构在接到公安机关交通管理部门通知后，经核对应当及时向医疗机构垫付抢救费用。

第三十二条　医疗机构应当参照国务院卫生主管部门组织制定的有关临床诊疗指南，抢救、治疗道路交通事故中的受伤人员。

第三十三条　保险公司赔偿保险金或者垫付抢救费用，救助基金管理机构垫付抢救费用，需要向有关部门、医疗机构核实有关情况的，有关部门、医疗机构应当予以配合。

第三十四条　保险公司、救助基金管理机构的工作人员对当事人的个人隐私应当保密。

第三十五条　道路交通事故损害赔偿项目和标准依照有关法律的规定执行。

罚　　则

第三十六条　未经保监会批准，非法从事机动车交通事故责任强制保险业务的，由保监会予以取缔；构成犯罪的，依法追究刑事责任；尚不构成犯罪的，由保监会没收违法所得，违法所得 20 万元以上的，并处违法所得 1 倍以上 5 倍以下罚款；没有违法所得或者违法所得不足 20 万元的，处 20 万元以上 100 万元以下罚款。

第三十七条　保险公司未经保监会批准从事机动车交通事故责任强制保险业务的，由保监会责令改正，责令退还收取的保险费，没收违法所得。违法所得 10 万元以上的，并处违法所得 1 倍以上 5 倍以下罚款；没有违法所得或者违法所得不足 10 万元的，处 10 万元以上 50 万元以下罚款；逾期不改正或者造成严重后果的，责令停业整顿或者吊销经营保险业务许可证。

第三十八条　保险公司违反本条例规定，有下列行为之一的，由保监会责令改正，处 5 万元以上 30 万元以下罚款；情节严重的，可以限制业务范围、责令停止接受新业务或者吊销经营保险业务许可证：

（1）拒绝或者拖延承保机动车交通事故责任强制保险的；

（2）未按照统一的保险条款和基础保险费率从事机动车交通事故责任强制保险业务的；

（3）未将机动车交通事故责任强制保险业务和其他保险业务分开管理，单独核算的；

（4）强制投保人订立商业保险合同的；

（5）违反规定解除机动车交通事故责任强制保险合同的；

（6）拒不履行约定的赔偿保险金义务的；

（7）未按照规定及时支付或者垫付抢救费用的。

第三十九条　机动车所有人、管理人未按照规定投保机动车交通事故责任强制保险的，由公安机关交通管理部门扣留机动车，通知机动车所有人、管理人依照规定投保，处依照规定投保最低责任限额应缴纳的保险费的 2 倍罚款。

机动车所有人、管理人依照规定补办机动车交通事故责任强制保险的，应当及时退还机动车。

第四十条　上道路行驶的机动车未放置保险标志的，公安机关交通管理部门应当扣留机动车，通知当事人提供保险标志或者补办相应手续，可以处警告或者 20 元以上 200 元以下罚款。

当事人提供保险标志或者补办相应手续的，应当及时退还机动车。

第四十一条　伪造、变造或者使用伪造、变造的保险标志，或者使用其他机动车的保险标志，由公安机关交通管理部门予以收缴，扣留该机动车，处 200 元以上 2 000 元以下罚款；构成犯罪的，依法追究刑事责任。

当事人提供相应的合法证明或者补办相应手续的，应当及时退还机动车。

附　　则

第四十二条　本条例下列用语的含义：

（1）投保人，是指与保险公司订立机动车交通事故责任强制保险合同，并按照合同负有支付保险费义务的机动车的所有人、管理人。

（2）被保险人，是指投保人及其允许的合法驾驶人。

（3）抢救费用，是指机动车发生道路交通事故导致人员受伤时，医疗机构参照国务院卫生主管部门组织制定的有关临床诊疗指南，对生命体征不平稳和虽然生命体征平稳但如果不采取处理措施会产生生命危险，或者导致残疾、器官功能障碍，或者导致病程明显延长的受伤人员，采取必要的处理措施所发生的医疗费用。

第四十三条　机动车在道路以外的地方通行时发生事故，造成人身伤亡、财产损失的赔偿，比照适用本条例。

第四十四条　中国人民解放军和中国人民武装警察部队在编机动车参加机动车交通事故责任强制保险的办法，由中国人民解放军和中国人民武装警察部队另行规定。

第四十五条　机动车所有人、管理人自本条例施行之日起 3 个月内投保机动车交通事故责任强制保险；本条例施行前已经投保商业性机动车第三者责任保险的，保险期满，应当投保机动车交通事故责任强制保险。

第四十六条　本条例自 2006 年 7 月 1 日起施行。

第二节　车辆运输法律法规

一、《道路交通安全法》

2003 年 10 月 28 日，全国人大常务委员会通过了《中华人民共和国道路交通安全法》（以下简称《道路交通安全法》），并于 2004 年 5 月 1 日起施行。现就《道路交通安全法》颁布实施后与汽车保险有关的一些变化进行介绍。

当前，我国私人汽车保有量早已突破一千万辆，汽车正逐步成为人们生活的必需品。尤

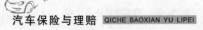

其是在社会主义市场经济的大背景下，运输行业的从业人员和组织机构极为复杂，车辆超载、疲劳驾驶等情况比比皆是，造成交通事故频发。现有的保险机制很容易造成受害人得不到及时和有效的赔偿进而引发其他一系列社会问题。

截至 2001 年年底，我国已经有 24 个省、自治区、直辖市通过不同形式的地方立法，不同程度地实施了汽车第三者责任保险，各保险公司也都有自己的汽车第三者责任保险。这种地方性的汽车强制保险制度对于规范市场、保护交通事故各方，尤其是保护受害者的合法权益等方面起到了一定的积极作用。但是，由于各地情况不一，各地法规也不尽一致，再加上司法管辖权等其他方面的原因，以前的汽车强制保险存在许多问题。

为了从根本上解决交通事故赔偿难的问题，及时救助交通事故受害者，同时也为了提高交通事故处理的效率，保障道路安全通畅，《道路交通安全法》在综合各地汽车第三者责任保险制度的经验和教训的基础上，确立了这一在世界 100 多个国家都早已确立的汽车责任保险制度。

《道路交通安全法》第十七条规定："国家实行机动车第三者责任强制保险制度，设立道路交通事故社会救助基金。具体办法由国务院规定。"但是，《道路交通安全法》只对机动车第三者责任强制保险做了一个原则性的规定。目前，国务院正在抓紧制定《机动车辆第三者责任法定保险条例》，争取能够和《道路交通安全法》同时配套实施。

需要说明的是，道路交通事故社会救助基金是为了对肇事逃逸机动车、未投保机动车造成的交通事故受害人进行补偿的制度，是对机动车第三者责任保险制度的重要补充。

《中华人民共和国道路交通安全法》对"道路"的定义是："公路、城市道路和虽在单位管辖范围但允许社会机动车通行的地方，包括广场、公共停车场等用于公众通行的场所。"

我们认为，该"公共停车场"如果是酒店所有，但只要对社会车辆开放，即使没有收费，仍符合《中华人民共和国道路交通安全法》对"道路"的定义中"虽在单位管辖范围但允许社会机动车通行的地方"这一条的规定，所以应当以"道路"论，但具体还需结合实际情况进行判定。

二、《交通事故处理程序规定》

《交通事故处理程序规定》自 2004 年 5 月 1 日起施行。主要具有以下特征：

（1）尊重人的生命，规定了交通事故当事人、交通警察、医院的救治义务，尽可能地保护事故伤者的生命安全。一是规定事故车辆驾驶人应当立即抢救伤者，乘车人、过往车辆驾驶人、过往行人应当协助（第七十条第一款）；二是规定交通警察赶赴事故现场处理，应当先组织抢救受伤人员（第七十二条第一款）；三是规定医院应当及时抢救伤者，不得因抢救费用问题而拖延救治（第七十五条）。

（2）实行事故现场的快速处理。一是在道路上发生交通事故，未造成人员伤亡，当事人对事实及成因无争议的，可以即行撤离现场，恢复交通，自行协商损害赔偿事宜；不即行撤离现场的，应当迅速报告执勤的交通警察或者公安机关交通管理部门（第七十条第二款）。二是在道路上发生交通事故，仅造成轻微财产损失，并且基本事实清楚的，当事人应当先行撤离现场再进行协商（第七十条第三款）。

（3）取消责任认定，重证据收集。公安机关交通管理部门应当根据交通事故现场勘验、检查、调查情况和有关的检验、鉴定结论，及时制作交通事故认定书，作为处理交通事故的证据。交通事故认定书应当载明交通事故的基本事实、形成原因和当事人的责任，并送达当事人（第七十三条）。

（4）改革交通事故赔偿的救济途径。除自行协商、向保险公司索赔外，不再把公安机关交通管理部门的调解作为民事诉讼的前置程序，而是规定对事故损害赔偿的争议，当事人可以请求公安机关交通管理部门调解，也可以直接向人民法院提起民事诉讼（第七十四条）。

（5）路外事故，有法可循。规定车辆在道路以外通行时发生的事故，公安机关交通管理部门接到报案后，也要参照交通事故处理的规定予以办理（第七十七条）。

（6）重新定义了交通事故的概念，扩大了道路交通事故的范围。与现行的《道路交通事故处理办法》中的道路交通事故定义相比，新定义有了明显变化：第一，交通事故不仅可由特定的人员违反交通管理法规造成，也可以是由于地震、台风、山洪、雷击等不可抗拒的自然灾害造成；第二，交通事故的定义和含义基本与国际接轨。

思考与练习题

1. 什么是广义的保险法？
2. 保险法有哪几种具体分类？
3. 《机动车交通事故责任强制保险条例》的实施对广大车主和保险公司都有哪些影响？
4. 《道路交通安全法》对"道路"的具体定义是什么？
5. 《交通事故处理程序规定》主要有哪些特征？

参考文献

[1] 云鹏，鹿应荣. 车辆保险与理赔. 北京：机械工业出版社，2006.

[2] 付铁军，杨学坤. 汽车保险与理赔. 北京：北京理工大学出版社，2008.

[3] 梁军，焦新龙. 汽车保险与理赔. 北京：人民交通出版社，2009.

[4] 董恩国. 汽车保险与理赔. 北京：清华大学出版社，2009.

[5] 王健康，周灿. 机动车辆保险实务操作. 北京：电子工业出版社，2009.

[6] 罗向明，岑敏华. 机动车辆保险实验教材. 北京：中国金融出版社，2009.

[7] 骆孟波. 汽车保险与理赔. 上海：同济大学出版社，2009.

[8] 李景芝，赵长利. 汽车保险与理赔. 北京：国防工业出版社，2007.

[9] 曾娟. 机动车辆保险与理赔. 北京：电子工业出版社，2005.

[10] 李景芝，赵长利. 汽车保险理赔. 北京：机械工业出版社，2009.

[11] 张彤. 汽车保险与理赔. 北京：清华大学出版社，2010.

[12] 李劲松，朱春侠. 汽车保险与理赔. 北京：清华大学出版社、北京交通大学出版社，2010.

[13] 万韶山. 汽车保险与理赔. 北京：北京理工大学出版社，2011.

[14] 董恩国，陈立辉. 汽车保险与理赔. 北京：北京理工大学出版社，2008.